国家社科基金
GUOJIA SHEKE JIJIN HOUQI ZIZHU XIANGMU
后期资助项目

古罗马角斗活动研究

On Gladiatorial Activities in Ancient Rome

高福进 著

上海人民出版社

国家社科基金后期资助项目
出版说明

后期资助项目是国家社科基金设立的一类重要项目,旨在鼓励广大社科研究者潜心治学,支持基础研究多出优秀成果。它是经过严格评审,从接近完成的科研成果中遴选立项的。为扩大后期资助项目的影响,更好地推动学术发展,促进成果转化,全国哲学社会科学工作办公室按照"统一设计、统一标识、统一版式、形成系列"的总体要求,组织出版国家社科基金后期资助项目成果。

全国哲学社会科学工作办公室

目　　录

绪　　论

　　作为西方文化源流之一的古罗马文明,拥有着人所共知、大大影响后世的辉煌文化遗产,其中诸多有形的建筑遗产遍布地中海沿岸乃至内陆深处。回溯自共和国到帝国千余年的罗马历史,罗马人向来给人以"质朴、务实"①的印象。在古罗马尤其是帝国时期,公共娱乐活动深受各个阶层的喜爱。其中,角斗表演可谓引人注目,从皇帝到奴隶,人们对这一活动的追逐近乎疯狂。唐纳德·G.吉尔在《古罗马的死亡竞技》一书中曾提到,"千余年间,角斗表演在古罗马的节日、社会生活以及公共活动中占有重要地位"②。然而,角斗活动这一专题并未引起国内外学者的广泛关注和重视,此与历史学家的视野长期聚焦于政治史、军事史以及外交史,而文化史研究并未得到应有的关注有着密不可分的关系。西方史学界的文化史研究传统,最早应追溯到希罗多德,他的《历史》被公认为西方最早的文化史著作。然而,"自修昔底德史学确立为西方史学的正宗地位后,在相当长的时间内,这种风格的史学被埋没了"③。文艺复兴时期,一些学者的研究中出现较多与文化史相关的内容。19世纪,"新史学"应运而生。其研究涵盖了人类社会发展过程中各个方面的内容,扩大了史学工作者的研究视野,拓宽了历史研究的领域和范围。

　　国内学者对于西方文化的研究随着新文化运动而兴起。20世纪80年代,史学界出现了文化史研究的热潮。20世纪90年代,西方文化史已经成为历史学一门非常重要的学科,出现了许多介绍包括古典文化在内的著作。文化史研究的意义,不仅在于为史学工作者提供了新的研究视角,或者"使以前不受重视的边缘领域进入研究者视野",还在于它可以"颠覆、修正此前即成定论的权力结构,重新设定边缘与中心的关系,从而导致文化史研究在

---

①　朱龙华:《罗马文化与古典传统》,浙江人民出版社1996年版,第94页。

②　Donald G.Kyle, *Spectacles of Death in Ancient Rome*, New York: Routledge, 1998, p.2.

③　张广智、张广勇:《史学:文化中的文化》,上海社会科学院出版社2003年版,第60页。

根本性的指导思想和学术理念上产生变革"①。

古代罗马娱乐文化、体育竞技等专题的重要性在西方文化史研究中毋庸置疑。从时间上来看,虽然古罗马已属于遥远的过去,似乎与我们没有什么直接的关系,但"它在两千多年前就是一个横跨欧亚非三大洲的大国","疆域之大,延续时间之长,影响之深远在世界历史上都是罕见的,我们要了解西方势必要从希腊罗马开始"②。古罗马角斗活动的研究价值自然不容小觑。

自公元前3世纪角斗活动传入罗马,历经数个世纪的发展,其在帝国的黄金时代达到鼎盛。我们可以将这一活动概括为三个主要的竞技或娱乐项目:一是人与人之间的搏杀,是最主要的角斗娱乐项目;二是人与兽之间的厮杀,亦即斗兽项目;三是兽与兽之间的残杀。关于这一娱乐活动,国外(主要是西方学者)自19世纪以来对此进行过系列探究,至20世纪后半叶先后发表重要论著,以下是对国内外相关研究的学术史梳理。然而,需指出的是,有关角斗活动的资料都较为散乱、零散,并非是系统性的;甚至有些模棱两可或相互矛盾。③

关于国外研究状况及动态,总体如下。

其一是综论。纵向而言,古代尤其是近现代以来的著述内容值得关注和依托;近代尤其是19世纪以来的研究逐渐丰富;20世纪尤其是中叶以来的成果较为突出。毫无疑问,给角斗士研究提供最直接、最重要资料的还是罗马人自己,古典作家包括史学家和讽刺作家留存下来的信笺资料尤为珍贵。不过,无论是罗马人自己还是近现代学者,他们大都蔑视这种有悖于社会公平及公正之行。④这

① 张昭军:《文化研究与文化史研究初探》,《宝鸡文理学院学报(社会科学版)》2003年第2期;张昭军:《文化研究理论与中国文化史研究》,《理论学刊》2006年第1期。

② [德]奥托·基弗:《古罗马风化史》,姜瑞璋译,辽宁教育出版社2000年版,第3页。

③ 参见 Carlin Barton, "The Scandal of the Arena", *Representations*, No.27 (Summer, 1989), published by University of California Press, p.1. 关于角斗士的资料,乔治·维尔的收集和总结可谓宏丰和完整(参见 George Ville, *La Gladiature*),值得关注;霍普金斯也收集了大量的相关资料(参见 Hopkins, *Murderous Games*)。其他相关研究包括:Georges Lafaye, "Gladiateurs", in Charles Daremberg and Edmond Saglio, *Dictionnaire des antiquités greques et romains* (hearafter DS), Paris, 1877—1926, Vol.2, Col.1563ff.; K.Schneider, "Gladiatoren", in August Pauly and Georg Wissowa, *Paulys Realencyclopädie der classischen Altertumswissenschaft* (hearafter PW), Stuttgart, 1893—1978, supplement 3, 1918, Col.760ff.; Louis Robert, *Les Gladiateurs dans l'orient grec*, Amsterdam, 1940; Friedländer, *Sittengeschichte*, Vol.2, pp.1—21, pp.50—112; Michael Grant, *Gladiators*, New York, 1968; Roland Auguet, *Cruelty and Civilization: The Roman Games*, London, 1972; Patrizia Sbbatini, *Gladiatorum Paria*, Rome, 1980; Monique Clavel-Lévêque, *L'Empire en jeux*, Paris, 1984。

④ Thomas Wiedemann, *Emperors and Gladiators*, London: Routledge, 1992, p.30.

方面较为系统性的成果早在 1845 年就由汉森（W.Hensen）得出，之后他的研究结论被广为引用。古典作家的著述和记载依然是后世研究的基础及真正的依据。角斗活动最早且真切的记载集中于古典作家记述，内容或相对集中或零零散散，大都是他们亲身经历、亲眼目睹的史实。譬如，史学家包括塔西佗（如《编年史》《历史》等）、苏维托尼乌斯（《罗马十二帝王传》）、李维等人的史料；其他还有西塞罗的演讲和书信集、波里比阿《通史》的记载、塞涅卡的著述等。当然，近现代以来，一些重要的专著也值得梳理和借鉴，譬如英国爱德华·吉本的《罗马帝国衰亡史》（6 卷本，尤以第 1 卷为重，角斗活动的相关内容较为丰富）、德国特奥多尔·蒙森的《罗马史》和奥托·基弗的《古罗马风化史》、苏联谢·勒·乌特琴柯的《凯撒评传》①和科瓦略夫的《古代罗马史》、美国米哈伊尔·伊凡诺维奇·罗斯托夫采夫的《罗马帝国社会经济史》以及当代相关研究家理查德·J.A.塔尔伯特的《罗马帝国的元老院》，还有剑桥罗马史系列等等，这些权威的研究都是吸取相关议题的重要论著。

其二是专论。专题研究成果较为集中——现当代西方学者已经逐步深入且细分化，研究者主要集中于如下几个方面的内容。第一，角斗活动的起源问题研究分歧较大，主要有"埃特鲁斯坎说""坎帕尼亚说""葬礼说""希腊说"等。史学家达玛斯库斯的尼克劳（Nicolaus of Damascus）坚信"埃特鲁斯坎说"，美国古典艺术学及考古学者凯瑟琳·韦尔奇（Katherine Welch）承继这一说法，支持这一说法的还有美国罗马史研究专家埃里森·福特莱尔（Alison Futrell）、大卫·波特（David Porter）和马廷雷（Mattingly）、唐纳德·G.吉尔等人。第二，角斗活动兴盛原因议题，福特莱尔从政治、宗教及社会环境视角剖析角斗士的生活，并且运用各种史料解读罗马公共娱乐活动兴盛之因。②第三，角斗活动包含的政治因素，包括角斗舞台成为罗马公民"政治抱怨"和申诉的舞台，"政客常常控告敌手使用了角斗士作为私人安全部队，以便诋毁那些竞争对手"。第四，角斗比赛中规则等议题，包括迈克尔·卡特的详细分析③。第五，角斗士的服饰和装备等议

---

①　"恺撒"或者"凯撒"这两个不同的译名，长期以来被广泛使用，当然还有其他的译名。目前各类专著、文论尤其是译著主要采用这两个译名，鉴于有些书名、文论的名称已定，所以本书以其原表述为准进行引用。其余则一律表述为"恺撒"。

②　Alison Futrell, *Blood in the Arena：The Spectacle of Roman Power*, Austin：University of Texas Press, 1997.

③　Michael Carter, "Gladiatorial Combat：The Rules of Engagement", *The Classical Journal*, Vol.102, No.2(2006).

题,包括韦德曼及巴顿等人的专著及论文。第六,角斗活动评价,剑桥大学古代史教授基斯·霍普金斯重点从社会文化视角研究角斗现象及其兴衰历程,其评述内容尤为值得借鉴①;英国古典学学者格兰特(Michael Grant)在其多部关于角斗士的著作中详列角斗士不同等级并评述其生活模式;巴顿则从心理学视角进行考察,认为角斗比赛虽无法消除贵族与民众、暴力与和谐的紧张状态,但依然是一种补偿性手段②;米诺娃和维特科威斯基则有另类评价③。第七,角斗活动的类型分析,包括两大类:一是角斗比赛的三种类型亦即人与人之间、人与兽之间、兽与兽之间厮杀,二是角斗士之间比赛的若干种形式。第八,其他专题研究,如罗兰·奥古埃特对角斗士群体进行了深入探索④;米诺娃和维特科威斯基从现代市场消费理论的视角对帝国时期观看角斗比赛的"观众消费实践和仪式"进行详尽分析;以及其他学者近年来对角斗士服饰、着装打扮及其展示的深层涵义的细致研究。

其三,罗马帝国时期社会生活方面的专著很多,然而,集中于角斗这一专题的论文并不突出,数量相对不多,考古发掘资料零散而稀少。相关学者的研究著述尤其是刊登于专业类期刊(*Classical Quarterly*,*The Classical Journal*,*Greece & Rome*,*The Classical World*,*American Journal of Archaeology*,*etc.*)上的论文值得关注。此外,关于古罗马竞技场的专著有不少。⑤

其四,与罗马角斗活动直接相关(但并不丰富)的考古资料及文物可作

---

① Keith Hopkins, "Murderous Games", in *Death and Renewal*: *Sociological Studies in Roman History*, Vol.2, Cambridge: Cambridge University Press, 1983.

② Carlin Barton, "The Redemption of Lost Honor in Roman Society and the Sacrament of the Gladiator and the Martyr", *Representations*, Vol.28, No.45(1994), pp.41—71.

③ Minowa, Yuko, Witkowski, Terrence, "Spectator Consumption Practices at the Roman Games", *Journal of Historical Research in Marketing*, 2012.

④ Roland Auguet, *Cruelty and Civilization*: *The Roman Games*, London & New York: Routledge, 1994.

⑤ Alison Futrell, *Blood in the Arena*: *The Spectacle of Roman Power*, Austin: University of Texas Press, 1997; Garrett G. Fagan, *The Lure of the Arena*: *Social Psychology and the Crowd at the Roman Games*, Cambridge: Cambridge University Press, 2011; Paul Plass, *The Game of Death in Ancient Rome*: *Arena Sport and Political Suicide*, Madison: University of Wisconsin Press, 1995; Carlin Barton, "The Scandal of the Arena", *Representations*, No.27(Summer, 1989), published by University of California Press, pp.1—36; S. Brown, "Death as Decoration: Scenes from the Arena on Roman Domestic Mosaics", in *Pornography and Representation in Greece and Rome*, edited by A.Richlin, New York: Oxford University Press, 1992 and "Explaining the Arena: Did the Romans 'Need' Gladiators?", *Journal of Roman Archaeology*, No.8(1995), pp.376—384; J.Pearson, *Arena*, London: Thames and Hudson, 1973; Keith Hopkins and Beard Mary, *The Colosseum*, Cambridge, Mass: Harvard University Press, 2005, etc.

为有力佐证。在新资料(主要是文物尤其是铭文)时有发现的前提下①,研究论文以及专题报道也相继出现一些,因此深度的局部性研究得以加强。譬如,结合与运用新近的考古发现,荷兰的菲克·梅杰(Fik Meijer)从墓志铭、壁画、石雕等中取材,其著作再现角斗场上厮杀场景,同时对女角斗士有一定描述;法国的乔治·维尔(George Ville)对镶嵌画中角斗活动进行分类研究;德国考古学家章凯尔曼(Junkelmann)深入细致的研究成果令人关注。

　　具体而言,上述角斗活动研究专家及其论著各有特色和偏重。首先是古典作家(以哲学家、史学家、文学家为主)的史实描述、评价等各有特点,所反映的内容具有时代特色。李维、恺撒、塔西佗、苏维托尼乌斯、西塞罗、塞涅卡、马可·奥勒留等人均有记述,这些内容包括诸多不同历史时期的法令条款、个性评价等。其中,苏维托尼乌斯所记述的内容是最为丰富的,充满着血腥之气;塔西佗的记载比较散乱,是零星的;李维的《罗马史》记载极为少见;西塞罗、塞涅卡和奥勒留给出了批判乃至谴责性的评价;诗人及文学家的记述和描绘则带有更加生动、夸张的色彩②。其次是近现代以来的专著和论文等。基斯·霍普金斯更多从宏观视角剖析和评判角斗活动,对这一血腥的娱乐项目加以时代视角的谴责。美国罗马史研究专家、角斗活动的研究权威之一埃里森·福特莱尔更多采用考古学的证据和资料,对角斗的起源及其类型进行了系统性研究,对这一娱乐活动在罗马得以兴盛的原因进行了深入分析。同样,对角斗活动起源进行考古学视角分析的还有美国古典艺术学及考古学者凯瑟琳·韦尔奇,其关于起源和演变的观点被广为引用。研究专家韦德曼则对角斗活动包含的政治因素进行了全面挖掘和研究;迈克尔·卡特对角斗比赛中规则、程序等内容进行了详尽分析;关于角斗士的服饰和装备等议题,韦德曼及巴顿等人也有深入研究。当然,关于血淋淋的角斗比赛及其评价,几乎每位专家都对此进行了不同程度的讨论,其中基斯·霍普金斯、格兰特、巴顿都从不同视角(包括史学、文学、心理学、社会学及交叉学科的角度)进行了多样化分析,所得出的相关结论皆具说

---

① 伴随着新的发现,这些铭文(主要是拉丁铭文)的数量还会稳步增加,参见[美]大卫·波特:《胜者王冠:从荷马到拜占庭时代的竞技史》,曹正东译,浙江人民出版社2017年版,第192页。

② 有诸多代表人物:共和国后期的卡图卢斯,这位著名诗人传下116首各种题材诗句,影响了一代又一代人,包括后来的奥维德;一些诗句里有关于对角斗士明星,尤其是贵妇对角斗士明星的崇拜。帝国黄金时代的北非哲学家、作家阿普列尤斯那部著名的《金驴记》(又名《变形记》)里面有关于角斗士的内容。诗人尤维纳尔的《诗选》里则有更多的评述内容。

服力。

关于国内研究,研究成果主要在最近十几年收获。

自 21 世纪以来,该专题研究成果尤其是论文日渐增多,不过专著罕见,文章多为译介性内容。国内以罗马角斗活动为专题发表的各种论文约有50 篇,研究生论文有 5 篇,其他介绍性的小论文、文章则更多。①

其他针对性的论文还包括:何立平的《论古罗马的女角斗士》(《贵州师范大学学报》2004 年第 3 期)、高福进的《古罗马女角斗士及其活动探析》(《社会科学战线》2013 年第 10 期)、韩志芳的《角斗士:古罗马体育的异化》(《体育文化导刊》2004 年第 2 期)、冯定雄和何立平的《角斗表演与古罗马政治》(《鲁东大学学报》2007 年第 1 期)、牛东芳的《古罗马角斗的政治学分析》(《理论观察》2008 年第 6 期)、刘欣然和高雪峰的《古罗马角斗体育竞技研究》(《首都体育学院学报》2009 年第 1 期)、于华的《合法的杀戮:对古罗马角斗活动兴起基础的解读》(《体育学刊》2010 年第 2 期)。对这种竞技进行研究和评述的还有李永毅、李永刚的《死亡盛宴:古罗马竞技庆典与帝国秩序》(《南京大学学报(哲学・人文科学・社会科学)》2009 年第 5 期),系统且深层次地分析了帝国衰亡与此的内在联系:作为古罗马政治生活和政治制度的重要内容,这类血腥的竞技庆典为后世所诟病,不过罗马人对"死亡盛宴"的酷爱,并非是对当时文明观念的背离,它恰恰是罗马核心精神体系的自然产物"。譬如,那些精心安排的仪式表演、庆典所展现出的种族优越心理、社会等级意识和尚武倾向成为震慑敌人、安抚平民、塑造罗马身份、维护统治秩序的手段。而罗马衰亡的祸根也隐含其间。

总之,就国内外的诸多论文、专著而言,该专题研究还不够充分,由于原

① 截至 2019 年底,依据知网及其他各种网络媒体查询,这些论文及较长的介绍性文章(不低于 3 000 字)大致分为以下几大类:一是专题性的研究,如涉及探源、斗兽场所、评价、类型、跨学科(尤以体育学科视角的研究为多)等方面的研究,一般属于较为深入的分析,多发表于学术期刊,如赵岷等人的《从仪式到表演:古罗马角斗活动的文化学剖析》(《西安体育学院学报》2015 年第 1 期)指出了角斗比赛中的征服文化因素;刘刚、杨娶的《古罗马竞技兴盛的文化解读》(《体育研究与教育》2013 年第 2 期)从政治、习俗、人性和教化等方面加以论述;郭继兰在《古罗马大竞技场和角斗士》(《文史天地》2010 年第 6 期)中论述了帝国时期角斗的兴盛状况;陆霞的《论古罗马奴隶主阶级的娱乐消费及其特征》(《山东社会科学》2002 年第 8 期)从娱乐消费视角侧面揭示了角斗比赛的起因及兴盛之因。二是宏观介绍性的小论文和文章(以 3 000 字以上为标准),从不同的视角进行介绍和评价,发表于各种媒体,在推广世界史和古典文明知识方面起到了更佳的效果。三是从其他视角的研究间接性提及、涉及角斗活动的介绍甚至研究,譬如陆霞的《血腥与纵欲——罗马帝国文化的两大显著特征》(《历史教学特征》2009 年第 5 期)、王伟苏和杨跃的《罗马帝国时代军队对外征服活动衰落的影响》(《边疆经济与文化》2015 年第 5 期)分别从评价和对外征服的视角间接涉及乃至分析、评述了角斗活动。

始资料的缺乏而无法获得与其匹配的研究成果。其一,某些专题尚待深入探究;其二,区域性横向比较研究较为少见;其三,来自不同学科及时代视角的评价较少。关于角斗士地位变迁的原因分析、对角斗活动兴衰本质原因的深入探索以及对帝国时期大环境的分析,亦存在缺陷和不足。

在研究趋势方面,首先,在新的考古资料(包括铭文资料)不断被发掘和研究的基础上,国外(以美国、意大利、德国、法国、英国等为主)学者相对集中于文化史领域的细微之处,譬如与角斗活动有关的铭文、妆品、灯具等文物成为专题研究的重要旁证。其次,随着新铭文资料的发现和整理,研究进一步深入,一些全新的专题及细节内容成为研究热点,譬如女角斗士的研究和争论得以被继续探究——这方面的研究内容在我国大多处于介绍阶段,研究有待细化、深入。"角斗活动"专题研究论文依然不多,当有新的相关的考古学发现,如器物、铭文等,会带来一些全新的证据和研究成果。相对而言,相关专著不少,不过这些论著的主旨内容并非是角斗活动,而仅是有所涉及,当然,这些研究内容的观点及结论还是各有特色的,毕竟建立在前人研究以及最新考古学发现的基础之上。

从前期所发表的论文及出版的著述(包括其他学者的各类成果以及译著)而言,这些研究具有一定的学术价值和现实意义。从学术研究成果积累的视角而言,本专题纵向研究整个罗马历史时期的角斗活动,侧重点是探讨这一活动的政治和宗教因素以及相关评价,得出一系列的观点和结论,这些观点和结论对于学术成果的积累及丰富具有直接意义。具体包括:第一,集中梳理共和国中后期到帝国时期的角斗活动,大多数专著和文章的研究相对集中于共和国后期和帝国前期,其他历史时期的研究则相对薄弱,为此,本书也同时探讨早期缘起以及后期衰落之因。除了从罗马人所谓"嗜血"本性这方面分析之外,还将从其他方面(如拉选票等政治现实)挖掘不同时期角斗活动兴盛之因。第二,本书对古罗马角斗活动进行系统性的评价。第三,开展创新视角的研究。本书研究具有现实意义。一是具有以史为鉴的警示作用;二是通过对角斗活动的评价以及比较分析,从中得出一些启示性的观点。

就研究目标而言,主要有如下三个方面:第一,从纵向角度系统梳理古罗马(主要是公元前1世纪至公元5世纪)角斗活动发展线索,重点分析和总结帝国黄金时期(公元前1世纪到公元2世纪)角斗活动兴盛之因。第二,评析历代学者及相关人员对角斗活动的评价。第三,进行一定程度的比较——时间和区域的比较。

就创新方面而言,主要是如下四点:第一是纵向梳理。对整个罗马历史上的角斗活动的起源、演变和兴盛之历程进行了系统性梳理和总结。第二是对参与此项活动的人员构成展开分析。此处不仅仅包括角斗士的阶层构成,还包括观众、裁判等人员的构成。综观古罗马这一娱乐活动发展史,观众或者消费者之主力并非贵族,而是自由民乃至奴隶。第三是对角斗活动的政治和宗教因素进行总结和分析。角斗活动主要起源于宗教信仰,其发展和繁盛之后则更多体现了世俗因素和政治因素,就后者而言,举办者和经营者往往通过这一活动来拉选票。第四是对角斗活动古今评述的总结以及评价。

总之,伴随考古资料的丰富,有关角斗士的研究得以不断深入。未来这一专题内容的研究可依托的资料包括以拉丁铭文为主的文字资料以及文物资料,即考古发现的遗址壁画、马赛克画、雕塑及其他各种文物等。

学术研究永远在路上。感谢 2017 年申请期间评阅专家的宝贵意见,他们的认真和严谨令人感动,集中性的意见包括:学术史和研究综述篇幅较小;较新的论文研究成果需要增加;应充分利用好英文及拉丁文文献资料,尤其是新发现的铭文资料需要加强;古罗马"嗜血"成性其实是一种文化现象,应深入挖掘,角斗活动的政治和宗教因素挖掘不够深入;布局谋篇以及某些段落的规范性有待提高等;皆为本书的不足和缺陷。为此,在为期近三年的修改、充实和尽可能地完善之后,在上述专家中肯意见的基础上,努力弥补和修订。当然,学无止境,在深层次挖掘和提升方面,依然需要持续进行。在此,也恳请诸多专家进一步指正、批评,以便未来在国内外持续性的考古发现和研究成果的基础上,不断补充、修订和提升。

第一章　角斗活动源起及其迷信表现

一、概　　述

1. 罗马角斗活动发展史

罗马的角斗士(gladiator)①,又译"剑斗士",是古罗马时代从事专门训练的奴隶、战俘或死囚,他们手持短剑和盾牌,彼此角斗。在大约两千年之前的罗马帝国,类似这种活动备受欢迎。在角斗比赛正式诞生之前,最初的角斗是人与人之间的拳斗,后来逐渐发展成为人与老虎、狮子、熊、豹、野牛等猛兽的肉搏。伴随着类似活动的发展,罗马人为寻求更大的刺激,组织起真正的剑斗士:两个斗士手握利剑或三叉戟,持盾牌或网套,相互刺杀。像许多其他古老文化中的运动项目一样,角斗最初是作为宗教活动出现的。它通常在葬礼之后举行,并在以后的周年祭祀和五周年祭祀中会再度举行。花费巨资在葬礼的角斗上,为死人增添光彩,逐渐成为罗马人的习俗。

大约公元前 3 世纪,角斗娱乐一般被认为源于埃特鲁斯坎(Etruria)人,如今所看到的90%以上的相关资料都是这样介绍的,亦即角斗娱乐不是罗马人自己创造的,而是从埃特鲁斯坎人那里吸取的。

共和国中后期是角斗活动逐步发展阶段。公元前 1 世纪后期也就是共和国末期及帝国初期,是角斗活动的兴盛阶段。那一时期,角斗娱乐取得很大的发展,而且由于罗马的广大自由民越来越狂热地喜欢这项活动,一些大

---

① "gladiator"源于古罗马军队使用的短剑"gladius",意大利语为"gladiatori",意为持短刀格斗者。角斗士一词由此得来。英语此词与拉丁文"gladiator"(字面意思是"swordman",意为"剑斗士"同。"在帕埃斯图姆的绘画中,装备以及受伤部位是至关重要的,因为'角斗士'这个词暗指使用剑进行决斗的人",参见[美]大卫·波特:《胜者王冠:从荷马到拜占庭时代的竞技史》,曹正东译,浙江人民出版社 2017 年版,第 143 页。

贵族、执政官纷纷出资举办这类比赛，以便赢得选票和支持。元老院贵族还相互攀比，刻意讨好观众，以收买人心，由此获得更多的政治声誉。恺撒大帝不仅在大规模的凯旋仪式上"千金散尽"，将数不尽的珠宝、财富和食品等抛洒在人群簇拥的大街上，供人们免费哄抢，而且为了满足罗马公民的喜好和兴趣，多次举办较大规模的角斗比赛，以获得他们的支持。

罗马帝国前期尤其是公元 1—2 世纪，角斗活动走上繁荣发展阶段。虽然在这段历史时期内并非始终保持兴盛，但大部分时期角斗比赛在规模上都极为可观。体现这一两个世纪角斗活动走向鼎盛的标志性内容包括：角斗比赛规模空前，越来越大；角斗活动花样繁多，人与人、人与兽、兽与兽等各种表演走上竞技场；女人走进角斗场；参与者不仅是奴隶，自由民、贵族乃至皇帝走上角斗场也被大量记载下来……

自公元 3 世纪尤其是 4 世纪开始，角斗活动开始式微。特别是君士坦丁一世承认基督教合法地位后，与这一信仰理念相抵触的血腥娱乐活动逐步走向衰落。3 世纪的罗马帝国开始出现边疆危机，连绵不断的战争加上国内连年出现通货膨胀的经济状况，使得国家不堪重负，而帝国境内亚平宁半岛之外越来越多获得罗马公民权的基督徒坚决抵制这一娱乐活动，第一个接受基督教的帝国皇帝君士坦丁大帝颁令，禁止开办角斗学校，甚至禁止举办角斗比赛。当然，由于历史的积累和传统习惯，罗马自由民依然保持着对角斗活动的喜爱乃至嗜好，虽然皇帝和元老院多次颁布法令，禁止某些活动，或者减少每年角斗比赛的次数等等，但要想让角斗士彻底消失，短时期内是不可能的。至少在罗马城以及意大利本土，该类娱乐活动依然持续，"角斗学校和角斗比赛一直持续到 5 世纪末"[①]。后来的皇帝数度颁布禁止角斗娱乐的法令。不过，无论如何，角斗活动自 3、4 世纪以后，逐步走向没落。具体的禁令还包括：

325 年，罗马帝国皇帝君士坦丁下令禁止角斗比赛。

380 年，罗马帝国皇帝狄奥多西一世下令，全国人民必须恪守基督教信仰，严禁其他各种异端教派的活动尤其是那些血腥的娱乐活动。

399 年，西罗马帝国皇帝霍诺留继续颁令，禁止各类角斗比赛。

---

① Michael Maas, *Readings in Late Antiquity*, London & New York: Routledge, 2000, p.41.

438年,西罗马帝国皇帝瓦伦蒂安三世颁令,彻底禁止角斗比赛,自此,角斗比赛基本在帝国走向衰落,在意大利半岛及罗马城,人与人之间的角斗厮杀逐步消亡,竞技场里只有斗兽表演。

公元5世纪后期,伴随着西罗马帝国的灭亡,角斗活动走向消亡。至此,在角斗娱乐活动盛行的700多年里,数百万人走向角斗场、斗兽场及其他各类竞技场,大约70万人死于非命。

2. 为嗜血而厮杀?

罗马人那种疯狂且毫无人道可言的角斗娱乐活动起源于何地以及起源的确切时间,如今是难以有定论的,"这种不确定性要远远超出古今学者的想象"①。罗马的古典作家相信,罗马社会传统的竞技不是角斗比赛,而是竞技表演(ludi)②,先是这种拳斗,接下来是赛车(chariot-races),在马克西姆斯竞技场(Circus Maximus)或在一个开放的场地里举行。公元前6世纪,在埃特鲁斯坎国王(王政时代)统治下,这种竞技表演是罗马人自己的娱乐活动,它得以世代相传。其他娱乐活动特别是戏剧则与竞技表演类的活动相互结合。与上述各种活动相联系的角斗表演以及那种专门的"斗兽"的出现还要再等上两个多世纪。

罗马人的角斗比赛与其所信仰的神灵密切相关。毋庸置疑,角斗活动最初带有明显的宗教色彩,它可以说是属于一种祭祀仪式——祭祀先祖灵魂的血的祭献。只是到了后来,这种宗教色彩逐渐变淡。"在共和国终结之前,他们失去了作为仪式的特征",亦即所谓的"世俗化"。③

罗马人崇拜勇士,他们对那些展示出巨大勇气的角斗士表示出无私的敬意。

也许有人会提出,历史上的罗马人嗜血成性吗?从人性的角度出发,除了战争及其他特定场合,在日常生活中罗马人不一定酷爱别人流血,更不喜欢自己流血牺牲。他们只是在那些角斗活动盛行的历史时期,在特定的场

---

①　Thomas Wiedemann, *Emperors and Gladiators*, London: Routledge, 1992, p.1.

②　"ludi"这一拉丁词语还有"学校"之意,如罗马的角斗学校也是用该词汇来表示。另外一词是"*munera*"(单数形式为"*munus*",亦可译为角斗比赛),表示在圆形竞技场里举办的竞技活动,这些活动是在国家重要人物去世时开展的。

③　Roland Auguet, *Cruelty and Civilization: The Roman Games*, London & New York: Routledge, 1994, p.23.

所喜欢观看那种刺激、疯狂的血腥表演,因为这些比赛早已成为传统,此类比赛、竞技活动在那时,完全合乎法规且合乎情理。"希腊人娱乐的方式是戏剧,而罗马人则更愿意看'竞技表演'"①,亦即人们相互屠杀的表演。

公元前264年,第一次正式的角斗比赛(munera gladiatoria)在罗马出现,到了共和国晚期,国家承认并为其颁布了规则。在元首制时期,角斗表演的场面变得比以往更加血腥,这时候罗马人已经对纯粹的体育技巧毫无感觉,他们需要这种更大的刺激。

罗马帝国时期,角斗比赛主要在圆形剧场里举行,由市政官主办,也是帝国周年纪念活动的一部分。在罗马城,除了每年12月是固定的角斗比赛月外,其他月份的角斗比赛基本上都由皇帝决定。皇帝一般将角斗比赛安排在特殊的场合:纪念日、典礼、凯旋日等。

这种角斗厮杀的娱乐很早就伴随着罗马人的扩张、征服传播到罗马文化所能辐射到的地区。②罗马人举行第一次正规的角斗比赛后不到100年,这种角斗娱乐就传到了西亚,竟然也为那里的贵族和人民津津乐道。当然,西方学者没有忘记这样的结论,即角斗比赛同时刺激了罗马经济的发展,这一点是不容忽视的。不过,罗马人包括那些角斗比赛的组织者、元老院贵族以及皇帝,他们并没有利用角斗活动刺激经济的意图,这是客观上促进的。

罗马雕像和钱币上的角斗士形象让今天的人们也足以感受到作为一个角斗明星的荣誉、自豪、体面。在罗马城市的社交活动表里,充满暴力和血腥的角斗是最受欢迎的项目,罗马人只有此时才能欣赏到表演。在他们眼中,目睹角斗士血洒竞技场就如同在戏院里观看喜剧表演一样充满乐趣。也难怪一些不喜欢甚至厌恶角斗娱乐的统治者,曾经考虑废止这一游戏,但是实践证明那是"不切实际的想法"③。另外,角斗比赛是罗马人表达实现征服欲的手段,也是他们在相对和平时期实践流血场景的最好手段,罗兰·奥古埃特称角斗比赛为"罗马人征服的标本"再现④。

---

① 〔美〕罗伯特·E.勒纳、〔美〕斯坦迪什·米查姆、〔美〕爱德华·麦克纳尔·伯恩斯:《西方文明史(Ⅰ)》,王觉非等译,中国青年出版社2003年版,第187页。

② 伴随着罗马人的征服及其文化的扩张,"罕见的罗马世俗文化"输出到希腊地区,不过角斗活动似乎发生了变异,参见 Mann, Christian, "Gladiators in the Greek East: A Case Study in Romanization", *International Journal of the History of Sport*, Vol.26, No.2(2009), pp.272—297。

③ Ferdinand Lot, *The End of the Ancient World*, London & New York: Routledge, 1996, p.178.

④ Roland Auguet, *Cruelty and Civilization: The Roman Games*, London & New York: Routledge, 1994, p.195.

角斗士战死在竞技场时,大多数人的平均年龄是 18—25 岁。前后计算起来,罗马人对于角斗表演的痴迷持续了大约 700 年的时间,一般认为,最后一场角斗比赛是大约 1 600 年前的事情。角斗士在古罗马社会扮演重要的角色就不足为奇了。

在罗马角斗娱乐活动比较繁荣的大部分时期,观看这种比赛被认为是一种高尚的行为,而并非是想象中残酷、低下的娱乐行为。就连斯多葛学派的代表西塞罗也承认,这种娱乐是一种良好的教育,因为它能够培养罗马人那种沉着、勇敢、视死如归的精神,可见当时罗马人对于这种娱乐的认同程度。罗马的普通群众,包括各个阶层的人士,从皇帝、元老院贵族到骑士阶层、普通的罗马自由民再到奴隶,甚至“包括独身的修女,都以观看(角斗士)临终的痛苦为乐。为了弥补人数的不足,连未成年的罪犯和奴隶也被送上角斗场”①。

基督徒极端憎恶角斗活动,第一个受洗入教的罗马皇帝君士坦丁大帝于公元 325 年下令禁止角斗比赛。不过实践证明,最初很难彻底禁止角斗比赛,后来的皇帝也曾数度颁布禁止角斗娱乐的法令。“角斗比赛可能从来没有在君士坦丁堡举行过,但是在罗马,角斗学校和角斗比赛一直持续到5 世纪末。”②

公元 403 年以后,罗马的圆形竞技场不再举行角斗。然而在现代的罗马城,装扮成角斗士的罗马当地人还常常出现在竞技场废墟周围,从拍照的游客那里赚取“高额”的收费。

根据研究者的估计,大约有 70 万人在罗马斗兽场中丧生。死在这里的有角斗士、罪犯、士兵、普通平民、妇女,甚至还有儿童。所有这些人都是在众目睽睽之下死去的,他们的尸体从罗马帝国最宏伟的角斗场的大门中抬出去,只是为了让观众开心。

值得庆幸的是,这种惨无人道的死亡景象不会永远继续下去。在罗马帝国灭亡之前,这种活动就已经被摒弃了。

3. 残酷的游戏抑或时尚的娱乐?

罗马人为什么会如此热衷于角斗娱乐,贵族又为何倾尽财力、物力举办这类血腥比赛。西方学者的一句小诗也许足以回答这些简单的问题:

①　[德]奥托·基弗:《古罗马风化史》,姜瑞璋译,辽宁教育出版社 2000 年版,第 105 页。

②　Michael Maas, *Readings in Late Antiquity*, London & New York: Routledge, 2000, p.41.

　　罗马竞技的传统非常古老。

　　战车赛可溯源至公元前 6 世纪。

　　而公元前 264 年就证明存在的角斗,本来与葬礼有关,

　　最后成为竞技的正规项目。

　　帝国时期,竞技成为一种真正的狂热。

　　精英分子倾家荡产,

　　只为了提供市民这些消遣,

　　像是一种义务,一份感谢,

　　以回报他们的选举和敬意。①

罗兰·奥古埃特的分析发人深思:

　　没有什么比所谓"虐待"的残酷更与罗马人的心态相符的了。然而,很难解释如此臭名昭著的"游戏"何以得到继承和延续。很大程度上,这种残酷是无意义的;它毁灭,破坏,并不能得到好处,它满足的是一种热情,或仅供娱乐。它是一种奢侈品,但是罗马人不仅仅是实用主义者,狭义上看,他是实用的奴隶。牺牲一个可能的财富之源,为了满足一时的冲动,一个部分或者纯粹是主观的感情,对于他们来说是极为严重的错误,是对他们最基本道德准则的忽视。②

二、探　　源

　　如同其他文化娱乐或运动项目一样,角斗与区域或民族的宗教信仰、仪式密切相关。即使历经几个世纪的发展,角斗表演中的宗教成分依然重要。比如,竞技场的侍者(一般为奴隶)被打扮成神的样子。那些拿着烧红的烙铁去测试倒下的角斗士是真死还是装死的奴隶打扮成墨丘利,而负责拖走尸体的奴隶则装扮成普鲁托——罗马神话中的冥王。在基督徒遭受迫害的时期,受害者在被剥得一丝不挂扔给猛兽之前,一群打扮成异教徒的牧师和

---

　　① [法]罗杰·哈诺内、[法]约翰·谢德:《罗马人》,黄雪霞译,汉语大辞典出版社 2001 年版,第 142 页。

　　② Roland Auguet, *Cruelty and Civilization*: *The Roman Games*, London & New York: Routledge, 1994, p.14.

修女围绕着他们转圈。

角斗活动的起源充满争议,古典作家的记载亦无统一说法。一般而言,"埃特鲁斯坎说"与"希腊说"是两大主要观点。当然,近现代以来的研究结论也具有一定的说服力。

1. "埃特鲁斯坎说"

一般认为,角斗源于埃特鲁斯坎人。这一说法是基于史学家、哲学家尼克劳的记述①,被哈德良皇帝时代建立的雅典娜学校的成员加以广泛引用②,后日渐成为较权威的结论。支持这一结论的旁证是一部词源学辞典,它由公元 7 世纪早期塞维利亚的伊斯多尔(Isidore of Seville)所著。该辞典解释了拉丁词汇——角斗士教练"兰尼斯塔"(lanista)的起源。德尔图良(Tertullian)曾经描述了装扮成保护角斗士干尸的冥王狄斯帕忒耳(Dis Pater)形象,他令人联想起埃特鲁斯坎人的卡戎神(Charon),其职能与普鲁托类似。福特莱尔也援引了此说③,韦尔奇也指出这一说法是最为典型的角斗比赛起源说④,不过相关的考古学证据却很难获得⑤。发现于塔尔奎尼亚(Tarquinia)三座陵墓里的被称为"佩尔苏"(Phersu)形象的绘画,可上溯至公元前 6 世纪中叶,这种形象是:头戴锥形头盔,手拿猎狗皮鞭,正在攻击另外一个头戴兜巾的男子,这一画面被认为是执行某种仪式、举行葬礼祭献或进行体育比赛。

虽然"埃特鲁斯坎说"的证据并不丰富,但是由于现代学者基于维护道德尊严的视角提出了立足于历史环境下的评价,亦即认为罗马人的角斗比赛是在罗马人文明状态下(较之周边其他落后地区)进行的,于是乎,如果角斗娱乐被确认是源于其他地区(非罗马人之地),那么罗马人的良好名声可以被维护。"埃斯特鲁坎起源说"在 19 世纪影响很广,这一说法在道德方面保全了罗马人的名声,因为罗马人的恶名是被埃特鲁斯坎人污染的;同时也"印证"了罗马人优于东方的吕底亚人(Lydians)以及埃特鲁斯坎人的种族优越论。

---

① Welch, Katherine E., *The Roman Amphitheatre*: *From its Origins to the Colosseum*, Cambridge: Cambridge University Press, 2007, pp.16—17.

②⑤ Thomas Wiedemann, *Emperors and Gladiators*, London: Routledge, 1992, p.30.

③ Alison Futrell, *A Sourcebook on the Roman Games*, Oxford: Blackwell Publishing, 2006, pp.14—15.

④ Welch, Katherine E., *The Roman Amphitheatre*: *From its Origins to the Colosseum*, Cambridge: Cambridge University Press, 2007, p.11.

2. "坎帕尼亚说"

古罗马著名史学家李维认定角斗活动是由亚平宁半岛南部地区的坎帕尼亚(Campania)及其周边地区最早举办的。①公元前 310 年,为了庆贺他们对萨莫奈人战争的最终胜利,坎帕尼亚人举办了规模盛大的角斗比赛。②一些考古学资料尤其是各地发现的图像资料——壁画、镶嵌画及其他文物(特别是各类雕塑、雕刻物品)等验证了这一说法。③

考古发现最早的角斗士学校也是在坎帕尼亚,此为支持这一说法的最有力的证据之一。另一考古学资料及其相关研究表明:迄今为止发现的最早角斗士学校即在这一地区④,在该地区城镇帕埃斯图姆(Paestum,公元前273 年为罗马所征服)发现的墓穴壁画上有一对角斗士正在厮杀,这一远早于罗马人的活动被认为是一种在葬礼上告慰逝去先人的血祭仪式。⑤

以上考古发掘及各种实物、壁画资料是这一说法的具有说服力的证明。

3. "希 腊 说"

即便源自坎帕尼亚人的说法也被认为是类似古希腊人的传统习俗,其时间可以追溯到古希腊城邦国家诞生时期。⑥最有可能的希腊起源,自然是著名的古希腊奥林匹亚大会——罗马人的角斗娱乐当然源自"Pankration",亦即希腊式的自由搏击,此即当时希腊人的格斗术,是古希腊奥林匹亚竞技大会的比赛项目。依今日视角来看,它是那种同时使用拳击与角力、抱摔等各种技巧的搏击运动项目。很明显,这种项目很有可能导致了后来

---

① "一般认为,罗马的角斗表演是由坎佩尼亚(坎帕尼亚)传入的,从公元前 265 年起开始存在,起初也是作为丧葬习俗",参见[古罗马]提图斯·李维著,[意]桑德罗·斯奇巴尼选编:《自建城以来:第一至十卷选段》,王焕生译,中国政法大学出版社 2009 年版,第 431 页。

② Alison Futrell, *A Sourcebook on the Roman Games*, Oxford: Blackwell Publishing, pp.4—7. Futrell is citing Livy, 9.40.17.

③ Welch, Katherine E., *The Roman Amphitheatre: From its Origins to the Colosseum*, Cambridge: Cambridge University Press, 2007, p.18; Alison Futrell, *A Sourcebook on the Roman Games*, Oxford: Blackwell Publishing, 2006, pp.3—5.

④ Alison Futrell, *A Sourcebook on the Roman Games*, Oxford: Blackwell Publishing, 2006, p.4; D.S. Potter and J.D. Mattingly eds., *Life, Death and Entertainment in the Roman Empire*, Ann Arbor, 1999, p.226.

⑤ D.S. Potter and J.D. Mattingly eds., *Life, Death and Entertainment in the Roman Empire*, Ann Arbor, 1999, p.226.

⑥ Welch, Katherine E., *The Roman Amphitheatre: From its Origins to the Colosseum*, Cambridge: Cambridge University Press, 2007, p.15, p.18.

的角斗,就像罗马人吸收希腊人的各种文化内容一样。不过,到了罗马角斗活动极为盛行的帝国时期,这一时髦的娱乐竞技又从罗马传至希腊地区。

虽然这种说法尚不足以证明角斗活动直接源于此类角力。不过,从诸多研究者的论著可以看出,公元前 8 世纪(甚至更早的克里特文明时期)希腊地区各种文化的影响遍及地中海区域,罗马人建城的神话传说与希腊神话直接相关,而且建城英雄之原型也正是源自希腊文化圈。公元 3 世纪罗马皇帝塞维鲁重用那个色雷斯农夫——后来成为暴君的马克西明,这位身强力壮的角力者,也正是因为其以一敌十的摔跤强项而受到重用,逐步攀升到随侍皇帝的卫士。①可见,摔跤、角力等希腊地区的传统项目(与古代各民族一样属于常规性的竞技活动)也可能逐步演变为古罗马人的角斗活动。

4.“葬 礼 说”

以上是以区域而论的主要观点,“葬礼说”则是从另一角度总结的重要说法。

“在罗马,角斗士的首次亮相出现在葬礼游戏上”②,但埃特鲁斯坎人陵墓里绘画的形象并不是角斗士。在葬礼上举行格斗仪式在公元前 4 世纪的南意大利地区也有发现,帕埃斯图姆的鲁坎尼亚(Lucania)陵墓就有为了纪念亡者而在葬礼进行格斗仪式的画面。因此,此类角斗活动可以被认为是起源于一种野蛮习俗的缓和,在这种传统习俗中半数的人民还受迷信思想的束缚,他们赋予了人类祭献一种有序的形式,如果我们可以这么说的话,那些站在竞技场上的角斗士“将是命中注定的受害者,他们的角色就跟那些在 5 月 14 日被毫无疑问丢弃到庞托斯·西比利西斯(Pontus Subliccius)这个地方去的手足被绑的苇草侏儒一样”③。菲斯图斯这样写道:“在勇士的墓前牺牲囚徒是一种惯例,当这种做法的残酷性越来越明显的时候,他们决定让角斗士在墓前决斗。”

---

①　[英]爱德华·吉本:《罗马帝国衰亡史》第 1 册,席代岳译,浙江大学出版社 2018 年版,第 201 页。

②　[美]大卫·波特:《胜者王冠:从荷马到拜占庭时代的竞技史》,曹正东译,浙江人民出版社 2017 年版,第 144 页。

③　Roland Auguet, *Cruelty and Civilization：The Roman Games*, London & New York: Routledge, 1994, p.21.

另外一位"颇具说服力的研究家"乔治斯·维尔认为,罗马人正是在坎帕尼亚而不是埃特鲁斯坎"意外地"发现了在葬礼仪式上进行格斗的角斗士,这足以体现文化的交互影响,因为数个世纪以后的普洛克皮乌斯(Procopius)提到了萨莫奈牧羊小伙之间的格斗仪式。①许多学者有同样的观点,"角斗的来历不明,可能是由坎帕尼亚传到埃特鲁斯坎,而雅克·休贡(Jacques Heurgon)认为,角斗活动在古罗马扎根之前就在坎帕尼亚这个地方充分发展并形成了经典模式"②。

此外,角斗比赛取代了人祭的传统。菲斯图斯(Festus)及德尔图良认为,通过角斗比赛将失败者祭献先人,类似于原始部落中用战俘祭献英勇牺牲的战士,这一点为一些学者所认同。③当然,持反对的意见的也大有人在。④韦德曼通过详尽分析指出,没有任何证据表明,角斗比赛就是将死亡的角斗士祭献死者,或者说类似人祭,与葬礼有关,任何一个历史时期的罗马人都不这么认为;那种看似有说服力的观点——角斗士被视为替罪羊,被当成远离公众的异类——也缺乏足够的证据。⑤

三、角斗活动中的迷信表现

古罗马人的角斗活动充满着宗教信仰因素,这些活动本身自始至终与传统信仰、神灵密切相连,因此,按照科学的视角,角斗活动充斥着种种迷信甚至滑稽的表现。

1. 角斗比赛带来好运:驱散新娘头发里的魔鬼

角斗活动最初与迷信及宗教信仰有着直接联系。古罗马所有隆重的宗

---

① 关于角斗起源的详细论述、分析,参见 Thomas Wiedemann, *Emperors and Gladiators*, London: Routledge, 1992, pp.29—34。

② Roland Auguet, *Cruelty and Civilization: The Roman Games*, London & New York: Routledge, 1994, p.21.

③ 参见 Alison Futrell, *Blood in the Arena: The Spectacle of Roman Power*, Austin: University of Texas Press, 1997, pp.177—182; G.Ville, "La guerre et le Munus", Jean-Paul Brisson ed., *Problèmes de la guerre à Rome*, Paris, 1969, p.186。

④ Donald G.Kyle, *Spectacles of Death in Ancient Rome*, New York: Routledge, 1998, pp.36—40; D.S. Potter and J.D. Mattingly eds., *Life, Death and Entertainment in the Roman Empire*, Ann Arbor, 1999, pp.305—306.

⑤ Thomas Wiedemann, *Emperors and Gladiators*, London: Routledge, 1992, p.34.

教和社交活动都受到角斗士的影响,譬如在婚礼中,新娘要用矛的尖端将头发分梳开。如果这支矛曾经为一个战死的角斗士使用过的话,人们相信这会给新娘带来好运。据说,这一习俗可能是为了驱赶那些缠绕在新娘头发中的鬼怪。

不过,罗马人真正的角斗活动可能是从埃特鲁斯坎人那里学来的。埃特鲁斯坎人举行这种活动的目的是向死亡的英雄致敬,这种充满血腥的宗教仪式在当时被视为神圣、勇敢的行为,罗马人继承了埃特鲁斯坎人众多发达的文化,包括文字、宗教、习俗,还有这种后世人备感残酷的角斗仪式。罗马人最早举行这种活动的记载是公元前 264 年,也就是第一次布匿战争的时候,当时共有 3 对角斗士参加。不久,越来越多的参赛者加入这种比赛,他们举行这样的仪式活动主要是纪念亡者,同时也是为了获取威望,伴随着时间的推移,后一种目的愈加突出。到了帝国时期,角斗活动逐步淡化了原有的宗教意义,而演变为公共娱乐活动;与此同时,单独举行角斗比赛,或是节日期间举办比赛,或是与斗兽赛、马车比赛一同进行,已经司空见惯。

2. 好兆头:可治疗癫痫病

角斗比赛长期被视为一种祭献活动。在荷马史诗《伊利亚特》中记载了阿喀琉斯在亡友帕特罗克洛斯坟前杀死几名特洛伊男孩,古人认为鲜血能使死人复活。学者菲斯图斯由此相信角斗起源于古代在牺牲的勇士墓前屠杀罪犯的仪式。众所周知,早在古希腊人的各种祭献活动中,他们就举行类似的比赛,但完全不同于后来罗马时代的血腥厮杀。

到了罗马时期,诸如此类的习俗表现出普通古罗马人对于角斗士是多么痴狂。罗马人甚至相信,杀过人的角斗士的热血能治愈一种影响神经系统的疾病——癫痫病。

史学家李维记载历史上最早的角斗比赛是由坎巴尼亚人在公元前310 年举行的。①这次比赛象征性地再现了他们对于闪米特人的胜利,坎巴尼亚人在战斗中得到罗马人的帮助而取胜。在角斗比赛中,他们穿着敌人丢弃在战场上的盔甲,使用敌军的武器,李维认为这么做是为了表示对敌人的仇恨与蔑视。但是还有另外一个更加流行的观点,认为角斗最早出现实际上是在公元前 264 年。在那年,罗马城的大贵族马尔库斯·布鲁图斯

---

① ［古罗马］提图斯·李维著,［意］桑德罗·斯奇巴尼选编:《自建城以来:第一至十卷选段》,王焕生译,中国政法大学出版社 2009 年版,第 431 页。

(Markus Brutus)与狄西墨·布鲁图斯(Decimus Brutus)兄弟两人在举办完父亲布鲁图斯·佩拉(Brutus Pera)的葬礼后,用角斗表演来招待参加的客人们。据说这种活动起源于早年曾经统治过罗马的伊达拉里亚人的习俗,当时这一外来的民族用角斗来举行葬礼活动,罗马人之所以保留、继承这种习俗,同样也是出于对先辈的纪念。这场小规模的角斗,由3对奴隶在一个牛市上格斗。这些最初的角斗士被称为布斯图阿里伊(*bustuarii*)①,他们的诞生充分说明了早期角斗比赛所具有的宗教色彩。

3. 罗马人的"白日梦":梦中娶新娘

罗马人不断为他们观看这种娱乐项目、举办这种残酷的比赛积累着理想的理论佐料。他们——当然主要是男人——在全罗马传递着这样一个信息,传达着这样一种习惯性的说法,而且这种说法就像在中国民间地区流传的民俗文化一样:如果一个罗马男子做了有关"塞拉蒂斯"②角斗士的梦,人们就认为他将娶到一位富有的女人。

不过这种"白日梦"应是与角斗活动达到繁荣有关,角斗士尤其是角斗士明星的地位获得了大幅度提升,很多罗马自由民男子也希望成为这样的明星,从而获得狂热的崇拜,甚至得到贵族夫人的崇拜。

譬如,到在罗马帝国黄金时代,诗人朱维纳(Juvénal)的《讽刺集》记述了元老院贵族妇女艾皮雅,这位贵妇人对那些角斗士明星极为崇拜,诗人厌恶、谴责性的描述③恰恰说明角斗比赛盛行,那些长期被斯多葛学派严厉批判的"社会渣子"正是那些角斗士英雄,而当时罗马城的贵族妇女是如此崇拜明星角斗士,以至于几乎人人都梦想走上角斗场,成为被人崇拜、敬仰的英雄和明星。

4. 迷信表现的本质:角斗活动的诞生同宗教信仰直接相关

角斗活动充斥着宗教色彩,它与信仰直接相关。

---

① "*bustuarii*"是从"*bustum*"这个单词得名而来——该词汇之意是坟墓或葬礼上所用的柴堆。参见 Roland Auguet, *Cruelty and Civilization*: *The Roman Games*, London & New York: Routledge, 1994, p.19。

② 塞拉蒂斯是文献中记载的著名的色雷斯角斗士,是仅次于斯巴达克斯的色雷斯角斗士。色雷斯被罗马人征服后,许多人被卖为奴隶和角斗士,他们在角斗场上以勇猛顽强而出名。实际上,他的名气可能是考古发现后为学者所夸大而致。

③ 参见[法]罗杰·哈诺内、[法]约翰·谢德:《罗马人》,黄雪霞译,汉语大辞典出版社2001年版,第142—143页。

剑斗士自开始就有某种牺牲的味道,他们的比赛叫"感恩",这是从埃特鲁斯坎人那里借鉴来的宗教仪式。基斯·霍普金斯说过:"罗马宗教仪式中最重要的时刻是宰杀动物祭祀。祭神必须用动物作牺牲,这是罗马人宗教仪式的核心内容。我认为,在斗兽场上把野兽或人杀死只是把这种宗教象征意义推进了一步。"公元前 174 年,为了向提图斯·弗拉米尼乌斯死去的父亲表示敬意,有 74 人角斗了 3 天。①

在共和国时代,角斗比赛一般由个人发起并出资举办,其宗族意义相当重要,协助角斗的奴隶扮成阴间冥神模样,场上鲜血淋淋的场景可以令罗马人立即联想到战场,还有墓葬中的牺牲仪式。因此,罗马最初这种娱乐活动实际上更多与原始宗教信仰有着直接的联系。罗马最常见的神灵就是战神马尔斯(Mars)和灶神维斯塔(Vesta),前者决定战争的胜负——这也足见后世学者所言的罗马人尚武之传统、精神,体现了罗马人心目中战事之重;后者则是维护家庭幸福、国家福祉的神祇,在罗马时期女灶神维斯塔备受青睐,当时家家设有灶膛,"长明的圣火是维斯塔的象征……守护'国灶'的女祭司(贞女)享受特殊的待遇"②。罗马人几乎所有的公共娱乐、祭祀仪式均未脱离原有的宗教色彩。

不过,在大约公元 1 世纪的帝国时代,角斗由纯宗教仪式慢慢演进为公众娱乐活动,并逐渐流行开来,在参加者人数和竞技规模上令人瞩目,成为罗马文化的一部分。

像诸多古代民族一样,罗马人的角斗活动以及其他各种文化生活也摆脱不了宗教与神话的直接影响。罗马诸神在整个罗马千余年的历史上始终占据着不可磨灭的位置。

为此,若要真正理解罗马角斗活动的宗教因素,就必须了解罗马诸神及其作用,特别是他们的文化寓意。

表 1 罗马诸神

诸神名称	主司功能
朱庇特(Jupiter)	罗马主神,雷电之神,天神,相当于古希腊的宙斯(Zeus)
朱诺(Juno)	天后,朱庇特之妻,主司生育婚姻,是妇女的保护神,相当于古希腊的赫拉(Hera)
马尔斯(Mars)	战争之神

① Livy, *Annal for the Year 174 B.C.*, cited in Welch, Katherine E., *The Roman Amphitheatre: From its Origins to the Colosseum*, Cambridge: Cambridge University Press, 2007, p.21.
② 启文:《古罗马:英雄时代的神与人》,世界知识出版社 2003 年版,第 96 页。

诸神名称	主司功能
狄安娜(Diana)	月亮与狩猎女神,相当于希腊的阿尔忒弥斯(Artemis)
维纳斯(Venus)	爱与美女神,相当于希腊的阿芙洛狄忒(Aphrodite)
密涅瓦(Minerva)	女战神,主司智慧、艺术、发明和武艺,相当于希腊的雅典娜(Athena)
埃斯库拉庇乌斯(Aesculapius)	主司医药,相当于希腊医药之神阿斯克勒庇俄斯(Asclepios)
迈亚(Maia)	主司生命、春天,相当于希腊自然女神迈亚
普鲁托(Pluto)	主司阴间之神,渡亡者灵魂经过冥河到阴间;与希腊神话中哈德斯(Hades)的职能一样,相当于埃特鲁斯坎人的卡戎(Charon)神
墨丘利(Mercury)	主司商业、手工业、智巧、才辨、旅行、欺诈、盗窃,也是众神的信使(另外还有保护阴间亡灵之说)。相当于希腊神话中的赫尔墨斯(Hermes)
加纳斯(Janus)	天门神,主司守护门户及万物始末;他头部前后各有一张面孔,故亦称"双面神",前面的面孔注视未来,后面的面孔回顾过去

四、角斗活动兴盛之因

后世人们始终感到困惑的是,这种残酷的娱乐游戏为何能够在罗马帝国如此盛行? 其中原因之一就是符合当时罗马人的生活、生存背景。罗马人是一个好战的民族,如同斯巴达人,他们的文化实际上就是战争的文化。他们的生活始终与征服的历程相连。残忍好战的本性使得这种娱乐自然而然产生。正如学者所言:"或许古罗马人的血液里真的掺入了狼性的成分,亦或许他们真的传承了战神的秉性。"①众所周知,角斗比赛在罗马帝国几个暴君的参与中达到了高潮,从暴君尼禄到康茂德,皇帝角斗士的出现表明角斗士在罗马社会影响可谓登峰造极。但是罗马时期这种可怕的杀手是如何产生的呢? 正如前所言,当罗马一步一步从微不足道的村落发展成为古代历史上最为强盛的帝国时,角斗士比赛也就逐步盛行起来。这种比赛符合罗马人好战的秉性,罗马这个民族长期进行征服战争的实践说明:罗马人需要这种残酷的、带有试验效果的角斗活动。

首先,从整个罗马历史时期来看,大多数罗马人鼓励、维护、提倡这种竞技活动,他们的理由是:大多数牺牲者是一些犯了重罪而被判处死刑的人,

---

① 郭长刚:《失落的文明:古罗马》,华东师范大学出版社 2001 年版,第 39 页。

他们所遭受的痛苦可以当作一种对他人的警戒。此外,那些注定已经被判处死刑的人接受了面对创伤及死亡的训练,这"可以激发斯巴达人勇武的美德,经常目睹流血及战斗的景象,使罗马人适应战争的需要和牺牲"①。可见,罗马共和国后半期连续扩张、战争的现实与这种残酷、血腥的娱乐活动可谓相得益彰,也是相辅相成的。正如基斯·霍普金斯所言,广受欢迎的角斗表演是战争、纪律和死亡的产物。数个世纪以来,罗马致力于战争以及让民众分享战争的成果,他们用严格的纪律赢得了疆土辽阔的帝国。公开执行死刑对非战斗人员是一种血淋淋的提醒,告诫他们如果帝国的仇敌能够复国,那么他们就会有相同的遭遇。竞技场活生生营造了基督教传教士所说的地狱;公开的刑罚重新确立了社会的道德和政治制度——国家的力量因此而被巩固。

其次,罗马帝国时期,观看角斗是罗马人追求奢华、显示排场的重要生活方式之一。随着角斗逐步受到公众喜爱,它成为各类重大事情或活动举办的催化剂、助动器。许多豪门贵族遇有婚丧大事,常常通过举办角斗活动来营造气氛,显示排场,光耀门第。官僚政客为了在选举中获得胜利,也借用角斗表演来拉选票,以收买人心。豪门巨富在自己家里养着角斗士,以随时举行"招待性"的表演活动。在罗马城,大贵族马克家供养着超过50对的角斗奴,每逢他宴请宾客,几对角斗士就在花园中央草坪特制的竞技台上进行表演,以便给参加宴会的客人助兴。这些角斗士的格斗是有着极为鲜明的特征的,而且在角斗活动后,竞技场内通常会有盛大宴会。这些比赛被称为"muner",根据德尔图良所述,这些活动最终代表了一种对亡者的责任和义务。

罗马从一个小小的城邦一跃成为地中海世界的霸主,许多一无所有的平民逐渐成为拥有数万家奴的贵族,大量的财富源源不断涌进罗马城。"饱暖思淫欲",罗马人一些优良的传统美德如节俭、禁欲、勤劳逐渐丢失殆尽,古老的说教被抛掷脑后,人们只知道争夺金钱。"于是,'战争→掠夺→征服→统治→享乐'成为这一时期罗马人竭力遵循的法则"②,从独裁者盖乌斯·尤利乌斯·恺撒大摆宴席,到尼禄让他的妻子用驴奶洗澡,奢侈之风已经席卷了整个罗马城。共和国末期及帝国时期,贪欲、挥霍、享乐成为生活的主旋律,暴发户故意炫富,当时许多人曾经抱怨说:"罗马已成了这样一个

---

① ［美］威尔·杜兰:《凯撒与基督》,《世界文明史》第3卷,东方出版社2005年版,第506—507页。

② 宫秀华:《罗马:从共和走向帝制》,东北师范大学出版社2002年版,第193页。

城市,在那里,情妇的价格高于耕地,一盆腌鱼的价格高于耕地人。"①在这样的社会背景下,人们对于角斗娱乐的情有独钟也就不难理解了。

罗马人为何对角斗如此痴迷与心醉?这是一个传统,至少是一种习惯,因为罗马人很早就习惯于这种比赛了。到了后来这种仪式成为一种不可或缺的公共社会活动、公共娱乐活动,它始终在延续,前后持续了大约 700 年。这像西班牙人的斗牛比赛,它如今成为西班牙文化的象征,尽管看起来也那么残酷。罗马人是如此喜欢角斗表演,每逢有这种大规模的角斗比赛,几乎所有的罗马公民、奴隶,无不趋之若狂。在这种娱乐活动盛行之时,罗马人可以说个个都是"角斗迷"。著名罗马文化史研究者奥托·基弗的总结也许最能够说明为何当时罗马没有人反对角斗娱乐,即使是许多高雅豁达的哲人,如西塞罗、塔西佗和塞涅卡。难道就没有人大声疾呼,反对这种对施虐狂刺激的酷爱?提出这个问题的人如果认为施虐是罗马人性格的基础之一,那么将发现这个民族最优秀的人物一般不反对角斗制度,也就不会感到惊奇了。当年在罗马皇帝的统治下,整个社会对角斗有兴趣,今天大众同样对拳击比赛和电影有兴趣。就喜爱这类事物的深层原因而言,现在与那个时代几乎是一码事。②

古罗马人是如何追星的?大量记载说明,即便是罗马角斗场上那样充满血腥、残忍的环境,也有追星族出现。角斗士为提高知名度,都有自己的"艺名",比如"好斗者""猛虎""鸽子"等等。痴迷的观众期待能在比赛中看到明星战士出场。在罗马最大的竞技场——"圆形大演技场",许多角斗迷可以在场内或是从俯瞰大演技场的山丘上观看比赛。为了保证能有个座位,许多人在天亮之前就来到这里。根据塔西佗的记载,暴君尼禄统治时期,角斗表演也时常举行,以他名字命名的尼禄尼亚赛会就包括这类活动。在第一次尼禄尼亚赛会期间,确实没有发生什么耸人听闻的丑事。"民众间没有发生任何哪怕是轻微的、为捧角而相互争吵的情况。"③学问家们在自己的作品里描述了狂热的观众是如何参加角斗娱乐活动的,他们之间都有自己的术语(类似于今天足球迷都知道"越位""帽子戏法"一样)。④看来,捧角、追星在古罗马亦很寻常。最令人感兴趣的是,就像今天女人追逐体育巨

---

① [美]斯塔夫里阿诺斯:《全球通史——1500 以前的世界》,吴象婴、梁赤民译,上海社会科学院出版社 2002 年版,第 234 页。

② [德]奥托·基弗:《古罗马风化史》,姜瑞璋译,辽宁教育出版社 2000 年版,第 113 页。

③ [古罗马]塔西佗:《编年史》(下),王以铸、崔妙因译,商务印书馆 1997 年版,第 471 页。

④ Thomas Wiedemann, *Emperors and Gladiators*, London: Routledge, 1992, p.23.

星一样,罗马的妇女也疯狂追逐那些角斗明星。在一幅生动的罗马镶嵌画中,一名年轻女子正向手握象征胜利的棕榈枝、头戴花环的角斗明星示爱。这位显然是贵族小姐的淑女完全顾不得自己的锦绣衣袍滑落下来,充满激情地拥抱着她崇拜的偶像。角斗士是那个时代的娱乐和竞技明星。一些角斗士不仅收入可观,而且身后有大批的"追星族"。在著名的庞贝古城遗址的墙壁上,珍贵的文献使得我们确切了解到当时的少女是如何迷恋自己的偶像的,诸如那个色雷斯式的"盾手"凯勒杜斯让所有女孩子仰慕不已、"网手"克列斯森赢得了所有少女的芳心之类。

独特的社会文化背景使然。罗马人酷爱角斗比赛,尽管今日看来它是多么残酷,几乎没有人性。那时,深受人们喜爱的角斗士被雕刻于皇帝颁发的新硬币上,而此前这种荣誉只有皇帝、皇室人员才能享受。富人也都喜欢请工匠将角斗士角斗时的痛苦场面制作成各种艺术品来装饰居室——他们喜欢描摹角斗士这种痛苦。不仅如此,罗马人特别喜欢这种新鲜的刺激,为此不断发明创造出更新奇的娱乐花样。在罗马建城 1 000 周年之际,罗马帝国皇帝马尔库斯·尤利乌斯·菲利普组织了一场声势浩大的集体猎杀动物的比赛,当时参加大赛的动物包括 32 头大象、10 只麋鹿、10 只老虎、70 头狮子、30 只豹子、10 只土狼、6 头河马、1 头犀牛、10 头骆驼、20 只野驴(可能是斑马)以及 40 匹野马。

罗马人天生残忍,喜爱征服。如果共和国时期能够像帝国时代那样大量输入野兽,罗马人肯定会随意将犯人扔给它们。"罗马人天生残忍,这句话重复多少遍也不过分。"①罗马人自己的观点是,年轻男子若无流血、实战的经历,则可通过血腥的现场表演获得感觉,而如果角斗士是罪犯,那就更无所谓了。②"没有死亡,角斗便没有了吸引力。"③帝国时期,大量猛兽从各地运达罗马,奥古斯都统治时期,将罪犯喂养野兽成为合法的死刑。角斗娱乐是如此时尚,它很快在帝国扩展开来。塞琉古王朝的安条克四世自封为"超神",这位绰号为"疯子""狂躁者"的国王整天脑子里幻想着征服文明世界,虽然起初取得了一些成功,但是不久他就被罗马人打败,并且成了罗马的人质,在罗马的逗留使他学会了那种血腥的娱乐——角斗表演。当他返

---

①　[德]奥托·基弗:《古罗马风化史》,姜瑞璋译,辽宁教育出版社 2000 年版,第 103 页。

②　Andrew Lintott, *Violence in Republican Rome*, Oxford: Oxford University Press, 1999, p.41.

③　Roland Auguet, *Cruelty and Civilization: The Roman Games*, London & New York: Routledge, 1994, p.30.

回首都后,也学着罗马人举办起角斗比赛,最初观众并不喜欢这种奇怪而血腥的打杀,只是出于一种尊敬才表示出"兴趣",这一事例李维也有记载。当塞琉古王朝的人们逐渐习惯了这种表演后,就像罗马人那样,他们喜欢上它,而且一些志愿者踊跃报名参加表演(最初角斗士等参与表演的人及动物要从罗马大量"进口")。自此,塞琉古王朝也兴起了角斗活动的热潮。后来,罗马将军鲁卡卢斯(Lucullus)在整个亚细亚行省的主要城市进行角斗表演活动①,在希腊地区也是如此,不定期的角斗表演在各个城市展开。②于是,矩形的罗马式广场在世界各地出现,为了举办角斗比赛的竞技场纷纷建造,至今留下遗迹。罗马殖民地许多角斗场的建立证明了当时人们(不只是罗马人)对于角斗表演的热情,这种热情也不只是安条克四世一个人激励起来的,擅于描绘角斗比赛场景的科林斯陶器工人成了许多东方(西亚等地)市场的热门工人,这足以说明角斗活动在其他地区的扩展。

此外,不能忽视的另外一个原因是,举办角斗比赛与政治竞争有着直接的关系,这一重要因素将在后面进行专题分析。

---

① Kanz, F. and Grossschmidt, K., "Head Injuries of Roman Gladiators", *Forensic Science International*, Vol.160, No.2(2006), pp.207—216.

② Ramsay MacMullen, *Romanization in the Time of Augustus*, New Haven & London: Yale University Press, 2000, p.16.

第二章　角斗士阶层的构成

在罗马帝国的"黄金时代",角斗活动达到极盛,由帝国皇帝主持的这项竞技娱乐规模宏大。譬如图拉真皇帝征服达西亚的这一年,为了庆祝这次胜利,角斗比赛一直延续了 100 多天,参加角斗表演者达到 1 万人。[1]那么,这么多的角斗士是从哪里弄来的呢?毫无疑问,他们绝大多数是战俘、奴隶、囚犯[2],属于整个罗马社会的底层。后来,一些自由民自愿加入,一些贵族甚至皇帝也跃跃欲试,刺激使得罗马人无所顾忌。

一、罪　　犯

死囚被视为想当然的角斗士,很容易理解他们极有可能最先成为角斗士。而一旦成为角斗士,死囚的命运很有可能迎来转机。当然,并非每一个死囚或是囚犯都能够成为角斗士。[3]罗马人一向认为,死囚走上角斗场,实际上是被赐予一个巨大的奖赏。因为被判处死刑的罪犯,等待他们的只能是死亡,而被选拔进入角斗士学校,那是罗马人给予他们的一种恩赐。事实也的确如此,有时候,能够进入角斗士学校的死囚,是屈指可数的。小普林尼赞扬角斗娱乐,塔西佗虽然谴责角斗比赛,但他也认为竞技场上的鲜血只不过是普通人下贱的血罢了。

西塞罗谴责角斗娱乐,但是他认为,逼迫犯人进行厮杀,"是呈现在我们

---

① 卡西乌斯·迪奥(Cassius Dio)的《罗马纪》(*Historia Romana*)第 68 章第 15 节,转引自[德]奥托·基弗:《古罗马风化史》,姜瑞璋译,辽宁教育出版社 2000 年版,第 110 页。

② 这些人中的大部分一定是未经训练的囚犯,参见 Roland Auguet, *Cruelty and Civilization: The Roman Games*, London & New York: Routledge, 1994, p.30。

③ 从事角斗比赛的罪犯,只是限于杀人犯、抢劫犯、纵火犯、渎圣罪犯、叛变罪犯。当然,"献媚的地方官要应付皇室的需求,而竞技场又逢缺人时,也会逾越这些限制",参见[美]威尔·杜兰:《凯撒与基督》,《世界文明史》第 3 卷,东方出版社 2005 年版,第 505 页。

面前反抗痛苦及死亡的最佳纪律"①。霍普金斯在其《杀人游戏》(Murdourous Games)中指出,罗马法院的判决质量经常取决于对罪犯的需求:犯罪受到惩戒,法律和制度从而被强化。罗马人还不习惯在动物园观看关在笼子里的被驯服的动物,他们更喜爱在竞技场上欣赏野兽将罪犯撕成碎片,观看人死去的痛苦惨状。有时候,他们会在表演的高潮用上精心布置的戏剧性的背景,而此时罪犯正在被猛兽肢解吞吃。

1. 喂养野兽成为法律

死刑犯进入角斗场主要有两种方式:一是真正的角斗比赛,二是将他们扔给猛兽,前者并不一定就是死路一条,后者则必死无疑。早在罗马共和国时期,法律曾规定,经过法庭审讯被判处死刑的犯人②一般都要交给竞技场让野兽饱餐一顿,同时供观众欣赏。因此,那些犯了重罪的犯人或是被送进角斗学校,或是直接成为"刀下鬼""兽中餐",他们将成为全副武装的角斗士的靶子,从而被大量屠戮,或被成批投给饥饿的野兽。

瓦勒里乌斯·马克西姆(Valerius Maximus)的《嘉言懿行录》(Memorabilia)第2卷第7章第13节提及这方面的情况时说:"迦太基毁灭后,小阿非利加努斯在罗马公开表演将外国逃亡者扔给猛兽。卢希乌斯·保罗斯打败佩尔修斯后,下令将外国逃亡者推倒在地,让大象践踏。"将囚犯扔进竞技场喂食猛兽很快在罗马帝国盛行起来,塞维鲁王朝时期北非盛行这种娱乐活动,一些地方的马赛克画证实了这一娱乐方式的存在,如利比亚兹里顿(Zliten)的马赛克画,画面是吓得抖成一团的3个囚犯正在遭受猛兽的攻击;又如突尼斯的艾尔·德杰姆的角斗:很多长满胡须的犯人,他们除了身上有一点缠腰布外,几乎赤裸着身体向群豹进攻,豹子则被驯兽师用鞭子驱使着进攻那些犯人。

角斗比赛期间,犯人被扔进竞技场一般在午间休息时进行。对于那些重罪犯——杀人犯、纵火犯、亵渎神灵的人,在当众执行死刑时,要使其既没有面子又十分痛苦,还要对其他人具有威慑作用。一种执行的方式是"送入野兽之口"(damnatio ad bestias),也就是罪犯被丢进满是凶残猛兽的竞技场,或者被强迫参与神话传说的演出,而演员则真正被杀死。罪

---

① 西塞罗的书信集(Letters),vii, I, to Marcus Marius, 55 B.C.,转引自[美]威尔·杜兰:《凯撒与基督》,《世界文明史》第3卷,东方出版社2005年版,第507页。

② 这类犯人一般都不是自由民出身,大多是奴隶。

犯也可能未经训练却在竞技场中厮杀。在这种情形下,死亡是注定的,因为胜利者还要面对以后的对手直到他死去(当然这样的角斗士不会是职业的)。

帝国时期,大量猛兽从各地运达罗马。奥古斯都统治时期,用罪犯喂养野兽成为合法的死刑。卡利古拉皇帝曾把囚犯关在竞技场内让野兽撕咬,仅仅是因为这样做比在市场上买肉喂食省钱!蒙森谈到这种死刑时说:"它与通常的死刑一样合法……它在法律上的正当性是毋庸置疑的。"

据记载,有一次西塞罗在中午休息时顺道走到了竞技场,此时,大部分观众已经离开竞技场去吃午餐。突然,西塞罗看到数百名犯人被驱赶到竞技场上,然后被迫相互厮杀,用他们的鲜血娱乐没有离开竞技场的部分观众,西塞罗在这个时候动了恻隐之心而感到震惊。

公元 4 世纪的编年史家阿米阿努斯(Ammianus Marcellinus)在其《罗马史》第 29 卷第 3 章第 9 节中记载,瓦伦提尼安皇帝非常宠爱自己豢养的两只雌熊,他对这两只野兽关怀备至,把它们的窝安在靠近他自己卧室的地方,并且派遣忠实的看守竭力使它们不至于丧失凶残的兽性。比尔特也曾经谈及"仁慈的提图斯",他说:"最野蛮的暴行竟然是仁慈的皇帝提图斯所为,或者至少是经他批准的。古罗马圆形剧场中央的表演场地变成了御猎场——犯人要死在这里。"

定了罪的犯人命运之悲惨可以想象,遇上罗马角斗娱乐活动热闹的时期,这些犯人的命运更加悲惨,因为他们经常要在同样是人的无数观众的面前被活活折磨而死。他们被迫穿上皮衣,模仿动物的样子,或以其他各种各样的方式,吸引即将出场的饥饿的猛兽,供其狼吞虎咽。据说,为了供广大的罗马人寻求更刺激的乐子,抢劫犯劳里欧卢斯(Laureolus)曾经在竞技场里被凌辱将死,但生命力强劲的他始终不能彻底气绝而亡,最后一只熊被赶入场地,他被挂在十字架上让熊一块一块地撕扯着吃了。

当然,并非所有的囚犯都被用来喂养猛兽。然而,毫无疑问的是,大部分囚犯角斗士的前途是死亡,只是死亡的时间不同,死亡的方式也不同而已。除了被猛兽吞食外,还有许多囚犯被编入角斗部队,必要时加入罗马人发起的各种战事活动,也有不少进行模拟海战,还有的进行各种离奇的角斗表演。

不是每一个囚犯都能够进入角斗学校,事实上,进入角斗学校的囚犯是非常有限的,他们要具备一个前提,就是勇猛、武艺高强。他们必须经过选拔才能进入,而且这种选拔有时候可能极其艰难,也同样非常残酷。而且,进入角斗学校的囚犯角斗士一旦进入竞技场,至少要待上 3 年①,生的希望是极其渺茫的。

2. 死囚犯斯姆巴特:一个亚美尼亚人的传奇经历

在罗马统治的边远地区,角斗娱乐也被大众所喜爱,这一残酷的公共娱乐被生动记载在基督教殉教者名传里。公元 7 世纪亚美尼亚历史学家塞比奥斯(Sebeos)记述了一个囚犯斯姆巴特(Smbat)在斗兽场里惊心动魄的历程。②

> 那时,帝国使节带来了正式的法令。他们抓捕了斯姆巴特及其他 7 名囚犯并将带到皇帝这里。随后,要犯在公众面前审讯,最终裁决斯姆巴特被剥光衣服并被投进竞技场。斯姆巴特体形巨大,占据了一块大的空地;他是如此英俊,高大健美,肩宽体健,简直就像一座铁塔。这个斯姆巴特是怎样的一个人呢? 据说,在部队里他是如此勇猛、强悍,曾经在无数次的战斗中展示了他的英武;他力大无穷,有一次他骑着一匹高头大马,风驰电掣般地穿越一座茂密的森林还有许多参天松树,这时斯姆巴特迅猛地抓住一个树枝,同时将自己的躯体和双腿缠绕在骏马的中间,只见他突然用双手抱住骏马,一下子将它从地面上提了起来——士兵们对他的这一壮举目瞪口呆。

> 于是,斯姆巴特最后还是被剥光了衣服,穿上斗兽的裤子,之后被投入竞技场,准备将他喂养猛兽。一只饥饿的熊被放了出来,正当这只熊准备攻击斯姆巴特之时,只见他大吼一声,直取猛熊:斯姆巴特用他那巨大的铁拳猛击熊的前额,只这一下,熊应声倒地而亡。

> 接下来一只公牛出现在他的面前,斯姆巴特双手抓住公牛的双角,狂声怒吼,他的声音简直是震动天地,当公牛最后筋疲力尽时,斯姆巴特突然发力猛扭公牛的脖子,并直击牛头,结果公牛的牛角被扭曲,随即被彻底击垮,恐惧地后退,试图逃跑,但斯姆巴特迅即追上,一只手抓住它的尾巴,另一只手抓住它的蹄子,不料公牛强大的挣力使得斯姆巴

---

① Lionel Casson, *Everyday Life in Ancient Rome*, Baltimore, Maryland: The Johns Hopkins University Press, 1998, p.105.

② Michael Maas, *Readings in Late Antiquity*, London & New York: Routledge, 2000, pp.40—41.

特手里的那只蹄子挣脱,公牛逃脱了,留下了它那可怜的蹄子在斯姆巴特的手里。

　　第三次放出来的是一只狮子。当狮子准备进攻他时,这时的斯姆巴特几乎精疲力竭。不料斯姆巴特却有如神助,他迅速捉住狮子的耳朵,一跃蹿到狮子的身上,双腿骑在上面,只见他双手扼住狮子的喉咙,最终使之窒息而亡。此时斯姆巴特已是筋疲力尽,他坐在死狮的身旁,稍作休息。

　　这时,看得惊呆了的观众齐声狂叫,欢呼声震耳欲聋,响彻整个竞技场,他们一起请求皇帝赦免斯姆巴特。皇后更是匍匐在皇帝的脚下,替斯姆巴特求情,因为此前斯姆巴特一直深受皇帝和皇后的爱怜,甚至皇帝还称之为"养子"。皇帝刚才也对这个男子的猛力和耐力感到震惊,皇后和公众的恳求当即使他决定赦免了斯姆巴特。

　　随后他们将斯姆巴特带回去洗澡沐浴,然后为他穿上干净的衣服,并邀请他到宫廷里就餐,以便用最好的食物使之尽快恢复体力。不久,并非是皇帝突然产生了什么恶意的念头,而是出于一些下层人的恶意妒忌和造谣中伤,皇帝命令斯姆巴特及其同伴上船,被放逐到一个遥远的、荒无人烟的小岛,最后同其他的亚美尼亚人一起被编队开往非洲。

3. 犯人重获自由

表现出色的罪犯角斗士可以获得自由,死刑犯也有获得再生的希望。

　　罗马人征服世界后,到达罗马的被判处死罪的犯人来自被罗马征服的各个角落,这些死刑犯实际上已经得到赦免,因为他们有机会获得自由,哪怕只有一线生机。马可·奥勒留皇帝颁布的一项法令规定,在罗马城之外各行省圆形剧场表现出色的罪犯不能被立即释放,而必须被送到罗马继续表演。如果表演出色,他们将重新获得自由。

　　然而,这些暂时被赦免的犯人,并不是一开始就能够进入角斗场。在走上竞技场之前,还有许许多多的路要走。首先,他们必须进入角斗士学校,好好练习武艺。那些和猛兽搏斗的罪犯与普通的角斗士分开训练;被宣判给野兽的罪犯一般只有少量的护具,有时甚至没有。

　　而一旦获得了进入角斗学校的资格,对犯人们包括死刑犯来说就意味着有可能重获新生。塔西佗在《编年史》中记述:"虽然参加表演的全都是囚犯,但他们在作战时都同自由人一样地精神抖擞并十分勇敢;参加战斗的人们在一场血腥表演之后，就都被免除了死刑。"①可以说，能够进入角斗学校的囚犯是非常幸运的，因为他们提前被免除了死刑，尽管他们最终还是以另一种方式结束生命，但毕竟有了暂时求生的希望，而且，毫无疑问，一些囚犯能够幸存下来，其中又会有一些人成为名人，成为被崇拜的对象，很有可能从此之后前途似锦。

那些从角斗士学校顺利"毕业"的犯人不久就会出现在角斗场上。如果顺利，亦即要是他在竞技场上脱颖而出，就有可能赢得被释放的自由。但是如果他在角斗场上表现一般（表现很差，就会很快丧命），如只是苟且而胜，那么他们必须随着假日的到来而继续战斗下去。这样下去坚持 3 年，就可以转升到奴隶的地位；如果随后表现"更上一层楼"的话，他的主人会非常满意，2 年后他就会得到自由。

二、奴　　隶

罗马是典型的奴隶制国家，角斗活动盛期，大量角斗士由奴隶构成。从共和国到帝国时期，连绵不断的战争使得数不胜数的战俘沦为奴隶。因此，大量的奴隶都是由战俘转化而来。如果一个民族或部落被征服，该族的人口都有可能转成奴隶。

1. 罗马奴隶的数量及地位

角斗活动的生力军主要由奴隶组成。帝国时期，大规模角斗比赛的主要参与人员就是奴隶。

屋大维时代，罗马城总人口达到 150 万，其中奴隶人数有 90 万。在克劳狄皇帝的时代，整个帝国总人口几乎达到 1.2 亿，"而奴隶的数量至少要与罗马世界有自由权的居民数概等"②。可以说，几乎所有的角斗比赛都离不开奴隶的参与，角斗奴隶——"剑奴"是角斗场的主力军。塔西佗屡次提及剑奴，如"皇帝（维提里乌斯）家族的被释奴隶（被释奴或获释奴，Liberti）都被命令必须按照他们的奴隶数目纳税。但是只知道花钱的皇

---

① ［古罗马］塔西佗：《编年史》（下），第 12 卷第 56 章，王以铸、崔妙因译，商务印书馆 1997 年版，第 392 页。
② ［英］爱德华·吉本：《罗马帝国衰亡史》，席代岳译，浙江大学出版社 2018 年版。

帝却一直给赛马师修造马厩,在比赛场上接连不断地举行剑奴比赛和斗兽比赛"[1]。

罗马人的奴隶来源主要有二:一是战俘;二是奴隶所生子女,亦即罗马法学家所言"后天变成的"及"家生的"的奴隶。在征服和扩张期间,罗马人将几乎所有战俘都变成奴隶,譬如:公元前3世纪第一次布匿战争有7.5万俘虏成为奴隶;公元前209年攻占他林顿时大约3万居民沦为奴隶;卡普亚被罗马攻占后全城居民均被卖为奴隶;撒丁岛被罗马人占领后8万人被卖为奴隶,奴隶价格为此暴跌("撒丁尼亚"成为廉价物品的代名词);公元前167年,罗马人取得马其顿战争胜利,希腊地区15万居民成为奴隶。罗马史上奴隶的地位究竟如何,以及其在社会生活中所扮演的各种复杂角色究竟是怎样,这些皆需深入研究,纠正过去的偏见、专断。

这方面,古典作家的记载最为权威。普林尼《自然史》里记载了一些富裕显赫的被释奴,"马尔库斯·克拉苏斯……过去常常说,年收入不能养活一个军团士兵的人算不上富翁。他所占有的土地,价值2亿塞斯特塞斯,其富裕程度仅次于苏拉……我们知道许多有名的被释奴隶,他们所拥有的财富甚至比克劳狄还多,在克劳狄元首统治时期的卡利斯图斯(Callistus)、帕拉斯(Pallas)和纳尔契苏斯(Narcissus)就是最典型的例子"[2]。罗马贵族身份和地位与其所拥有的奴隶数目匹配,家有2万多奴隶的克拉苏曾经说过,"谁养得起一大队佣工和奴隶,谁才配称为罗马富有的公民"。此外,颇受贵族喜欢的"凡尔纳"("家生的"的奴隶)数量后来增多且价格相对较高,因为他们从小就习惯于唯命是从。

罗马时期奴隶的地位较为低下,当时人的记载可能最具参考价值。关于奴隶的问题,古罗马农学家科路美拉在其《论农业》中述及:

> 下一个是关于奴隶的问题:谈一谈该让他们每人负什么责任,交给他们什么工作才合适。一开始我的建议就是不要从那些外貌生得漂亮的奴隶里挑选管庄人,当然更不能从那些过惯城市里声色犬马生活的人中挑选。这批懒散成性的奴仆已惯于游手好闲。他们经常出入游乐场所,什么公园、跑马场、剧场、茶寮、酒肆甚至赌场、妓院,整天想入非

---

① [古罗马]塔西佗:《历史》(下),王以铸、崔妙因译,商务印书馆1985年版,第158页。
② [古罗马]普林尼:《自然史》,第33卷第10章,参见杨共乐选译:《罗马共和国时期》(下),商务印书馆1998年版,第52页。

非,不务正业。①

同时,科路美拉说,那些"戴镣的与不戴镣的"②奴隶一定要好好管教,不要使他们堕落,要安守本分,规规矩矩地干活。可以想象,罗马的奴隶被用于各种各样的工种,如清扫垃圾、理发、农活等等。某些奴隶的社会生活和地位并非想象中的那样普遍糟糕。贵族特别是皇帝身边的奴隶、侍从、心腹,都是另外一种景象,他们有时候权势高于某些自由民甚至高于元老院贵族,有些也通过各种途径获得大量财富,此类记述见诸塔西佗的《编年史》《历史》以及苏维托尼乌斯的《罗马十二帝王传》等。尤其是那些共和国末期、帝国初期被释放的奴隶,他们因为对主人有功或已交付赎金或由于其他原因而释放,获释后有了人身自由,有的还能得到主人的授产,可以支配自己的财产,并可获得罗马公民权。皇帝、权贵身边的被释奴(有男有女)权势之大、财富之巨,简直超出今人想象。图密善皇帝"曾经把一部分最重要的官职交给获释奴和罗马骑士"③,而此前这些官职只限于元老等级。

因此,成功的奴隶不计其数。卡森提及帝国初期的显赫人物纳尔西苏斯和帕拉斯,这两位希腊人最初也是奴隶,不过他们通过自己的努力一路升为政府的重要官员。前者在克劳狄时代积累了4亿塞斯特塞斯的资产以及在罗马奎林纳尔的高级别墅;后者积累了3亿塞斯特塞斯的资产以及在罗马埃斯奎林④的一处花园等等。

2. 奴隶:最早的角斗士

公元前 264 年在古罗马举行的第一场角斗比赛中的角斗士是真正的奴隶,他们成为刚刚死去的贵族的祭品。在许多民族传统的习俗和文化中,血被认为是生命力之精华。那么,葬礼上举行角斗比赛用奴隶来祭祀就成为必不可少的仪式,在这种仪式上用活的生命的血来祭祀已死的人。

角斗比赛主要由既是大贵族也是奴隶主的人举办,参与者主要是他们

---

① 〔古罗马〕科路美拉:《论农业》第 1 卷,序言,参见李雅书译:《罗马帝国时期》(上),商务印书馆 1985 年版,第 89 页。

② 同上,第 87 页。

③ 〔古罗马〕苏维托尼乌斯:《罗马十二帝王传》,张竹明、王乃新等译,商务印书馆 1995 年版,第 330 页。

④ 奎林纳尔和埃斯奎林均是罗马七丘之一,是罗马时期著名别墅区和高级住宅区。据专家估计,当时的 4 亿塞斯特塞斯相当于 16 亿美元,参见 Lionel Casson, *Everyday Life in Ancient Rome*, Baltimore, Maryland: The Johns Hopkins University Press, 1998, p.35。

的奴隶。

总体来看，在共和国时代，角斗比赛一般由个人发起并出资举办，其宗教意义相当重要，协助角斗的奴隶扮成阴间冥神模样，场上鲜血淋淋的场景可以令罗马人立即联想到战场，还有墓葬中的牺牲仪式。帝国时期，使用主要由奴隶组成的角斗士军队也不少见，曾经做过短暂时间皇帝的奥托（Otho）在贝德里亚库姆（Bedriacum）战役中使用2 000名角斗士；接下来的短命皇帝维特里乌斯也使用这样的角斗士军队；公元167年罗马在多瑙河边防出现紧急情况时也使用了同样的角斗士军队。

贵族雇用奴隶作为角斗士是习以为常的事，其中不少是可以随意买卖的。西塞罗的朋友阿提库斯就曾经买了一批这样的角斗士。

奴隶角斗士之中可能还有女奴，从保存的实物资料来看，可能就是女奴角斗士。大英博物馆馆长海德雷·斯万恩对女角斗士这个历史之谜存有强烈的好奇。在"史前和早期欧洲馆"保存着一堆被命名为"角斗士女郎"的人骨碎片，这些距今近两千年的骸骨碎片是在靠近伦敦的哈利卡纳苏斯被发现的，斯万恩认为可以揭开一些历史秘密。他进一步推断，这个女人一开始可能是一位女奴隶，后来又成为一名富有的角斗士。

还有很多剑奴（亦即角斗士）被用来表演或是作战。塔西佗有这样的记述："……但是在昨天夜里，他却下令他豢养的那些被武装起来以屠杀士兵的剑奴把我的兄弟杀死了。"剑奴经常用于作战，但是主要的任务应该是进行角斗表演，"实际上，剑奴在行省是供表演博斗之用的，这一习俗以后为尼禄所禁止"。

在角斗学校里，绝大部分学生是奴隶。他们大都是战俘——很快他们就可能成为奴隶；有些是被拐骗或被绑架而成为奴隶，有些是被海盗劫掠来的，另外一些则是被他们的主人卖出的，其中后者占有不小的比例，哈德良皇帝曾经颁令限制这样的奴隶进入角斗学校，除非奴隶自己同意，或者是因为他们犯了法。

3. 命运各有不同的角斗奴

当然，奴隶毕竟是奴隶，他们地位低下，即便成为角斗明星，也要绝对受其主人控制。在特殊的背景下，例如在突发的威胁到来后，他们必须首先面对最可怕、最危险的情势。在一次粮荒中，角斗士被赶出罗马以免他们消耗城中本已稀少的粮食。如此状况在700年的角斗史上司空见惯。

战死的角斗士通常不能被埋葬在公墓里，除非角斗士的主人、朋友认领他的遗体并愿意支付一笔像样的葬礼费用。这样的角斗士都是出身低下的奴隶、死囚、战俘,一旦死期来临,他们的尸体多数是被人抛进乱坟坑中,同那些被处决的犯人和自杀的人混在一起。

公元前2世纪末,第二次西西里奴隶起义被当时的执政官阿克维里乌斯击败,许多奴隶最终被钉死,剩余的1 000名在坚持了一段时间后受骗归顺,但是他们全部被卖为角斗士,当这些奴隶发现被骗后,竟然相互刺杀而亡。①

悲惨的状况时常发生在参与角斗活动的奴隶身上,他们被扔进斗兽场,不少奴隶在角斗比赛之前被用于填饱猛兽的肚子。在西方世界比较流行的是奴隶安德罗克勒斯(Androcles)死里逃生的传奇故事:这位奴隶在一次逃跑后被捕,惩罚的办法是将他扔给饥饿的狮子,不料这个狮子恰巧与安德罗克勒斯相识——因为这个神奇、知恩必报的野兽竟然记得安德罗克勒斯曾经为它在爪上拔掉一根刺,从而大大解除了狮子的痛苦。于是,这只狮子不但没有吃掉他,还与之朝夕相处,成为了角斗场上的好朋友,这一感人的场景也使得安德罗克勒斯得到宽宥:他被释放,并且允许他"依靠在酒馆中展览他那只文明的狮子过日子"②。

当然,参与角斗活动的奴隶也有获得命运转机的时刻,这方面的例子也不胜枚举。获得自由的奴隶同其他被释奴一样,也均可拥有金钱、财富甚至荣誉,如佩特罗尼乌斯③笔下的英雄,希腊人特里马尔齐奥(Trimalchio)就是一个通过经商而发迹成名的被释奴。④奴隶获得解放时,在头上戴一顶便帽,称为"自由帽"(pilleus),那是自由的象征。

角斗奴获得命运转机的机会有很多。即便是那些一时失宠的奴隶,甚至逃跑过又被抓回来的奴隶,他们如果被卖给角斗学校或角斗老板,也有获得释放的机会。实际上,那些成为"角斗士扈从"⑤的奴隶相对是非常幸运

① 罗马帝国时期奴隶的数量相当庞大,研究者推测,"一旦奴隶知道自己有这样大的数量,可能会酿成危险"。毕竟,与仆人、佣人特别是自由民相比,奴隶的地位相当低下,其中有一条可以说明:若是他们的主人被杀,那么这个主人的奴隶全部要被处死。曾经"在罗马的一座殿堂,临时关着400名待处决的奴隶",这充分说明奴隶的生命在罗马人眼里根本不值钱。参见[英]爱德华·吉本:《罗马帝国衰亡史》,席代岳译,浙江大学出版社2018年版。

② [美]威尔·杜兰:《凯撒与基督》,《世界文明史》第3卷,东方出版社2005年版,第504页。

③ 佩特罗尼乌斯,古罗马作家,著有《萨蒂利孔》,描写了当时罗马社会的享乐生活,现仅存残篇。

④ Lionel Casson, *Everyday Life in Ancient Rome*, Baltimore, Maryland: The Johns Hopkins University Press, 1998, pp.35—36.

⑤ Andrew Lintott, *Violence in Republican Rome*, Oxford: Oxford University Press, 1999, pp.83—85.

的。他们要么充当贵族的私人保镖(要知道罗马城在晚上漆黑一片,强盗出没频繁),要么作为元老和皇帝的警卫队队员,如苏拉拥有 300 人的角斗士卫队,这样的角斗奴无须经常参加正式的比赛,因此至少可以延缓其生命。下文中维特里乌斯皇帝最终释放奴隶阿西阿提库斯的故事,可以充分说明"幸运的奴隶"并不在少数。

4. "剑奴"阿西阿提库斯等人的传奇经历

古典作家的记载不少剑奴(角斗士)的实例。苏维托尼乌斯在《维特里乌斯传》中简洁地描绘了一个被释奴的传奇经历。[①]

维特里乌斯在公元 69 年登上皇帝宝座,轻信身边随从人员(包括车夫、演员)的建议,特别宠信被释奴阿西阿提库斯。据说,这位深受宠爱的奴隶在维特里乌斯年轻时就与之有过淫荡关系,名声一直很坏。不过,却是仆从厌倦抑或恐惧、厌恶主人,"后来他厌弃维特里乌斯,逃之夭夭了"。逃走后在普特俄利这个地方卖醋水(posca)——一种民间常见的饮料——为生。不久,维特里乌斯捉住了阿西阿提库斯,将其戴上脚镣,但是由于对爱情始终不渝,很快又释放了他,并且对他宠爱如故。

然而,也许是阿西阿提库斯对于维特里乌斯的爱实在难以忍受,他的"固执和野性又使维特里乌斯生气了",于是被卖给了一个走南闯北的角斗士老板。但是,维特里乌斯对他爱得是如此之深,以至于在一次角斗表演时,阿西阿提库斯的表演被安排到最后一场,维特里乌斯这时突然将他拐走,把他释放为自由人。

据记载,维特里乌斯曾在一次公开的宴会上赠给阿西阿提库斯一枚金指环。后来,当了不到一年皇帝的维特里乌斯被凌辱,最后不体面地死去,阿西阿提库斯的命运想必也好不到哪里去,苏维托尼乌斯没有再讲述这位小人物的历史。

此外,另有一位历史记载的所谓"明星角斗士"叫塞维路,据说他在先赢得最初的 13 场比赛胜利后,被一名叫阿尔巴努的角斗士击败,本来他这时应被击毙,但是由于观众比较喜欢他,于是塞维路被赦免。他果然没有辜负观众的期望和厚爱,在以后的角斗比赛中连续获胜。这位明星角斗士曾经长期奋斗在庞贝城的圆形竞技场里。

---

① [古罗马]苏维托尼乌斯:《罗马十二帝王传》,张竹明、王乃新等译,商务印书馆 1995 年版,第 294—295 页。

三、战　俘

当然,奴隶与战俘有着重叠,因为很多奴隶来自战俘。

罗马人将俘虏视为天然的角斗士或将他们投进斗兽场填饱猛兽的肚子,自有如此做的道理——亦即符合古代任何一个强悍民族对待其他被征服者的历史逻辑。他们不能容忍过度悲伤导致丧事铺张,罗马人不会向复仇者的要求屈服。作为一条准则,他们在精打细算的基础上,慷慨款待胜利者;他们避免激发复仇的潜在欲望,并保持已经成为他们财富增长点的领土。对待俘虏特别是那些俘获的整体民族或部落,种族灭绝和无情屠杀只是一种最后的手段,它只是"用以对付不可饶恕的敌人,比如那些在罗马圆形大剧场被集体杀戮的迦太基人或某些布莱顿部落成员,因为如果要他们成为好的士兵太不可靠,作为奴隶又太野蛮"①。

1. 罗马人的"慷慨之举"——幸运的俘虏成为角斗士

罗马人通过征服走上强盛之路,大量的俘虏被卖为奴隶,其中很多战俘在角斗活动较为兴盛的时期成为角斗士,当然,只有那些幸运的战俘才能成为角斗士。这是因为,成为角斗士要有前提条件,当时角斗比赛是一种时尚娱乐活动,甚至"被视为高尚的娱乐"(罗尔的《罗马帝国衰亡史补遗》所言),成为角斗士有望成为公众瞩目的焦点;战俘角斗士如果能够屡屡获胜,他就会成为自由人,成为明星,他的命运从而获得巨大转机。

成为角斗士的俘虏实在是幸运的人,因为罗马人认为,他们在竞技场上给俘虏一个求生的机会,这本身就是一种"慷慨之举"。在罗马各个军团特别是帝国时期的行省军团里,角斗士——就地以战俘训练而成的角斗士是非常普遍的,在不列颠、高卢、莱茵等各个地区,军团里的角斗团成为选拔优秀角斗士选手的重要来源,甚至成为"选拔去罗马参加帝国角斗的精英摇篮"②。

2. 所谓"剑奴"

一般而言,进入角斗学校的角斗士,主要来源于奴隶市场,但也有相当

---

① Roland Auguet, *Cruelty and Civilization*: *The Roman Games*, London & New York: Routledge, 1994, p.14.

② Ibid., p.32.

一部分来源于战俘。除了奴隶,战俘是角斗士的第二大组成部分。

罗马人特意安排来自不同民族或部落的俘虏(后来成为奴隶)角斗士进行格斗,如使色雷斯人与萨莫奈人、高卢人与叙利亚人之间进行角斗。据说这是罗马人"企图以此造成不同部落的角斗士之间的仇恨"①。

罗马军团里的"剑奴"大部分是以俘虏武装起来的,根据塔西佗的《历史》,剑奴在罗马军团里似乎比较普遍,当然他们也经常用于角斗。②"很难了解在这些兵营中有多少角斗士,大概仅罗马就有2 000人。"③"他们(凯奇纳和瓦伦斯的部队)开始修造一座桥,做出想要在一队剑奴的面前渡过帕都斯河的姿态。"④塔西佗关于剑奴的评论是:"但这两个人(将领)的放荡的生活习惯和懒惰的性格使得他们与其说像是将领,倒不如说更像剑奴。"⑤剑奴角斗士常常被用于常规部队的作战,这方面的实例在罗马帝国时期肯定非常普遍,维特里乌斯皇帝在他统治时期就"派遣自己的兄弟率领一支由新兵和角斗士组成的舰队抵抗一路敌人",而此前他还派"克劳狄乌斯·朱里安努斯率一批角斗士前去进攻敌人"⑥。

3. "角 斗 团"

"角斗团"曾经盛行一时,它们存在于罗马帝国时期各个行省军团之中。同这些遍布各地的团体组织相比,罗马城及其他城市里的角斗老板——兰尼斯塔的角斗学校或角斗士团伙,是小巫见大巫了,后者看上去或多或少变成了"工匠"——只是一个小型的角斗士加工厂,而帝国军团则是一个大型的角斗士生产流水线。于是"相当大的一部分市场从他手中溜走了;在各行省中,除非一些高职位的神职人员指派他去寻找角斗士,其他的都已经有各自的团队了"⑦。

罗尔在其《罗马帝国衰亡史补遗》中叙述道:"罗马人是理智的统治者,但这并不意味着他们没有征服者嗜血的本性。角斗士一般从沦为奴隶的战俘中挑选。这些失去家园的异族人被带到分布在罗马各地的斗兽场,被迫

---

①　石红编:《斯巴达克》,上海人民出版社1975年版,第21页。

②　[古罗马]塔西佗:《历史》(下),王以铸、崔妙因译,商务印书馆1985年版,第108页。

③⑦　Roland Auguet, *Cruelty and Civilization*: *The Roman Games*, London & New York: Routledge, 1994, p.32.

④　[古罗马]塔西佗:《历史》(下),王以铸、崔妙因译,商务印书馆1985年版,第213页。

⑤　同上,第231页。

⑥　[古罗马]苏维托尼乌斯:《罗马十二帝王传》,张竹明、王乃新等译,商务印书馆1995年版,第297页。

与猛兽或其他的角斗士做生死决斗。罗马市民将观看角斗视为一项高尚的娱乐。被俘的女奴隶也不能在疯狂的角斗风潮中幸免。"

四、自 由 民

在角斗娱乐活动中,主要的"消费者"当属自由民阶层。当然,这一阶层在不同的历史时期有着不同的人数,也有着不同的地域和阶层构成。在罗马,罗马城的自由民自然是这一项目的主要观众。①共和国后期,罗马人的角斗娱乐活动逐步走向兴盛时期,值得关注的是,这时候的角斗士已非被迫而是自愿走进角斗场。根据研究专家乔治·维尔的结论,该时期"大多数角斗士都是为了利益驱使而走向角斗场",这些利益主要是对荣誉的追求:由于对那种奇特的个性和人格魅力的沉醉而倾向于走向一种杀戮、虐待狂的感觉,自杀欲望驱使产生某种变态的死亡愿望等等。②

1. 自愿"卖身"走上角斗场

帝国时期,许许多多的罗马自由民自卖为角斗士。他们的目的是很明显的。首先,他们可能是为了获得数目不少的奖金;其次,是为了获得令人称羡的尊重、崇拜;还有就是亲身融入那狂热的角斗气氛,参与、实践那种极为普及的娱乐活动。"提比略时代的一位诗人说,那些自己卖身去角斗场送死的人,即使在没有战争的情况下也使自己成为自己的敌人。"③卡里古拉皇帝最初也受到拥护,以至于"他生病时,人们接连几夜群集于宫殿周围,甚至有些人发誓愿意充当角斗士参加角斗表演"④。

为什么那些拥有罗马公民权的自由人也愿意成为一名角斗士,他们真的是自愿流血、冒着生命危险赢取奖金与尊敬吗?

---

① 在角斗活动几乎达到鼎盛期的皇帝康茂德统治时期,这位暴君所重用的佞人克利安德遭到罗马民众的围攻,"不满的民众长久以来的怨声不绝,终于在竞技场中爆发开来,大家离开所喜爱的娱乐活动,而要通过报复发泄心头的恨意",参见[英]爱德华·吉本:《罗马帝国衰亡史》,席代岳译,浙江大学出版社 2018 年版,第 110 页。

② George Ville, *La Gladiature en Occident des Origins à la mort de Domitien*, Rome, 1981, p.227.

③ [德]奥托·基弗:《古罗马风化史》,姜瑞璋译,辽宁教育出版社 2000 年版,第 111 页。

④ [古罗马]苏维托尼乌斯:《罗马十二帝王传》,张竹明、王乃新等译,商务印书馆 1995 年版,第 160 页。

只有了解罗马当时的社会背景,还有不同时期普通公民的基本旨趣等,才能理解其中缘由。事实上,在罗马特别是帝国时期,有许许多多倾家荡产和丧失工作的人,他们的确会选择变成角斗士。因为他们非常贫穷。而一旦成为角斗士后,至少每日都能饱餐,也不再流离失所;每次格斗完还可以发给赏钱,受伤后还有人为他们医治。而且,那个时代人们是那样喜欢这一娱乐活动,这种刺激性的生活比起等待死亡,多么令人振奋!最为重要的是,这些自由民角斗士如果能够幸运地活下来,就能再度获得人身自由,而且获得足够的金钱(一笔丰厚的养老金),成为明星,从而开始自己全新、富裕的生活。

通常,每次角斗比赛都会获得一定的酬金,英勇无敌的角斗士可以取得相当可观的报酬。如果5年后他能够幸存下来,就可以获得自由,更主要的是取得无上的荣誉。虽然能够活下来的角斗士不多(一般认为只能活3—5年),但利益和荣誉驱使一些拥有自由身的罗马公民跃跃欲试,更何况一个角斗士一年只需要参加两三次比赛。风险与收获俱存,这特别合乎那些无所事事的罗马无产者的趣味。

角斗娱乐活动较为盛行的罗马帝国时期,为满足广大民众,需要大量的角斗士。一般情况下,他们是一些死刑犯、战俘和奴隶(这种奴隶是主人专为角斗而购买的)。然而在职业角斗士里也有一些自愿参加的自由民,他们以这种血腥的行业作为谋生之道。虽然社会地位低微,却有可能通过角斗获得财富和名望。获得自由的角斗士当然可以为了挣钱继续参加比赛,不过他们常常是去角斗学校担任教练,或者充当富人的保镖。有些史学家认为,观众更喜欢身为自由民的角斗士,因为他们有机会成为罗马公民。另外,罗马公民也可以将自己作为贱民卖给角斗教练[1],他们的地位比较特殊。

2. 普 通 自 由 民

罗马公民、骑士、元老贵族甚至还有被释奴等,他们在角斗活动兴盛时期纷纷自愿冒险参与这项娱乐。当然,这里的普通自由民不是指贵族,除非他们自降身份和地位。

这些人在进入角斗场或者斗兽场之前,要进入角斗学校进行培训,或是与职业角斗师(培训者)签署一份协定,说明是自愿要求上场比赛。因此,自

---

[1] [古罗马]苏维托尼乌斯:《罗马十二帝王传》,张竹明、王乃新等译,商务印书馆1995年版,第212页。

由人参加角斗比赛有一个特定时间场合。

自由人参与这种残酷表演的目的主要有三：一是寻求刺激，二是获得丰厚的奖金，三是获得明星之声誉。这些勇敢的罗马人，有的在角斗比赛中"壮烈"死去，有的在与猛兽的搏杀中丧命，爱德华·吉本曾经对那些斗兽的自由人进行了生动描写，他还作了评价："毫无疑问，罗马人的鲜血是不应该在这样的战斗中流洒的；然而，在指责他们鲁莽的同时，我们又不得不赞美他们的勇敢；那些高贵的自愿者，在楼座上的一排排美女的注目下，展示他们的英雄气概，不惜冒着生命危险，他们与那成千上万的被强行拖上杀人场的俘虏和罪犯相比，无疑将引起更广泛的同情。"一些贵族出于各种各样的原因"挺身而出"，甘愿"冒险"成为角斗士，他们不顾自己的生死，看来当时的社会环境就是如此。提比略当政时期，"有两个高等级中最放荡不羁的年轻人自愿被贬逐出自己的等级，以免受元老院法令约束，不能在剧场和竞技场参加演出"①。帝国初期卡里古拉当政之时，一个富裕的贵族据说许诺自己愿意成为角斗士，如果皇帝能够从一次可怕的病魔中痊愈的话。②看来类似的例证并不鲜见。

3. 贵　族

通常情况下，骑士阶层和元老是不允许参加角斗的，奥古斯都大帝曾明令禁止，以保证他们身份的纯洁，不过他并没有认真履行，"在大斗技场里，他有时让一些属于最高贵等级的年轻人出场赛车、赛跑和表演屠杀野兽"③；在元老院明令禁止之前，他有时还甚至雇佣罗马骑士进行剑斗比赛。④有不少皇帝热衷于此项活动，著名的尼禄不仅亲自出马，还命令贵族阶层的成员参加。骑士、元老院贵族有时候也对这种充满血腥的娱乐活动跃跃欲试，他们参加这种活动，显然是为了获得极大的刺激，或是为了表示自己的勇敢并获取威望。当然，可能有各种各样的动机、目的。这种参与，从当时的角度来看，自然是贵族主动参与。恺撒时期，"在市中心广场上的斗剑比武中，出身大法官家族的富里乌斯·列普提努斯和律师

---

① ［古罗马］苏维托尼乌斯：《罗马十二帝王传》，张竹明、王乃新等译，商务印书馆1995年版，第132页。

② Thomas Wiedemann, *Emperors and Gladiators*, London: Routledge, 1992, pp.7—8.

③ ［古罗马］苏维托尼乌斯：《罗马十二帝王传》，张竹明、王乃新等译，商务印书馆1995年版，第73页。

④ 同上，第74页。

与前元老克文图斯·卡尔本努斯都进行了殊死格斗"①。

被迫参与角斗活动的贵族可怜至极。那些被皇帝特别是暴君逼迫参加厮杀的高级贵族,实属无奈。尼禄就用这样的办法对待元老院贵族和骑士。古典文献有主要的记载:"苏维托尼乌斯说,尼禄要四百名元老和六百名罗马骑士参加剑斗比赛和对野兽搏斗。"②

被判罪的贵族一旦成为角斗士,可能同样会为自己赢得一定的转机。出身为骑士、军官甚至元老院议员的贵族,如果被判罪成为角斗士,他们就必须认真去"作秀"了,获得成功自然有公平的判决。当然,更多的是那些骑士,为了博得观众的热爱、喝彩,或是一时的冲动,经常挺身而出并志愿成为角斗士,在"冒险犯难的引诱之下……不少人投入斗士学校"③。

4. 皇帝的角斗"表演"

皇帝也是其中的一员,他们有时候也跃跃欲试,尼禄就是其中一个典型的代表,他曾经屡次走上角斗场。不过很显然,尼禄参与这项残酷的活动不是为了赢得奖金,而是寻求刺激,或者是获得狂热观众的崇拜。尼禄为了作秀,参加竞技场比赛,曾经"坚持不懈地练习过格斗"。暴君康茂德为了在竞技场上赢得一种狂热的魅力,竟然有一次"迅即翻越栅栏,跳入角斗场,自告奋勇地成为一名角斗士"。他还曾夸口说自己打败过 12 000 个对手,搏击 735 场而毫发未损。这位角斗娱乐狂显然是在炫耀自己,他"一心只想到以赫拉克勒斯作为光辉榜样,并自称为(我们现在在他徽章上还能看到)'罗马的赫拉克勒斯'",而这一"战绩"几乎全部有水分,因为对于一位普通的角斗士而言,在其命丧竞技场之前,能有两位数的战绩已经算是十分走运了。据史学家卡西乌斯·迪奥记载,康茂德曾经同 1 000 多名角斗士竞过技,没有任何人打败过皇帝。当然,这位暴君的下场同样也很悲惨,而且和角斗场永远在一起了。④

毫无疑问,有皇帝参加的角斗比赛显然是一种不公平的战斗。康茂德

① ［古罗马］苏维托尼乌斯:《罗马十二帝王传》,张竹明、王乃新等译,商务印书馆 1995 年版,第 21 页。

② ［古罗马］塔西佗:《编年史》(下),王以铸、崔妙因译,商务印书馆 1997 年版,第 532 页。

③ ［美］威尔·杜兰:《凯撒与基督》,《世界文明史》第 3 卷,东方出版社 2005 年版,第 505 页。

④ 康茂德因众叛亲离引发宫廷内乱,被"一位以摔跤为业的强壮年轻人潜入寝宫,毫不费力地将他(此前被爱妾灌以毒酒)勒毙"后,罗马元老院通过敕令将其荣誉全部剥夺,名衔从所有公共纪念物上抹除,雕像全部被推倒,"尸体要用铁钩拖进关角斗士的铁栏内,挂起来悬尸示众,以平息公众的愤怒",参见［英］爱德华·吉本:《罗马帝国衰亡史》,席代岳译,浙江大学出版社 2018 年版,第 115、118 页。

参与的角斗"比赛"正是如此:这位皇帝利用君主的无限特权,竟然逼迫罗马城中那些因病或事故失去腿脚的人与他角斗、拼杀,而且,这些几乎在原地不能动弹的残疾人也只能投掷海绵而不是石头,这样,皇帝就可以按照自己喜欢的方式随意杀戮那些无辜的残疾者了。

康茂德还觉得不过瘾,还要与猛兽角斗比赛。不过在这种更加无聊、掺假的比赛中,他躲在竞技场的安全地带,那些没有"敌手"的野兽只能等待他的屠宰。大量的稀有动物从世界各地运到罗马,其中许多被这位只图一时之快的暴君所杀戮。这样,在 14 天的血腥"战斗"中,康茂德据说宰杀了100 头熊。可见,这位皇帝的角斗表演只能算是自娱自乐,因为观众根本不可能喜欢观看这类拙劣的、明显掺假的比赛。"我们很容易认定在所有这些格斗中这位世界的主宰永远都是胜利者。"康茂德在屠戮表演中,经常把元老院议员召集过来作为他忠实的观众,后者被迫在圆形竞技场大声欢呼:"陛下主宰万物,陛下天下第一! 陛下是万万人中之佼佼者! 胜利归于陛下!"有一次,他砍下一只鸵鸟的头,洋洋得意地将它高高举起。这时议员赶紧从自己的花环上采摘下几片苦涩的桂树叶放进嘴里咀嚼,以免使自己大声笑出来——因为这样会有送命的危险。

当然,有些皇帝并不喜欢这种残酷的游戏,那位有着一颗善良、虔诚的心的马可·奥勒留就是如此,但是在观众狂热的年代,即使是这样的皇帝在遇到这种场面时也要正襟危坐奉陪,还要赔笑,否则公众会非常不满,这点类似于热衷斗牛的西班牙,当驻西班牙使节被迫观看这种可怕的演出时,如果他们脸上露出厌倦或厌恶之情,就会受到申斥。有学者认为,西班牙人的斗牛就是罗马人斗兽(bestiarius)活动的直接承继。

总之,皇帝举办角斗比赛,实际上并不是为了纯粹的娱乐和刺激。除了部分皇帝如尼禄、康茂德、图密善等(他们特别喜欢这类娱乐活动),一些皇帝纯粹是延续罗马人喜好的传统,有些皇帝如马可·奥勒留即使不喜欢,也得举办这类比赛,因为罗马公众推动着他们这样做。不过一旦有了重大的军事胜利,举办角斗活动就成为必然,与帝国战争取胜有直接联系的凯旋式的角斗赛大都被记载下来。

五、女角斗士

角斗场一般都是由男人和血腥组成的世界,以前甚至连想也不会去想,在充满血腥的古罗马角斗场上，会出现凶悍的女性身影，对于这个问题，人们大都一笑作罢。过去，考古学家对古罗马是否真的出现过女角斗士一直存在严重分歧，就连古罗马作家的焦点也几乎全都集中在男角斗士身上，描述女角斗士血战的场面少之又少。①

随着角斗娱乐在古罗马的日益流行，女角斗士这一"新奇"事物在竞技场上出现。在某些历史时期，她们频频进入罗马自由民的视野，相较男角斗士来说，她们的数量要少得多，参与者一般多为女奴等，亦有高贵、富有的贵族妇女，其参与角斗在历史上存在的时间较短（这方面的资料较为少见），她们或者自己亲自上阵，或者出钱为竞技场购买其他女角斗士。当然，她们也像男角斗士一样深受人们的欢迎和喜爱。由此可以判断，某些历史时期出现女子角斗娱乐活动及比赛的前提条件是，当时相对宽松的社会环境及伦理价值观等足以容忍她们"抛头露面"。有时候，她们的出现仅仅是为了给那些已经腻烦的观众一些新鲜的刺激而已。实际上，从尼禄统治时期到公元 200 年间，女角斗士表演的次数还不到10 次。②当然，这些女角斗士也像男性同行那样，要接受严格的训练，不过，我们并不确知其训练的地点和方式。

进入 21 世纪以来，进一步的学术研究和考古学证据表明，古罗马女角斗士的确存在，只是在比赛量、规模和频率方面还不太确定③，与男性角斗活动无法比拟。英国考古学家的发现证实了古典作家的相关记载：女角斗士的确存在于罗马帝国时期，甚至颇受欢迎，尼禄、图密善等皇帝就喜欢观看妇女战死在角斗场上。

就国内相关方面的研究来说，鲜有"女角斗士"议题的成果。高福进、侯洪颖在《角斗士：一段残酷历史的记忆》一书中指出，许多女人会自愿（尼禄曾经强迫妇女）成为角斗士的原因，首先是罗马妇女可像古希腊妇女那样参加运动会，其次一些地位较低的妇女（如奴隶）还可以通过这项竞赛获得她想得到的许多东西。④国内有一些专家及青年才俊也对该专题进行了一定

---

① 不过，古典作家始终坚信女角斗士是存在的，从一些题词、碑文中也都有信息透漏，参见 Steven Ross Murray, "Female Gladiators of the Ancient Roman World", *The Journal of Combative Sport*, 2003。

②③ Anna McCullough, "Female Gladiators in Imperial Rome: Literary Context and Historical Fact", *Classical World*, Vol.101, No.2(2008), pp.197—210.

④ 高福进、侯洪颖:《角斗士：一段残酷历史的记忆》，上海辞书出版社 2006 年版，第 40—44 页。

的探索。①

1. 从维斯塔贞女②到贵妇

女角斗士在罗马历史上是否真的存在？作为一个热论话题，能否成为一个带有一定学术性的议题呢？让我们首先回顾古典作家的相关记述。关于角斗士的记载及研究，首推塔西佗、李维、普鲁塔克等人的记载，它们也是最值得参考的；而且值得庆幸的是，这些记载已有许多被翻译成中文。其次是近现代以来西方学者的专著，估计总共有上百种。再次是国内的研究，专著或译著不过数种，相关论文或文章也仅有十几篇，研究有待深入。

女性角斗表演出现于帝国时期。分别来自公元 11 年和 19 年的元老院咨询法令充分说明，"女角斗士活动在此时首次出现"③。尼禄统治时期，女人已经参加了角斗表演。根据塔西佗的记载，"尼禄……还约请维斯塔贞女参观角力比赛，因为他说，在奥林匹亚赛会上，凯列司的女祭司就可以参观表演"④。根据角斗士研究专家韦德曼的考察，一名来自奥斯提亚（Ostia）⑤的赞助者⑥声称自己是"自罗马建城以来第一位举办女角斗比赛的人"⑦。苏维托尼乌斯记载，暴君图密善"举办猎兽和夜间打着火把的剑斗士角斗表演，参加者不仅有男人，还有女人"⑧。"专业的角斗比赛不仅仅限于男子；女角斗士也在角斗表演中占有一席。"⑨卡西乌斯·迪奥则对女

---

① 参见何立平：《论古罗马的女角斗士》，《贵州师范大学学报》2004 年第 4 期。

② 维斯塔贞女（Vestales Virgins）是侍奉家庭与处女的守护神以及圣火之神——维斯塔女神（Vesta）的女祭司，在该神的神庙中燃烧着永远不能熄灭的神圣之火，由 6 位拥有极大特权的贞女祭司守护，她们 30 年内须守贞；只要维斯塔的火焰不熄灭，罗马就能保持风调雨顺。

③ Anna McCullough, "Female Gladiators in Imperial Rome: Literary Context and Historical Fact", *Classical World*, Vol.101, No.2(2008).

④ ［古罗马］塔西佗：《编年史》（下），王以铸、崔妙因译，商务印书馆 1997 年版，第 532 页。

⑤ 遗址位于台伯河河口，距罗马城 15 英里，该地在繁荣时期主要是一个为罗马服务的港口城市，同时也是一个要塞，一个货物中转站，估计人口约 5 万，参见 Lionel Casson, *Everyday Life in Ancient Rome*, Baltimore, Maryland: The Johns Hopkins University Press, 1998, pp.72—73。

⑥ 自己出钱举办角斗比赛的人在罗马叫 *editor*，他们是不再担任任何公职，或是从来就没有担任过公共职位的富裕者。

⑦ Thomas Wiedemann, *Emperors and Gladiators*, London: Routledge, 1992, p.10.

⑧ ［古罗马］苏维托尼乌斯：《罗马十二帝王传》，张竹明、王乃新等译，商务印书馆 1995 年版，第 327 页。

⑨ Lionel Casson, *Everyday Life in Ancient Rome*, Baltimore, Maryland: The Johns Hopkins University Press, 1998, p.105.

性角斗表演表现出最为浓厚的兴趣,他尤其关注参与其间的女士的等级状况,在描述这项残酷的运动项目时,他哀叹道,参与角斗比赛不仅有职业女角斗士,而且还有高等级的贵妇;在描述罗马皇帝提图斯统治时期的角斗比赛时,他特别指出,在为纪念克罗塞罗斗兽场落成典礼而举办的活动中,那些女斗兽者并不高贵。①

此外,玛丽·勒夫科威茨和莫伦·范特也认为,女角斗士表演虽不是每天都会举办,但这项活动前后持续了几个世纪之久。②鲁西安纳·雅克贝利注意到了一个有趣的现象,他发现,一次表演有 40 对角斗士参加,碑文中并不是直接刻上数字"40",而是写成"35+5"的形式。对此,有些学者假定为此次表演有 35 对男角斗士和 5 对女角斗士共同参加。虽然有证据证明竞技场上女角斗士的存在,但这仍然只是一种非常特殊的情况。③尤维纳利斯"那充满对女角斗士的极端轻蔑之情的作品……仍无法掩饰女角斗士在当时罗马社会盛行这一事实"④。知名古典学学者马克·维斯利也在 21 世纪初期对女角斗活动进行了不同视野下的探索。

另外,还有一些不间断的考古学发现帮助佐证上述观点。1996 年,伦敦博物馆在位于萨瑟克的罗马墓地发现了一座坟墓,在某种程度上可以认为它是属于一位女角斗士的。因为在这座坟墓中,除了有一副女人骨头外,还有一些植物和动物的遗迹、已经融化了的玻璃和 8 个陶瓷灯。其中,3 个灯上有安努毕斯神的画像,其中一个用倒在地上的角斗士画像做装饰。在《罗马书》中,安努比斯神常常和从竞技场上搬走角斗士尸体的墨丘利联系在一起。另外,有考古学家在位于庞贝的角斗士住所中发现了 18 具骨骼,其中一具是属于一位女子的,这位女子戴着宝石金戒指和翡翠项链。考古学家认为,这位女子的身份有可能是女角斗士,但仍需考证。除此之外,还有一尊描绘两位武装好的女角斗士的浮雕石刻像陈列在大英博物馆中,其中一位女角斗士袒胸露乳。这两位女角斗士分别被称为阿奇丽娅(Achillia)和亚马逊(Amazon)。至于近现代研究者的论著,亦不乏引述材料,可以作为佐证,"有个罗马人在遗嘱中交待,他拥有的女人当中最美丽

---

① Mark Vesley, "Gladiatorial Training for Girls in the Collegia Iuvenum of the Roman Empire", *Echos du monde Classique: Classical Views*, Volume XLII, n.s. 17, 1998, pp.85—93.

② Mary R. Lefkowitz, Maureen B. Fant, *Women's Life in Greece and Rome*, Baltimore, Maryland: The Johns Hopkins University Press, 2005, p.213.

③ Luciana Jacobelli, *Gladiators at Pompeii*, J.Paul Getty Museum, 2003, p.43.

④ 何立平:《论古罗马的女角斗士》,《贵州师范大学学报》2004 年第 3 期。

的一个必须与人决斗"①。

上述考古实物及资料无疑证明：罗马时期的女性曾不间断地参加、从事过角斗娱乐活动。可以推测，类似现象不仅仅只是发生在尼禄时代。某些时期的角斗比赛是如此盛行，以至于女子也渴望参与这项娱乐活动。就像许多现代体育项目一样，最初只有男子参加，女子不参加，后来几乎所有的体育项目都有女子队伍，如体操、篮球、足球、拳击、自由搏击、散打等等。角斗表演在古罗马的节日、社会生活以及公共活动中占有重要地位。②但在以往的相关研究中，学者大都把注意力集中在男角斗士上，对于女角斗士有没有真实存在过，以及她们的基本状况并没有给予足够关注。

关于女角斗活动这一议题的专门研究成果则更是不多见。就国外（主要是欧美学者）的研究而言，马克·维斯利对于女角斗士是否存在进行考古探索，其结果可谓轰动世界。荷兰学者菲克·梅杰在《角斗士：历史上最致命的游戏》一书中栩栩如生地展现了角斗场上的厮杀场景。在此书中，他对女角斗士的基本状况做了描述。他认为，女角斗士的比赛可能并非真正严肃的比赛，其起止时间无从稽考③。女角斗士除了不戴头盔之外，装备跟男角斗士一样；女角斗士很可能不必忍受男角斗士那样艰苦的训练，但同样会激起真正的崇拜。④唐纳德·G.吉尔也曾提到，事实上，与富有经验的被释奴角斗士不同，女角斗士以及自愿参加角斗的自由民和贵族数量有限，在当时很可能是一种比较新奇的现象。⑤安娜·迈克卡劳从古典作家的文学记载中提取出了许多关于女角斗士的有价值的信息。她指出，在拉丁语中没有一个特定的词来指代"女角斗士"；女角斗士的数量很少，但随着角斗比赛的日益流行而不断增加；从角斗士类型的多样化和加入角斗士行列的目的来看，女角斗士是男角斗士的缩影；女角斗士同男角斗士一样，确实接受了训练。⑥当然，这方面美国的相关研究仍然占据

---

① ［古希腊］阿特纳奥斯：《欢宴的智者》(15 卷之 4)，转引自［德］奥托·基弗：《古罗马风化史》，姜瑞璋译，辽宁教育出版社 2000 年版，第 108 页。

② Donald G.Kyle, *Spectacles of Death in Ancient Rome*, New York：Routledge, 1998, p.2.

③ ［荷兰］菲克·梅杰：《角斗士：历史上最致命的游戏》，李小均译，广西师范大学出版社 2009 年版，第 59 页。

④ 同上，第 79 页。

⑤ Donald G.Kyle, *Spectacles of Death in Ancient Rome*, New York：Routledge, 1998, p.89.

⑥ Anna McCullough, "Female Gladiators in Imperial Rome：Literary Context and Historical Fact", *Classical World*, Vol.101, No.2(2008)，pp.197—210.

了显赫的位置。①

2. 综合考察：古罗马妇女的地位及其自主性

为了说明罗马角斗士之中究竟有没有妇女的参与，可以对罗马时代妇女的地位问题进行综合考查。

在世界古代史上，像古代埃及、古斯巴达、古罗马等等，这些民族的妇女地位相对较高。根据苏珊·E.伍德研究，帝国初期许多个"第一"反映了妇女地位的节节提高：奥古斯都时期皇室妇女的塑像率先出现在公共场所；在世的重要女性可以被刻在一些主要纪念物的浮雕里面。提比略时期，公认受欢迎的妇女的肖像首次出现在硬币上。卡里古拉时期，在世的妇女可以获得史无前例的"维斯塔贞女"荣誉，大阿格里皮娜则成为第一个死后被雕刻在硬币上的女人，德鲁西拉则是首位被神圣化的罗马妇女。克劳狄乌斯皇帝则使他的祖母李维娅成为国家之神，后来又使他的第四任妻子小阿格里皮娜成为首位在世的"国家之神"：李维娅拥有"奥古斯塔"之盛誉，而小阿格里皮娜在其儿子尼禄当政后与这位皇帝共同分享了将肖像雕刻在硬币上的荣誉。②这说明了古罗马时期皇室妇女地位较高。

在古罗马人看来，妇女身上有一种神秘的和能够预知未来的力量，他们有时候并不轻视妇女，而是和她们商量事务，尊重她们的意见。古罗马妇女非常聪明，她们和男子一样学习哲学、诗歌、演讲、演戏、唱歌、跳舞甚至讨论学术问题，有些甚至做生意、行医或当律师。按照法律规定，妇女基本上是不能参与政治的，但一些才智出众、意志坚强的妇女对她们的丈夫在政治上的影响却是非常巨大的，有些还被冠以"奥古斯塔"的尊贵称号。日耳曼尼库斯的妻了阿格里皮娜就是这样一位女子。根据塔西佗的记载，战争期间她送衣服

---

① 具体参见 Steven Ross Murray, "Female Gladiators of the Ancient Roman World", *Journal of Combative Sport*, 2003; Barr, R., "Woman Gladiator's Remains Discovered", *The Charleston Gazette*, 2000; Zoll, A., *Gladiatrix：The True Story of History's Unknown Woman Warrior*, New York：Berkley Publishing Group, 2002; Junkelmann, M., "*Familia Gladiatoria*：The Heroes of the Amphitheatre", in E.Kohne & C.Ewigleben eds., *The Power of Spectacle in Ancient Rome：Gladiators and Caesars*, Berkeley：University of California Press, 2000, pp.31—74; C. Ewigleben, "What these Women Love is the Sword：The Performers and their Audiences", in E.Kohne & C.Ewigleben eds., *The Power of Spectacle in Ancient Rome：Gladiators and Caesars*, Berkeley：University of California Press, 2000, pp.125—139; Gardner, J.F., *Women in Roman Law & Society*, Bloomington：Indiana University Press, 1986.

② Susan E.Wood, *Imperial Women，A Study in Public Images*, 40.B.C.—A.D.68, Boston：Brill, 1999, pp.316—318.

给无衣的士兵,亲自护理伤兵;她亲自站在桥头上,赞颂和感谢回师的军队;她还曾平定了一次皇帝签署的命令都不能平定的兵变。在士兵的眼中,阿格里皮娜的地位似乎已经盖过了任何将领或最高统帅。人们对她的喜爱非常狂热,称她为"祖国的光荣""奥古斯都的仅存的后裔""古老的德行的独一无二的典范"①。

相对而言,古罗马妇女个人独立自主的程度要比古代其他地区高得多。②她们在经济上较为独立,按照自由婚姻的原则,妻子保有她的全部财产。父亲去世后,女子有权继承并独立管理遗产,或者找一个监护人帮她管理。古罗马妇女可以在公共场合露面,法律禁止触摸或调戏妇女。她们可以去戏院、上法庭或参加宗教仪式,值得注意的是,有一些宗教仪式是只有妇女才可以参加的。在尤维纳利斯那个时代,妇女还有权成立代表她们自身利益的协会。总体而言,罗马帝国时期的状况基本如此,尽管具体某个时代可能有很大的差异。"随着帝国时期个人逐渐从传统道德和社会需求的束缚中解放出来,人的个性张扬开来,古罗马人尝试着放弃婚姻,追逐个人的理想和安逸,妇女大量沦为妓女,女角斗士也不失为独身女子的又一条出路。"③当然,此种现象的普遍性显然不太可能,但毕竟已经出现,甚至在某些年头较为风行。正是在这样宽松的社会背景下,古罗马妇女获得了较多的自由,取得了较高的地位。带着那份对角斗娱乐的狂热和痴迷,她们勇敢地走进竞技场,赤手空拳或拿起武器,像男子一样成为了一名真正的角斗士。从某种程度上而言,女性这一弱势群体加入角斗行列……在更深刻的层面上揭示出罗马妇女自身在一定程度上的解放。

纵观古罗马人的生活以及罗马角斗活动发展史,客观而言,妇女走上角斗场可以被视为一种"偶发行为",也是一种非常规性的现象,甚至可以被视为一种强迫性的行为。这些行为和现象存在深刻的社会根源,也是一种"自然而然"形成的娱乐活动。女角斗士大都来自社会底层,不过,自由民阶层的女子选择加入角斗士的行列除了出于对角斗娱乐的狂热喜爱外,关键是当时的社会为她们提供了一种足以容忍她们"抛头露面"的相对宽松的环境。虽然古罗马妇女同其他古代社会中的女子相比,并没有在法律上获得更多的权利,但在实际生活中,她们的地位是很高的。老加图曾说过:"所有别处的男人,皆统治女人;只有我们罗马人例外,罗马男人统治着全世界所有男人,却又被我们的女人所统治。"④

① [古罗马]塔西佗:《编年史》(上),王以铸、崔妙因译,商务印书馆1997年版,第136页。
② 裔昭印等著:《西方妇女史》,商务印书馆2009年版,第111页。
③ 何立平:《论古罗马的女角斗士》,《贵州师范大学学报》2004年第3期。
④ [美]威尔·杜兰:《凯撒与基督》,《世界文明史》第3卷,东方出版社2005年版,第113页。

帝国黄金时代的诗人尤维纳利斯对女角斗士做过细致描绘：

> 紫红袍服胭脂香，
> 谁不知道这一切？
> 但谁见过有女人，
> 躲在护身铁盾后，
> 谨遵角斗之规则，
> 频频剑击练习桩？
> 应给此女一声吼，
> 唯恐心思难回头，
> 训练只为斗场游。
> 戴上头盔思万能，
> 本性磨灭留几分？
> 不爱红装爱武装，
> 冷酷如男不相让。①

越来越多的考古发现以及在大量铭文研究的基础上，相关研究证明，女子参与的角斗活动似乎相当丰富，引人注目。

帝国时期，女角斗士参与正式的比赛似乎已经被认可。女角斗士之间、女角斗士与侏儒之间都曾进行角斗比赛，有一个女角斗士斯特拉东尼茨，她在一次角斗比赛杀死了3名男子。②塔西佗不止一次记载了这方面的资料，在克劳狄乌斯时期，"还举行了几次规模不小于以前的剑斗比赛。不超过以前各次的是：有更多显要的妇女和元老在比赛场上玷辱他们自己"③。尼禄、图密善两位皇帝都举行过有女人参加的角斗赛。

3. 问题与总结：基于考古发现的持续研究

（1）古罗马人为何不公布细节：遮遮掩掩为哪般？

持续的学术研究和考古资料证明，女角斗士的确存在。具体出现的时间至今不能明确，不过有可能出现于"角斗活动较为兴盛的共和国后期和奥

---

① 转引自［荷兰］菲克·梅杰：《角斗士历史上最致命的游戏》，李小均译，广西师范大学出版社2009年版，第60页。

② Timothy R. Roberts, *Ancient Rome*, New York: Michael Friedman Publishing Group, Inc., 2000, p.128.

③ ［古罗马］塔西佗：《编年史》（下），王以铸、崔妙因译，商务印书馆1997年版，第531页。

古斯都时期"①。

关于女角斗士的人数和规模,文献和考古资料几乎没有记载,研究的进展也非常缓慢。

关于女角斗活动的频繁程度——在一定或特定历史阶段举办的次数,抑或周期性,也很难查询和深入研究。

古罗马人——那些贵族、古典作家,为何他们对女角斗活动的记载"仅仅是片言只语,而极少详述"②呢?在此我们对"角斗士"这一词汇的词源学加以分析,该词与拉丁文"剑"(*gladins*)直接相关,而后者也有雄性称谓,有"阳具"之意。考古发掘的文物——庞贝遗址里的青铜风铃完美地诠释了罗马人尤其是罗马的男人为何存在复杂心理以及压抑情绪:雕像上刻画了一名角斗士,他正在努力与那个从他勃起的阳具上长出的犬状怪物进行搏杀。这只挂在家门口作为门铃用的文物不禁令人浮想联翩:在当时罗马男人相关的印记中,雄性与男性角斗士似乎存在着某种强悍的联系,而且此类文物(雕塑和绘画)不止一个,说明罗马时期作为奴隶、作为下等人的角斗士虽然完全没有公民身份和公民权利,然而他们那种极具观赏性和诱惑力(尤其是对于罗马的贵族妇人来说)的在角斗场里勇猛厮杀、不惧死亡的阳刚之气却对南征北战且战无不胜的罗马大军、罗马男人来说造成威胁和压制,也大大化解后者的威猛和威力。于是乎,对于古罗马的男人而言,前者所展现出的这种刚猛和威力显然是相当危险的,因为罗马城的女人特别是贵族妇女往往会被角斗士吸引乃至勾引。所以,罗马角斗士这种特有的磁性引力严重威胁了罗马男子自身的英雄气概,这也许是罗马人在记载角斗活动时为何刻意贬损男性角斗士以及几乎不会留下女人参与角斗活动的真正原因。

(2) 考古资料的验证:女角斗士遗骸

在英国伦敦附近的小城哈利卡纳苏斯,考古学家发现了一处古墓地遗址,在遗址的沙土里最后竟然挖出一个古罗马人的遗骸。这次考古发现最重要的内容实际上是一块"饱经风霜但仍异常精美的石雕",2002 年 11 月底,它在大英博物馆展出,引发关注。石雕上的两位女性衣饰整齐,肌肉健硕,手执利刃和盾牌,摆出了决一死战的架势。大英博物馆"史前和早期欧洲馆"的雕刻家拉尔夫·杰克逊发出赞叹:"阿奇丽娅和亚马逊肯定是身经

---

① Anna McCullough, "Female Gladiators in Imperial Rome: Literary Context and Historical Fact", *The Classical World*, Vol.101, No.2(2008), p.198.

② Ibid., pp.197—209.

百战的角斗士。"她们是迄今为止发现的仅有的两个被雕刻在石头上的女角斗士。

有关古罗马女角斗士研究尤其是媒体报道在 21 世纪初期的文化影响持续升温,以至于为了迎合一些人猎奇的口味,媒体不断推出新的娱乐花样,将古罗马的角斗娱乐与现代女自由搏击比赛结合起来,供人们观赏。英国《太阳报》的《运动宝贝》栏目 2004 年初推出女子角斗士系列。入选的女子除了面容俊俏外,全部是世界摔跤协会的成员,在比赛中多次获奖。经常收看角斗节目的观众应该对她们不陌生:在类似拳击台的比赛场地,她们要运用体力和技巧将对手摔倒或是甩到场外。

关于考古学家在哈利卡纳苏斯发现的古罗马时期的坟墓,依照当时当地之习俗,逝者不能葬于城内而应葬于城外,埋葬于交通便捷的大路边较为流行。从这些遗骸埋葬的方式和位置来看,该墓葬之主角属于下等人,但墓中的殉葬品却像是贵族的殉葬品——这些令学者颇感吃惊,各类专家通过仔细分析和研究墓中的泥土、动植物样本及灰烬(骨骼学家比尔·怀特甚至在里面找到了一具焚化后的人骨)、可以判断死者性别的骨盆骨头碎片等,最后指出:墓主人是一名 20 岁上下的年轻女性。

不过,如何确定这个年轻女人的身份呢?在实验室里,动植物学家约翰·吉奥基和凯文·里利开始研究寻找与这个女人的葬礼有关的其他线索。他们发现,死者是被火葬的,有的哀悼者向火中投进了可以散发浓香的石松果,更有人向火中大方地投进了鸽子、鸡,甚至还有从地中海地区贩运到这里来的无花果、枣、椰子、白杏仁。此外,考古学家还在墓中发现了这位女主人穿戴的玻璃珠子——种种迹象表明,该女子生前的身份非同寻常。

这名普通的女性拥有诸多富有的崇拜者,其原因究竟是什么呢?考古学家在墓中发现一个陶灯上面刻有一名倒在地上的角斗士!众所周知,罗马人崇拜勇士包括那些英勇战死在角斗场上的斗士。

波特及马廷雷强调[1],女角斗士参与比赛绝对是特别的项目,它们是如此引人注目,虽然极为罕见。[2]

---

[1]　参见 D.S.Potter, D.J.Mattingly eds., *Life*, *Death and Entertainment in the Roman Empire*, Ann Arbor, 1999; D.S.Potter, *The Victor's Crown*: *A History of Ancient Sport from Homer to Byzantium*, Quercus Editions, 2011.

[2]　Steven Ross Murray, "Female Gladiators of the Ancient Roman World", *The Journal of Combative Sport*, 2003, p.2.

(3) 逐步破解的文化谜团

毫无疑问,古罗马存在过女角斗士,女子的角斗活动在帝国时期的某些历史阶段甚至较为盛行。然而,最终女角斗士率先从角斗场上消失了。公元200年,塞普蒂米乌斯·塞维鲁皇帝禁止任何有妇女参加的角斗赛,他不同意妇女从事角斗士这份职业。有限的女角斗士比赛可能就此终止。

综上所述,基于相对零散的文献记载和越来越多的考古资料,女角斗士的确曾出现在竞技场上。她们的出现亦为古罗马妇女相对自由、地位较高的重要表现,更是风行于罗马的角斗娱乐中不可忽视的一部分。然而,由于资料有限,对于与女角斗士相关的许多细节问题,仍有待深入探讨和考证。

基于上述相关女角斗士及其活动的分析,可以得出如下结论及大致推断。

第一,虽然相关资料记载较少(可能有些并不符合事实);不过可以肯定的是,罗马尤其是帝国时期必定存在这类活动。有一点不容忽视的是,也许罗马人并不喜欢记述这类活动,至少不希望对此大加渲染,所以相关留存的资料甚少。

第二,在时间上,女角斗士出现的最早时间存在争议,虽说有历史记载的相关内容主要存在于帝国时期尤其是公元1—2世纪这一时间段,但可以估计早在共和国末期甚至更早一些,女角斗活动已经存在了。[①]至于其结束的时间,争议更大,虽然帝国后期逐渐被禁止,但是在帝国核心(罗马)以外的其他地区比如迦太基,角斗活动包括女角斗活动可能长期延续。

第三,在地区上,角斗活动集中于罗马城,随后逐渐风行于其他各地包括北非、希腊、小亚细亚以及不列颠地区,其铭文记载及考古文物颇多。仅就迦太基而言,包括女角斗活动在内的各种公共娱乐活动长期持续。

第四,角斗活动的大多女性参与者可能并非自愿,她们似不大可能去冒所谓"死亡及道德方面"的风险。因此,这种女角斗士的打斗多数时候应为皇帝、贵族组织进行,以便提供给嗜好刺激娱乐的罗马人观赏——此种女子角斗娱乐活动在帝国黄金时代尤为盛行。

此外,无论是举办者和参与者,均存在各种不确定性因素。其可能的情

---

① 帝国初期的女人尤其是那些"贵族妇女主动甚至急不可耐地参加这种公开的比赛和角斗,说明这一项目在当时大受欢迎",而公元19年元老院一项法令则特别强调,"禁止20岁以下的元老院贵族以及骑士的女儿、孙女及曾孙女参加角斗比赛",参见 Mark Vesley, "Gladiatorial Training for Girls in the Collegia Iuvenum of the Roman Empire", *Echos du monde Classique: Classical Views*, Volume XLII, n.s. 17, 1998, pp.85—93。

况还有：女角斗活动的举办不具有规律性或季节性，多为某个时期或某些组织者所为，如为迎合某个暴君或者嗜好观看刺激娱乐的罗马人而临时组织的情况时有发生。①

（4）存亡：从兴到衰可谓昙花一现

自公元前264年罗马举办第一次角斗比赛之后，人们对于这项娱乐活动的狂热与日俱增。然而，随着基督教的兴起和发展壮大，反对角斗娱乐之声日渐强大。公元325年，君士坦丁大帝下令禁止角斗比赛。大约到了公元5世纪末，风行整个罗马帝国的角斗娱乐活动逐渐销声匿迹了。②实际上在罗马帝国各地尤其是海外行省，此类活动（特别是斗兽）一直存在下去，譬如在地中海对岸的迦太基圆形剧场里，那里的角斗活动和斗兽可能又持续了千余年之久。③

相比之下，女角斗士出现的时间较晚，但具体时间并无定论。据苏维托尼乌斯记载，早在尼禄统治时期亦即帝国早期，女人便已参加了角斗比赛。④鲁西安纳·雅克贝利也指出，一些古典文献提到，在尼禄统治时期，女子加入竞技游戏中。前述塔西佗所载，在公元63年举办的一场精彩演出中，一些贵族妇女和元老院议员也进入竞技场角斗。公元66年，尼禄为了纪念亚美尼亚国王提里达提斯，在波佐利举办了一场角斗比赛。在这场比赛中，有埃塞俄比亚妇女参加。讽刺诗人尤维纳利斯为我们描绘了竞技场中女子捕熊的场景，他用讽刺口吻描述了许多罗马女子对于竞技游戏的狂热。⑤玛丽·勒夫科威茨和莫伦·范特认为，女角斗士出现于韦斯巴芗统治时期。在提图斯短暂统治阶段，女角斗士一度销声匿迹。但到了图密善时期又出现了她们的身影。⑥安娜·迈克卡劳则提出了更为大胆的假设，她认为，我们并不知道女角斗士第一次出现的时间，尽管她们很可能是与共和国晚期以及奥古斯都时代角斗比赛的日益流行同时出现的。奥古斯都时代没有与女角斗士有关的文学作品出版，原因在于这种有女角斗

---

① 高福进：《古罗马女角斗士及其活动探析》，《社会科学战线》2013年第10期。

② 高福进、侯洪颖：《角斗士：一段残酷历史的记忆》，上海辞书出版社2006年版，第206页。

③ David L.Bomgardner，"The Carthage Amphitheater：A Reappraisal"，*American Journal of Archaeology*，Vol.93，No.1(Jan.，1989)，p.103.

④ ［古罗马］苏维托尼乌斯：《罗马十二帝王传》，张竹明、王乃新等译，商务印书馆1995年版，第327页。

⑤ Luciana Jacobelli，*Gladiators at Pompeii*，J.Paul Getty Museum，2003，pp.17—18.

⑥ Mary R. Lefkowitz，Maureen B. Fant，*Women's Life in Greece and Rome*，Baltimore，Maryland：The Johns Hopkins University Press，2005，p.214.

士参加的奢侈的、昂贵的比赛不符合帝国的形象以及奥古斯都通过官方文学鼓吹的自己的形象,而且也与其道德与文化革新运动背道而驰。①

女角斗士表演在历史上存续的时间较短。公元 200 年,塞维鲁皇帝下令禁止妇女参加角斗比赛,因为他认为,小女子的角斗简直就是对军人美德的羞辱。至于这一禁令是否真正彻底终结了女角斗士表演,我们不得而知。

六、基 督 徒

罗马帝国时代,基督徒曾经遭到大肆迫害,大量基督徒被钉死在十字架上。在罗马人看来,还有一个处死基督徒的“绝妙”方式,那就是把基督徒投入角斗场,喂养那些饥饿的猛兽。

1. 罗马时代基督徒的悲惨命运

罗马斗兽场的命运是与罗马帝国的命运紧密相连的。随着帝国的衰落,来自属地的财源枯竭,斗兽场赛事的财政负担变得日益沉重。与此同时,虽然对新教的迫害极其野蛮,但是基督教仍然日益发展壮大。许多基督徒在斗兽场上被处死,这样做的结果是更加强化了教徒的信仰。当然,罗马帝国时期的基督徒大多被驱逐出罗马城,有些被处以死刑,“从尼禄王起,罗马法律似乎已规定所有宣称为基督徒者将被处以死刑。但大多数的皇帝常有意疏忽这条法律”。不过,对于基督徒的迫害(如当场处决、活活烧死等)时常发生。虽然后世的基督教神学家有意夸大了这点,但对于基督徒的迫害在公元 4 世纪之前始终未断。马可·奥勒留皇帝虽然心地善良,但迫于帝国形势,他对基督徒也毫不留情,监狱里的基督徒凡是改变初衷的可以释放,而那些自认为是基督徒的人犯,都被依法处死。罗马在高卢地区的中心里昂有一个 90 岁的主教伯提努斯(Pothinus),他因酷刑死于狱中。节日期间,人们纷纷涌向里昂,那些基督徒犯人被带进竞技场受审,不改变信仰的基督徒都被种种酷刑处死。阿塔鲁斯在基督徒的社会中,地位仅次于伯提努斯,他被迫坐在一个烧红的铁椅上活活烤死。布朗迪那是一个女奴,每天从早到晚受尽酷刑,然后被绑入大袋中,摔入斗技场,被牛用角抵死,这样

---

① Anna McCullough, "Female Gladiators in Imperial Rome: Literary Context and Historical Fact", *Classical World*, Vol.101, No.2(2008), pp.197—210.

的例子不少。塔西佗在其《编年史》第 15 卷第 44 章中也有基督徒在罗马帝国被虐待致死的描述,如披上野兽的皮被狗撕裂而死;或被钉上十字架;或在天黑的时候被点燃,以作为照明的灯火等,简直令人发指。对这些被捕的基督徒的迫害成了暴君尼禄转移人们怀疑他纵火焚烧罗马城的一个关键性行动。

普通基督徒、主教甚至早期的教皇大多死于这种迫害,有些死刑处置的方式与角斗活动有关。公元 250 年,耶路撒冷与安条克的主教死于狱中,罗马与图卢兹(Toulouse)的主教也被处死,"成百的罗马基督徒被关在地牢里;他们中一些被砍头,一些被烧死在火刑柱上,一些在假日被抛给野兽吞食"。教皇西克斯图斯二世及其 4 个辅祭同时被处以死刑,不久,迦太基主教被砍头,塔拉戈那的主教被烧死。

关于罗马帝国时期基督徒被迫害的详尽情况以及被处死的人数,爱德华·吉本有许多"动人"的、令人感到恐怖的描述,将许许多多的基督徒投入竞技场,喂养饥饿的野兽,在当时是再普通不过的一件事了。

2. 基督徒被扔进斗兽场

为了准备斗兽比赛或兽与兽之间的搏杀,必须储存大量的野兽,这些暂时不"参加"比赛的猛兽被关在一个特殊的地方。各种各样的人,如罪犯包括基督徒成了这些野兽的美餐。"平民大众抓捕那些基督徒,将它们投入野兽居住的地方,地方长官只好哆哆嗦嗦地照办。一些人颂扬君士坦丁大帝做了一件大好事,因为他逮住了一些法兰克人的首领(使之冒充基督徒),将他们喂养野兽,以取悦特里夫斯的居民。"

根据古典作家以及后世史家的记载,罗马帝国前期,基督似乎成为罗马人的眼中钉、肉中刺,罗马人——不管是贵族还是平民,都对基督及其信徒恨之入骨。巨大的人群的不耐烦的吼叫声指控基督教徒是所有人和神的公敌,呼吁判处他们最残酷的刑罚,而且会在这个新教派中挑出一两个出头最多的人物,带着无比激愤的情绪呼喊着他们的名字,要求把他们立即抓来扔进狮子房去。主持这类集会的行省长官和地方官,一般都会满足民众的这种要求。

帝国初期的克劳狄皇帝时期,皇帝本人乐于"奉献一场非凡的表演",基督徒大量被当作替罪羊烧死,或直接投进竞技场喂养猛兽。在他担任皇帝前后,为了获得能够走上竞技场的猛兽,克劳狄还曾经从几个在行政区中颇有权势的朋友那里寻求协助。

3. 两名殉道者——忒勒玛科斯和达西乌斯

新兴的基督教和它的教徒坚决反对在罗马上演这种流血场面,而且反对的人数越来越多,这极大动摇了斗兽场是罗马文化中心的地位。今天,斗兽场旁边竖立的十字架就是纪念死于此地的基督教殉道者。就角斗的衰落而言,这些殉道者最大的作用可能就是他们以独特的方式加快了斗兽场里这类角斗活动的终结。

公元404年,一名叫忒勒玛科斯的基督教士跳到斗兽场的角斗台上,企图分开两个正在角斗的角斗士。观众们怒不可遏,把他当场杀死。但是那时罗马的贵族已信仰基督教,没过几天,身为基督教徒的罗马皇帝洪诺留下令禁止角斗比赛。

另外一名基督徒是达西乌斯,他生活于马克西米安和戴克里先共治时期,殉教于多瑙河边的杜罗斯托鲁姆(Durostorum)。当时,达西乌斯拒绝在冬至节上自杀,以祭献巨神克洛诺斯①,这一故事的背景不得而知②,但是将基督徒作为替罪羊并不足以说明罗马的宗教仪式特征——将角斗士也作为替罪羊。不过,处死基督徒及基督徒直接参与角斗厮杀在罗马帝国期间并不鲜见。

---

① 希腊神,巨人提坦之一,为希腊神话中天神乌拉诺斯与地神该亚之子,他推翻父位,成为新的天神,统治世界;后来又被其子宙斯废黜。
② Thomas Wiedemann, *Emperors and Gladiators*, London: Routledge, 1992, p.34.

第三章　比赛的运作

"我敢打赌,拿长剑的准能得胜。""拿匕首的能赢,瞧,他体格多健壮! 我赌 20 塔仑。"观众席上的罗马贵族正在热闹地争论着。

两名年轻的角斗士被带进比赛场,开始残酷的格斗。他们用盾牌护着身子,寻找机会,用手中的武器刺向对方。突然,一方被刺,鲜血从他的肩部流了下来。

"好! 好!""再来一刀! 再来一刀!"观众台上的贵族疯狂地大叫着。

终于,受伤的倒下了。只见台上的一个女巫站起来,她决定着败者的命运。她的大拇指朝上,斗败者可以侥幸存活;大拇指朝下,斗败者当场被处死。只见她大拇指朝下,顿时,斗败者被杀死在鲜血浸湿的场地上。观众席中传来一阵阵欢呼声。

——摘自电影《斯巴达克斯》剧本

一、坐席与经纪人

惊心动魄且荡气回肠的艺术虚构场景与历史真相间时有天壤之别。好莱坞史诗片《角斗士》的倾情演绎不知迷倒了多少影迷。然而,最新考古发现表明,古罗马角斗士很可能是些超重的大胖子,他们如同日本的相扑运动员那样需要增肥,只是其增肥方式完全不同——吃素。2004 年 3 月初,英国《每日电讯报》报道,维也纳大学一科学家团队完成了迄今为止规模最大的角斗士遗骨分析,他们在古罗马时代小亚细亚的以弗所附近亦即今天的土耳其西海岸发现角斗士集体坟场[1],对 70 多具遗骨进行全方位生化分析

---

[1] Kanz, F. and Grossschmidt, K., "Head Injuries of Roman Gladiators", *Forensic Science International*, Vol.160, No.2(2006), pp.207—216.

后，研究结果出人意料，角斗士竟然是"素食一族"，而从壁画所见身形魁梧、膀大腰圆的角斗士形象，实乃对那种男性气概的艺术虚构，而非其"脂肪等同于盔甲"的真实面貌。

1. 座位数量及坐席安排

罗马城及帝国其他城市曾建有许多角斗场，尤以罗马斗兽场、庞贝圆形大剧场等为知名。不过，这些场地究竟有多少坐席以及多少站席，存在很大争议。

譬如，在罗马斗兽场，一些资料记载，它最多能够同时容纳 12 万名观众，似乎言过其实，这其中可能包括许许多多的站席。

严格的服饰和等级的区分强调了比赛的仪式性，严格划分的座位反映了罗马森严的社会等级制度。霍普金斯研究中所展示的圆形剧场里观众席的布局是：皇帝坐在镀金的王座上，被他的家庭成员包围着。议员和骑士都有他们自己特别的座位，很可能穿着代表身份的紫边宽袍出席。比赛的主办人，如皇帝、元老院议员或者地方行政长官，是绝对的支配者，他坐在一个特殊的椅子里，穿着代表罗马高级官员的紫色长袍。士兵和群众则被分开，已婚男士和单身男士分开坐。罗马公民如果想坐在最靠近赛场的两排座位上，必须穿着厚重的白色毛质长袍——这是罗马市民的礼服，以及凉鞋。男孩子坐在单独的一块区域，他们的老师坐在隔壁区域；女人和非常穷的男人穿着代表卑微的土灰色长袍坐在或者站在最高处。在罗马著名的角斗场上，不同阶层的人们所坐的位置以及他们被最后面的站着观看的奴隶所看见的位置，都一目了然：服饰颜色可覆盖一些特定的区域。

坐席安排的主要标准就是身份、地位：身份越高贵，座位越靠前。

首先，皇帝坐在最前面，是最好的位子，位于竞技场边缘的正前方；皇帝拥有包厢，其妻子、孩子均可在里面观看。皇帝的包厢在最显赫的位置，如暴君尼禄在包厢里经常倚榻观看表演，起初是通过包厢的小窗口观看，后来则在没有遮拦的阳台上观看。在大圆形剧场，这种阳台——高起的平台（*podium*）同中心竞技场地隔开，皇帝家属、高级长官、维斯塔贞女就坐在阳台的象牙椅上——而尼禄则斜倚在卧榻上。

其次，前排座位预留给其他皇室人员及其朋友、外国贵宾和皇帝的宠臣，当然还有元老院议员和他们的客人。元老院贵族拥有第一排的座位，这是奥古斯都时期的法令，关于这一点，还有一个事件：据说在屋大维当政时期，有一次，一位元老出席普特俄利城的一次盛况表演时，竟然没有人给这位元老在拥挤的大厅里安排一个座位,奥古斯都备感愤怒,因为一位元老受到如此对待,此后元老院颁布法令,规定不论何时何地举行公演,第一排座位都要留给元老。①他们后面的座位也是预留的,有权享用它们的是除了上述人员之外的高等级阶层。

再次是普通坐席,公务员、普通官员、士兵、神职人员及其他公民坐在这里。后面又有穷人、奴隶,他们只能站在那里,站在女观众房间的后面。②值得注意的是,古罗马时期地位并不低的妇女的座位最差,只能坐在竞技场的顶部,亦即坐在最后面,如奥古斯都时期"只许妇女坐在最后几排座位上观看角斗比赛,虽然习惯上看这类表演时男人和女人坐在一起"③;她们被分配给专辟的房子,里面有最差的座位,这样做只是为了将她们与男人隔开,"一本正经的奥古斯都甚至颁令禁止她们观看体育比赛,因为这种比赛的男运动员都是赤裸着表演的"④。这样的安排可能另有隐情——亦即不让男人看到、注意、骚扰她们。

当然,这里的妇女一般是普通阶层的妇女,贵妇自然享有专座。譬如,在罗马斗兽场,守卫墙的正上方,元老院贵族的坐席都是垫石或大理石的高台,台上装饰着华丽的座位,这些座位也同时供地位比较高的神职人员及其他高级官吏就座;皇帝、皇后的宝座是由象牙或金质材料做成的,它是一种特别的包厢,周围环坐着他们的家属和随从。在这个贵族圈的后面,坐着的是骑士阶级,共有 20 排座位。最后是一条由雕像组成的隔墙,它在台中央把上层阶级与下层阶级分开,任何自由人不得进入里面。

塔西佗不止一次记载了关于剧场、竞技场里座位安排的资料。关于骑士的坐席,恺撒曾经在竞技场里把普通人民前面的座位给了罗马骑士。"而在这之前,骑士是同普通人民混坐在一起的,因为《罗斯奇乌斯法》的规定只限于剧场里的前'十四排'。在同一年里,还举行了几次规模不小于以前的剑斗比赛。不超过以前各次的是:有更多显要的妇女和元老在比赛场上玷辱他们自己。"⑤

---

① [古罗马]苏维托尼乌斯:《罗马十二帝王传》,张竹明、王乃新等译,商务印书馆 1995 年版,第 74—75 页。

②④ Lionel Casson, *Everyday Life in Ancient Rome*, Baltimore, Maryland: The Johns Hopkins University Press, 1998, p.104.

③ [古罗马]苏维托尼乌斯:《罗马十二帝王传》,张竹明、王乃新等译,商务印书馆 1995 年版,第 75 页。

⑤ [古罗马]塔西佗:《编年史》(下),第 32 章,王以铸、崔妙因译,商务印书馆 1997 年版,第 531 页。

在可以容纳 15 万人的圆形大演技场,比较低的一排座位是专门留给元老院议员的。其他人都要委屈坐在上面的几层,那里的座位特别拥挤,而且很不舒服,许多有身份、有条件的观众都带着坐垫。"不过,熙熙攘攘的状况起码也有一个好处——以爱情抒情诗而闻名于世的诗人奥维德特别赞许地提到过——就是求爱的人在同女友并排坐着看比赛的时候,很难避免触摸到她,而且他在要求女友身后那个男子'不要用膝盖顶她的后背'的时候会博得她的感激之情。"①

在角斗比赛盛行时期,经常临时性搭建一些座位,以满足日益增加的观众的需求。罗马人甚至将罗马会议广场作为一个热闹的角斗场,许多角斗比赛就在这个重要会议广场上举行,当时在这里提供了许多木座位供观众使用。这些观众就是大约两千年前的竞技场上的角斗迷,而且这些角斗迷还发展成为一个系统的组织,主要是为皇帝、元老院贵族服务,这种组织文献上有着明确的记载,但相关的记述较少。

角斗迷必定是欣赏这类娱乐项目的内行。根据塔西佗的记载,罗马"角斗迷"组织——罗马骑士的一个团体为尼禄舞台上的表演规定了喝彩的方式,着装打扮也有规定:头发上涂油,左手不戴戒指等等。②显然,在尼禄之前,罗马举办这种大型娱乐活动,一定有这种角斗迷组织。在罗马的角斗场上,这些角斗迷能够轻易认出不同类型的角斗士,凭角斗士的武器或从角斗士的穿戴即可清楚他们属于哪个兵种(网手还是盾手),而且也知道每一类型的角斗士会如何格斗。

2. 角斗场:"政治角斗"的舞台

基斯·霍普金斯指出,角斗表演也是一种政治角力。角斗活动包括斗兽表演本身也传达了一种"极有价值的政治手段的信号"③,戏剧性的表演不仅仅在竞技场内,而且也发生在观众席中。这种较量遍及罗马政体的各个层面,圆形剧场可以说是罗马人的议事厅。罗马人自己心里清楚,首都的长治久安需要"面包和杂耍"。"罗马人",马可·奥勒留皇帝的导师写道,

---

① [美]时代—生活图书公司编著:《世界霸主:罗马帝国,公元前 100 年—公元 200 年》,老安译,山东画报出版社 2015 年版,第 135 页。

② [古罗马]塔西佗:《编年史》(下),第 15 章,王以铸、崔妙因译,商务印书馆 1997 年版,第 466 页。

③ Paul Plass, *The Game of Death in Ancient Rome*: *Arena Sport and Political Suicide*, Madison: University of Wisconsin Press, 1995, pp.44—45.

"由两股力量凝聚在一起——施舍的食物和公开的(角斗)表演"。在角斗场上,观众尤其是罗马公民会趁此机会提出各种各样的建议,如大声抱怨小麦的价格,或叫喊处死那位令人憎恶的政客,甚至批评皇帝本人。正如埃里森·福特莱尔所述那样:

> (角斗比赛)主要可以使公众直面皇帝,他们拥有与国家首脑间最接近的畅言无忌的一个独特的交流机会,这种直接交流的场景远比交流本身重要得多。
>
> ……
>
> 就对于皇帝的公共关系而言,与公众直接的、面对面的交流是十分必要的,因为这可以某种程度地消除某些误解;也就在这一刻或这一天或这一周,政府已非一个非人性化的、不通情理的实体,也不再是远离人民的单位,而是一个普通的"观众",皇帝也是如此……①

在共和国时期,角斗比赛的组织者一般是那些积极向上攀爬的贵族,他们多是想通过提供众人喜好的角斗表演,以便让群众在今后的选举中支持他们。于是,那些政客尽可能多打造一些刺激的、规模更大的角斗表演,还有与野兽的搏斗表演以及各种各样新奇的东西,这一切都只是政客企图胜过他们的前辈、胜过他们的竞争者所做的努力而已。共和国末期,由于罗马人对角斗士有一种潜在的恐惧,"罗马一些政客常常控告他们的敌手使用了角斗士作为私人安全部队,以便诋毁那些竞争对手"②。这方面的例证包括:公元前57年,西塞罗的政敌、保民官克劳狄乌斯据说就利用他弟弟的角斗士武装胁迫元老院,禁止其通过法案召回被放逐的西塞罗。公元前44年,布鲁图被邀请加入谋杀恺撒的事件,因为他在罗马拥有一支角斗士部队,这支部队可以保护那些参与这次行动的密谋者,虽然实际上他们没有起到多大的作用。在公元前的最后一个世纪末,角斗表演中的宗教成分淡化,而逐渐被政治因素和观赏性所覆盖,公开的表演日渐增多,被免费分发的肉或者赌博吸引过来的观众纷纷参与,大大增强了对死者的尊敬,主办者家庭的荣誉感也增强。而在共和政体时期,贵族的葬礼可以说是一种政治秀,在葬礼上表演都有政治含义,这在有选举权的人之间很流行。事实上,

---

① Alison Futrell, *Blood in the Arena：The Spectacle of Roman Power*, Austin：University of Texas Press, 1997, p.46.

② Thomas Wiedemann, *Emperors and Gladiators*, London：Routledge, 1992, p.27.

角斗表演越来越精彩得益于那些想要取悦民众、获得民众支持的有野心的贵族。

不过,举办角斗比赛并非都能够获得高回报、高收益。贵族公开举办精彩的角斗比赛能够树立他们的威望,提高其显赫的政治地位①,然而如若不慎,也会名声扫地。元老院贵族希马尔库斯(Symmachus)在写给他朋友的信中说道:"我现在必须获得比我以前靠表演得到的声誉更高的威望;我家的战俘在最后登场的前一夜在牢房里自相残杀,互相扼死对方。"为此希马尔库斯非常心痛,也就是因为这一事件,他自知其政治地位岌岌可危。史学家迪奥记述其亲眼目睹之景象:康茂德在竞技场里割下一只鸵鸟的头作为祭品,然后一手拿着刀一手提着鸵鸟头颅走向一个他所憎恨的贵族,这是再清楚不过的暗示。迪奥认为,皇帝真正想要的不是鸵鸟,而是那个贵族的头颅。数年后,迪奥回忆当年自己是如何强忍住不笑出来(可能是出于忧虑的苦笑)而拼命咀嚼自己花冠上的桂树叶之经历。

恰如保罗·普拉斯指出的那样,作为社会体系组成部分的竞技场运动和政治自杀都存有抵抗外部危险和内部政治冲突、保障安全与生存的目的。②而伴随着罗马人的对外扩张,原有的对先人的祭奠等仪式化因素减弱,角斗活动具有"战事效用",这种主要的社会性目标则得以大大加强。③

3. 经纪人——"屠夫"或角斗老板

举办角斗比赛究竟是一种公共事务还是私人之所为,这一问题始终困扰古典作家以及当代学者,"事实上到罗马共和国后期,便有证据表明地方行政长官是以公共权力举办角斗比赛的,尽管那时有些比赛的举办者恰好担任了某个地方的行政官员"④,但直至公元 2 世纪的帝国时期,执政官是否以国家的名义举办这类活动仍然存在争议。当然,一名普通贵族难以承担大规模的角斗比赛,于是在帝国时期,"国家成了承包商,它设立了兵

---

① 罗马元老院曾经为了防止政客贿选从而在特定时间段禁止他们"随意举办竞技活动。但这些举措似乎成效甚微,政客可以雇佣角斗士个人,甚至是一群角斗士来充当自己的保镖"。参见[美]大卫·波特:《胜者王冠:从荷马到拜占庭时代的竞技史》,曹正东译,浙江人民出版社 2017 年版,第 145 页。

② Paul Plass, *The Game of Death in Ancient Rome*:*Arena Sport and Political Suicide*, Madison: University of Wisconsin Press, 1995, pp.27—28, p.32, p.37, p.40.

③ Ibid., pp.29—30.

④ Thomas Wiedemann, *Emperors and Gladiators*, London: Routledge, 1992, pp.6—7.

营——帝国角斗士学校,罗马唯一一个授权的角斗士学校"①。因此而言,举办角斗比赛到底是个人行为还是国家、公共行为,至今未有定论。

此处"屠夫"——"兰尼斯塔"(*lanista*)所指是比赛的主办者,其拉丁语中最初是"*editior*",原意是"向观众展示东西的人",亦即主办者提供给众人可观看的表演。角斗活动盛行的时期,主办角斗比赛是一种荣誉,帝国时期,皇帝有时候把这种荣誉"转让"给自己的朋友或高级长官。

在角斗活动发展史上,这类活动真正的经纪人得以诞生,那些被称为"兰尼斯塔"的商人,率先发现了从角斗士身上牟利的生财之道。他们——当然一般都是贵族,或有一定经济基础的自由人——作为角斗士的经理人,雇佣角斗士进行竞技搏斗,以此获取金钱。事实上,"兰尼斯塔扮演着一个非常有权力的中间人的角色:由于地方官担心用蹩脚的角斗士搪塞大众会招致非议,所以不敢吝啬"②,于是兰尼斯塔可以轻易赚取地方官吏的钱财,这些钱也足以使他寻找到优秀的角斗士。

角斗经纪人——亦称角斗老板、角斗代理人或经理,他们多属贵族阶层,包括骑士阶层,他们在组织角斗比赛方面同样起着重要的作用。而角斗学校的负责人或曰老板,同样也是那些角斗士学生的主人。兰尼斯塔也直接走上竞技场,不过他们在角斗场上担任的是裁判工作。这些人属于罗马骑士团阶层,他们有固定的收入,譬如,前述罗马大角斗学校的代理人、角斗士部队的财务官同所有中央行政部门高级雇员一样,属于最低级的骑士团阶层,一年总收入 6 万塞斯特塞斯。负责角斗士初级学校的长官,他同罗马的铸币总管、公共事务部长官等都属于骑士团第二等级,一年的总收入为 10 万塞斯特塞斯。③

一般而言,大型角斗活动的经纪人拥有大批角斗士,所谓"剑斗团"或"角斗团",他们要跟地方行政官员或一些私人签约,后者把装备角斗士的费用以及可能死亡的角斗士的费用支付给经纪人。西塞罗的好朋友阿提库斯(Atticus)是一个大富豪、精明的金融家,他拥有一个剑斗团;恺撒的剑斗团有不少于 5 000 名角斗士,他们的根据地在卡普亚。④角斗士经纪人"可以出售或者出租他自己所训练的角斗团来赢取可观的收益"⑤。

---

① Roland Auguet, *Cruelty and Civilization*:*The Roman Games*, London & New York: Routledge, 1994, p.31.

②⑤ Ibid., p.30.

③ Léon Homo, *Roman Political Institutions*, *From City to State*, London & New York: Routledge, 1996, pp.349—350.

④ Lionel Casson, *Everyday Life in Ancient Rome*, Baltimore, Maryland: The Johns Hopkins University Press, 1998, p.105.

4. 充当经纪人的贵族

罗马的元老院贵族及其他各类高级行政长官也充当了角斗比赛的组织者、主办者。

公元前 2 世纪,举办角斗表演成为罗马官员的一种职责,帝国时期亦然,譬如,古典文献记载,"财务官当选后也不再有举办剑斗比赛的义务"①。可见,以前有此义务。②塔西佗说,尼禄母亲阿格里皮娜认为上述法律和克劳狄乌斯的立法相抵触,因此她坚决反对,但元老院最终通过了此法。不过,元老院贵族普布里乌斯·多拉贝拉建议"每年举行的剑斗比赛的费用应当由已当选为财务官的人负担"③。这些文献说明,高级行政长官有义务为广大罗马公民"谋福利"——举办角斗比赛以供大家娱乐。殖民地城市和国内城镇的官员有义务举办比赛。帝国各省级的高级神职人员都被强行要求举办角斗。在罗马城,首先是司法官,其次是财政官来负担这些义务:每年的 12 月,他们必须举行一次角斗庆典。最终,帝国的皇帝拥有举办角斗比赛的大权,"他们尽己所能,为了自己的利益尽可能快地将这种在历史上被多次证明有效的宣传手段据为己有。自此,控制准许举办角斗盛典的组织在立法制度上越来越显示出垄断的趋势"④。

而无论如何,事实上直接主办、主持这种活动的是那些行政长官。在奥古斯都时代,负责公开比赛的职责从营造官(营造使)转到行政长官的身上。到了角斗活动极为盛行的尼禄时期,这类比赛变得更加重要,规格得以提升,尼禄"通过抽签的办法指定离任执政官主持全部比赛并担任裁判员,让他坐在大法官的席位上"⑤,这位暴君甚至亲自问问此事,不过大部分角斗比赛皆由专门的官员操办。尼禄按照希腊人的方式制定了每 5 年举行一次音乐、角力、赛马的比赛活动⑥——这种混合类型或曰综合性的活动以其名

---

① 〔古罗马〕塔西佗:《编年史》(下),第 2 卷第 5 章,王以铸、崔妙因译,商务印书馆 1997 年版,第 405 页。

② 如帝国初期,克劳狄皇帝曾经委任财务官举办角斗比赛,而非主管铺路事务。参见〔古罗马〕苏维托尼乌斯:《罗马十二帝王传》,张竹明、王乃新等译,商务印书馆 1995 年版,第 207 页。

③ 〔古罗马〕塔西佗:《编年史》(下),第 11 卷第 22 章,王以铸、崔妙因译,商务印书馆 1997 年版,第 336 页。

④ Roland Auguet, *Cruelty and Civilization:The Roman Games*, London & New York: Routledge, 1994, p.28.

⑤ 〔古罗马〕苏维托尼乌斯:《罗马十二帝王传》,张竹明、王乃新等译,商务印书馆 1995 年版,第 229 页。

⑥ 〔古罗马〕塔西佗:《编年史》(下),王以铸、崔妙因译,商务印书馆 1997 年版,第 467 页。

字命名,被称为"尼禄尼亚"(*Neronia*)。

　　各级别行政官员是角斗比赛的主要举办者,皇帝经常让自己的代理人亦即地方行政官员举办这类活动。恺撒举办这类比赛,"有时和同事合资,有时自己独办"①。不过举办角斗比赛到底是个人行为还是公共行为比较模糊,这种公私之间几乎难以定性的娱乐活动在行省以及罗马之外的其他地方更为混淆。韦德曼屡次强调了这种混淆。②共和国时期和帝国时期,皇帝或元老院有时候也禁止个人或地方行政官员举办角斗比赛,"这方面一两个例子在帝国的历史上还是有的",不过"在外地行省城市中,罗马中央权力不用那么多疑。如同尼姆和安条克的地方官理应受到他们所在地方百姓的拥戴,因为他们给予了既不会激怒帝王而又奢侈新奇的角斗"③。

　　既然是行政官员主办、经营此类活动,那么,其举办的资金主要来源于国库,地方官员根据公众的意愿使用经费。但是3世纪之后,由于皇帝很少在罗马城出现,罗马的行政官员(副执政官和财务官)也就代替皇帝举办这些娱乐活动。贵族的名望越大,其举办角斗比赛的场面也就越壮观,当澳卢斯·科洛狄乌斯·弗莱库斯担任庞贝城总督时,他组织了一场盛大的比赛,当时由公牛、公野猪、熊以及30对运动竞技者、5对"毛遂自荐式的"角斗士参加,所花费用由总督和他的同事共同承担。④

5. 角斗活动的创新

　　角斗比赛也要创新。罗马人追求刺激的享乐特别是一些暴君的嗜好致使离奇角斗比赛应运而生。为了避免比赛过于枯燥乏味,各种类型的角斗士经常被混合在一起进行比赛⑤,如盔甲战士与双剑战士、重装角斗士与轻装角斗士、"捕鱼人"与遮目战士及其相互之间进行搏杀,不同的时代有不同的表演花样。

　　更有一些稀奇古怪的角斗比赛:女角斗士之间的比赛⑥;女角斗士与侏

---

　　①　[古罗马]苏维托尼乌斯:《罗马十二帝王传》,张竹明、王乃新等译,商务印书馆1995年版,第5—6页。

　　②　Thomas Wiedemann, *Emperors and Gladiators*, London: Routledge, 1992, chapter 1.

　　③　Roland Auguet, *Cruelty and Civilization: The Roman Games*, London & New York: Routledge, 1994, p.28.

　　④　Thomas Wiedemann, *Emperors and Gladiators*, London: Routledge, 1992, p.9.

　　⑤　Lionel Casson, *Everyday Life in Ancient Rome*, Baltimore, Maryland: The Johns Hopkins University Press, 1998, p.106.

　　⑥　Murray, R.S., "Female Gladiators of the Ancient Roman World", *The Journal of Combative Sport*, 2003.

儒进行比赛;黑人与黑人之间的比赛。①这些比赛更能够吸引观众,满足罗马人那种追求新奇快感的心灵。甚至有时候还安排女角斗士跟男角斗士进行比赛,当然女斗士要具备高超的技巧和能力。这样做并非完全出于好玩、刺激,而是因为女角斗士具有足以跟男选手抗衡的实力。譬如,女角斗士斯特拉东尼茨在一次角斗比赛杀死 3 名男子,其所用武器仅是一只金属夜便壶,为此她赢得显赫声誉,同时获取了自由以及一份她后半生所必需的养老金。又如,塔西佗在《历史》第 2 卷第 95 章描述了两位贵族——凯基纳与瓦伦斯为庆祝皇帝维特里乌斯生日而在每一堡场进行角斗表演,其耗资之巨实为空前。

相对而言,离奇的角斗比赛多为暴君的杰作。卡里古拉皇帝的残忍不亚于其他许多罗马皇帝,举办角斗比赛也是如此:在烈日炎炎的酷暑举办角斗比赛,正当观众兴致益然欣赏之时,他突然叫人把那遮挡烈日的凉棚撤掉,又不让任何人离开座位;有时候他似乎"一反奢侈的常态,用年老体弱的角斗士去斗瘦弱的野兽,或让有好名誉但身体有某种残疾而显得样子难看的一家之长作为战士,用非致命性武器进行娱乐性的战斗";"他命令连续几天当着自己的面用链条鞭打监管角斗比赛和饵兽的监工,直至他的头部化脓,让他闻到恶臭时,他才杀死他"②。苏维托尼乌斯在《图密善传》里描述了这位皇帝举办的各种离奇的比赛,在滂沱大雨中举办大规模的海战,以求刺激;举办女人参加的角斗比赛;强迫侏儒进行格斗;举办骑兵和步兵的厮杀表演;还有各种各样的猎兽表演、动物表演、动物搏斗、骑马猎兽等。

6. 经纪人之目标:排场抑或荣誉? 投机抑或选票?

在罗马的角斗发展史上,贵族举办这类娱乐活动成为一种习俗,这就像当今请客吃饭一样,更像当前西方选举一样,要对民众许诺,进行物质或精神上的"布施"。罗马人,从皇帝到普通贵族,从巨富到稍有积蓄的自由民,只要有能力、条件,都会举办角斗表演,唯一的区别就是排场的大小不同。

庞贝城遗址的碑文显示,稍有积蓄的市民也经常举办私人比赛。古罗马诗人马提雅尔(Martial)曾经在《诙谐短诗》(*Epigrammation*)第 3 卷第59 章中取笑这种赛会:

---

① Timothy R. Roberts, *Ancient Rome*, New York: Michael Friedman Publishing Group, Inc., 2000, p.128.

② [古罗马]苏维托尼乌斯:《罗马十二帝王传》,张竹明、王乃新等译,商务印书馆 1995 年版,第 170、171 页。

有个城市,鞋匠举办了一次宴会,

漂洗工也来办,紧接着是客店老板!①

经营、组织这类活动者主要是贵族,其要么为了获得选民支持而拉选票,要么为了排场或者炫富等。贺拉斯在其著名的《讽刺集》里描绘了一个叫斯塔伯里乌斯(Staberius)的阴谋家,据说他在自己的墓碑上留下这样的遗嘱并声明:如果他的继承者没有执行他的遗嘱,他们就有义务为公众举办一次有 100 对角斗士参加的表演,外加一个盛宴。

独裁者或者皇帝为了赢得广大民众的支持,或是为了纪念亡者或是出于自身的爱好以及迎合狂热的民众,也经常举办这种比赛。恺撒大帝精心策划了他父亲葬礼上的表演,动用了 640 名角斗士以及已宣判的罪犯,他们被迫与野兽搏斗;为了纪念死去的女儿(一说为了庆祝他在高卢和埃及取得的胜利),恺撒不仅为观众呈现了传统的角斗士之间的单打独斗,还发明了步兵团、骑兵团(有些骑马、有些骑象)之间的混战;这一切都有他的政治野心。

后来的法律规定,行政官员有义务举办角斗比赛,这些法律措施扩展到殖民地、行省,发现于西班牙厄索市的一份特许状是公元前 44 年颁发的②,它说明至少在共和国末期,罗马各个行省、殖民地已经允许市政官员举办角斗比赛。帝国初期,当时利古里亚(Liguria)波伦西亚市的市民在市政官员的纵容下,拒绝为罗马百人队队长举行葬礼,直到百人队队长的继承人承诺提供角斗比赛,为此事提比略皇帝还特地派遣一支罗马军团镇压了所谓的骚乱。③

7. 最为显赫的经纪人——皇帝

帝国时期,皇帝不仅观看比赛,而且成为角斗娱乐活动最为重要的组织者和主办者。塔西佗曾记述,克劳狄乌斯"曾把凯旋的荣誉授给玛尔库斯·西拉努斯之子西拉努斯,还以西拉努斯名义举办过盛大的剑斗比赛,从而使这个已经有了其他荣衔的青年人能够得到人民群众的爱戴"④。可见,皇帝主办角斗比赛作为恩赐、给予荣誉的一种方式,这种方式在某些时期是如此流行,当然也是如此重要。

---

① ② 〔德〕奥托·基弗:《古罗马风化史》,姜瑞璋译,辽宁教育出版社 2000 年版,第 110 页。

③ Thomas Wiedemann, *Emperors and Gladiators*, London:Routledge, 1992, p.7.

④ 〔古罗马〕塔西佗:《编年史》(下),第 12 卷第 3 章,王以铸、崔妙因译,商务印书馆 1997 年版,第 353 页。

塔西佗类似的记载还有很多,当波培娅为尼禄生了一个女儿后,"尼禄高兴得超过了人类的喜悦的限度"①,为此他举行全国感恩仪式,元老院发令修建丰产神殿,按照阿提克乌姆节的方式举行一次包括音乐和体育的比赛(纪念奥古斯都在该地取得战役胜利),其间少不了角斗比赛,此后每5年举行一次。对此,塔西佗的评价似乎多是贬低成分:

> 再早的时候,人们都是站着看戏,因为人们担心剧场里的座位会诱使人们整天在那里流连忘返而无所事事。他们认为只要是由行政长官来主持,只要是不强迫任何公民在这种事情上竞争,那么还是按照罗马的老样子举行表演为好。但是逐渐堕落下去的国家道德,却被这种外来的放荡作风彻底摧毁了。这种情况导致了这样的后果:每一个国家的每一种事物,只要是堕落的或足以使人堕落的,都要在罗马出现;而且我们的青年人在外国趣味的影响下都要蜕化成为希腊式体育爱好者、懒汉和淫乱的人了。……这样一来,剩下来要做的那就只能是把全身的衣服都脱光,戴上手套到场子里去表演拳斗,而不是参加军队了!②

当然,也有适合于时代环境的中肯的评论:

> 希腊的自由公民可以参加拳斗,但罗马人却把这种比赛看成和剑斗之类的下流事情。罗马人认为有价值而又不玷污自己身份的唯一的体力训练是军事训练。③

皇帝及其下属为操办这种比赛活动而乐此不疲。塔西佗的《历史》第94章记载:"皇帝(维提里乌斯)家族的被释奴隶都被命令必须按照他们的奴隶的数目纳税。但是只知道花钱的皇帝却一直给赛马师修造马厩,在比赛场上接连不断地举行剑奴比赛和斗兽比赛,并且一直在浪费金钱,就好像他的财库里的钱已经多得放不下似的。"接下来第95章也有描述,"凯奇纳(凯基纳)和瓦伦斯还在罗马各区举办规模空前的剑奴比赛,以庆祝他

---

① 〔古罗马〕塔西佗:《编年史》(下),王以铸、崔妙因译,商务印书馆1997年版,第525页。
② 同上,第469—470页。
③ 同上,第470页。

的生日"①。可见,皇帝生日及其他隆重场合经常举办此类比赛。

提比略皇帝实际上也经常举办角斗比赛,他必须迎合世人。那一时代罗马人已经沉迷于这项娱乐,据说有些角斗士并不满足于自己的命运,他们埋怨自己出战的机会不是太多,为此怀恨提比略,说他提供的机会太少,应当多举办比赛。②在《神圣的克劳狄传》中,苏维托尼乌斯记载道,克劳狄皇帝由于体质虚弱,所以"他违犯先例,穿着斗篷主持自己与兄弟为纪念父亲而举办的剑斗比赛";此后,每逢他父亲生日,"他都在大竞技场举行赛会";他还在许多地方举行过许多次角斗比赛,"一类是为了庆祝他的即位日,……另一类是在塞普塔举行的通常、正规的格斗表演"③。

纵观罗马人角斗活动的历史,皇帝可谓是角斗活动最重要的组织者,这已经形成惯例,似乎也是迫不得已的事情。即便到了公元三四世纪帝国走向衰落之时,在首都罗马举办这类活动还是必需的事情,特别是在皇帝登基、举办凯旋仪式等重大活动的时候,角斗活动还要保持相当的规模。戈尔狄安皇帝的私人财力甚为雄厚,其所举办的公共竞技活动都是自费举办,每次都有野兽和角斗士参加,甚至他在之前担任市政官时,每个月都要举办一次类似活动,而担任执政官期间,更是把这类活动"扩展到意大利各主要城市"④。

8. 角斗活动运营费用

举办角斗比赛究竟要花多少钱,不同时代的记载也给了我们一个大致的印象。罗马当时的货币单位主要是塞斯特塞斯,小型的比赛可能只花费数百塞斯特塞斯,但皇帝举办的大型比赛要花费数百万塞斯特塞斯,如前述图拉真为庆祝自己的对达西亚人的胜利,他让自己宠爱的哈德良主持了史无前例的角斗比赛,一共花掉了400万塞斯特塞斯。

西塞罗的书信记述了一些举办者为了提高自己获得选举胜利的概率,往往不惜重金举办角斗活动。"虽然没有官方文件的正式记录,但在共和国时期一些资料记载,这一时期举办角斗比赛的花费已经和举办其他竞技活

---

① [古罗马]塔西佗:《历史》,王以铸、崔妙因译,商务印书馆1985年版,第158页。

② [美]威尔·杜兰:《凯撒与基督》,《世界文明史》第3卷,东方出版社2005年版,第505页。

③ [古罗马]苏维托尼乌斯:《罗马十二帝王传》,张竹明、王乃新等译,商务印书馆1995年版,第194、198、205页。

④ "有时会有500对角斗士演出,每一场不会少于150对",参见[英]爱德华·吉本《罗马帝国衰亡史》第1卷,席代岳译,浙江大学出版社2018年版。

动的花费相当。"①史学家波里比阿指出,一次盛大的角斗比赛要花费 30 塔兰特;米罗(Milo)"为人们举办了最为精彩的角斗比赛——我敢担保,以前没有人花费如此多的财富举办这类比赛",为了赢得执政官职位,他花光了3 处继承财产。②

市政部门举办的角斗活动所花费用要远远高于个人的费用。乌尔索(Urso)的市政契据规定,举办这一娱乐活动的最小数额是 8 000 塞斯特塞斯;而在伊古维姆(Iguvium)的一处文献显示,地方行政官盖纳乌斯·萨特里乌斯·路福斯(Gnaeus Satrius Rufus)捐出 7 750 塞斯特塞斯,以配合庆祝奥古斯都那场重大军事胜利而举办的角斗比赛;皮骚卢姆(Pisaurum)曾经留下一个每 5 年花费 60 万塞斯特塞斯举办角斗比赛的规划。③毫无疑问,角斗比赛的运营者——那些大贵族包括各种高级官员以及独裁者(如恺撒和屋大维)尤其是皇帝——在力所能及的条件下,会花费大量的资金举办此类活动,"如同北美的印第安夸求图人的'夸富宴',奢华铺张及挥霍浪费越是大,主办者的地位和声望越高"④。

二、角斗学校及竞技场

古罗马也拥有培训角斗士的学校,曾经认为,这种角斗学校简直就是一座集中营,角斗士受到非人的待遇,而事实并非如此。当然,角斗士学校的确不是一座普通的学校,它制度森严:系统培训角斗士据说是奥古斯都为加强集权统治而正式产生的一种训练体制。为了控制几乎所有的权力,屋大维在人数、次数上限制其他贵族、官员举办角斗比赛的权力,以后历代皇帝大都显示皇室在举办角斗比赛方面的权威,后来最终形成了皇家控制的角斗士训练体制。⑤

1. 学徒与教练

在罗马,有许许多多的角斗士学校,也有许许多多的角斗训练场。这些

---

①② Thomas Wiedemann, *Emperors and Gladiators*, London: Routledge, 1992, p.11.

③ Ibid., pp.10—11.

④ Leonard L.Thompson, "The Martyrdom of Polycarp: Death in the Roman Games", *The Journal of Religion*, Vol.82, No.1(2002), p.28.

⑤ Thomas Wiedemann, *Emperors and Gladiators*, London: Routledge, 1992, p.8.

军营般的学校面积庞大,管理严格,纪律严酷,如果谁违犯了规定,就会受到鞭打、棒击、火烧烙印以及锁链囚禁,角斗士学校里面备有专门的牢房。在角斗士学校,那些和猛兽搏斗的人与其他人不同,他们要和普通的角斗士分开训练。

罗马人的角斗士学校一般都有一座自己的小型竞技场,当然也有自己的训练场地。在那里,老师们教会学生如何格斗。角斗士学校制度森严,训练手段残酷,曾被描绘为人间地狱。角斗士训练班的主管叫做"兰尼斯蒂"(*lanistae*),他们在学校里安排了时间长、要求高的训练,为了这个目的,训练的场地经常被放在大的竞技场旁边。例如,在庞贝古城,既有比较小的训练场地,也有靠近竞技场的大训练场。在帝国时期,所有罗马角斗士学校直接受到皇帝的控制。这些学校中最大者名曰"隆格斯",亦即"鲁杜斯·马格努斯角斗士学校",它坐落在圆形大剧场的旁边,包括一个练习的竞技场,这个竞技场至今还有部分被挖掘出的废墟。在意大利中部的卡普亚,曾经有一个著名的角斗老板巴奇亚图,他开设了一所规模很大的角斗士学校,用重金聘请许多技艺精湛的角斗教师,同时有数百名身体健壮、技艺过硬的学生——角斗士接受训练。

角斗士新手亦即角斗士学徒叫"提洛"(*tiro*),他们最初训练时手持一把木剑,不断刺向一个木制的傀偶,这一切训练都在教练的严格监督下进行。不过有的时候,"新的角斗士并不是由专业人员训练,而是由罗马骑士,甚至是由艺术上有造诣的元老院议员训练……"①

一些成名的角斗士也自然成为角斗教练。年纪较大的角斗士会向受训者传授各种技能,他们有些退出了原有的角斗比赛,然后回到角斗士学校,向年轻的受训者传授其在竞技场上为活命而必须掌握的残酷的搏击技术,而心理素质的训练也必定非常重要。当然,角斗教练往往更加重视实用技术,而且极富成效。他们现身说法,能够更好地教育、培训那些刚刚进入角斗士学校的新手们。

训练学校由前述"兰尼斯蒂"进行指导,"兰尼斯蒂"是以前的一些角斗士,他们角斗了3年而没有葬身在角斗场。他们的职责是保证角斗士以最佳的状态进入角斗场。为此,"教官们"必须表现出极大的权威,对受过如此良好训练的角斗士来说,也难怪训练课堂可能成为发泄私愤的场所。

① Roland Auguet, *Cruelty and Civilization*: *The Roman Games*, London & New York: Routledge, 1994, p.27.

　　一般而言,一名角斗士只能被训练成某一特定的类型,一共有将近20种不同类型的角斗士,他们要分别扮演不同的角色,从轻装上阵的"防守战士""渔网战士"(亦即"网手")到身披重甲的"色雷斯人"和"捕鱼人"①,可谓种类多样,五花八门。

2. 学徒装备与搏击技巧

　　学徒初进角斗学校,要十八般兵刃②都熟练掌握,但在所有兵器之中,宝剑显然是最主要的武器。从大量的文物材料中可以看到,角斗士使用最多的就是宝剑,所以角斗士往往被称为"剑斗士"。当然,其他重要的武器还有戟特别是三叉戟刀、叉等等。

　　初始,新来的角斗士对着地上竖起来的木桩练习格斗,这是常见的训练方式。新手们将木桩想象为敌人,苦练基本功,不停地击打木桩。只是他们手中要拿着各种各样的武器,这些武器都是老师们根据每个新手的不同情况而挑选出来的。

　　新手们第二个假想敌是稻草人——一种后世长期使用的靶子。稻草人是一种被塞满东西的人形道具。击打木桩是严酷的基本功训练,新手们为此流出大量的血汗,而不停地进攻稻草人则是更为技术化的训练内容。此时,受训者还只是学习使用木剑和其他较钝的武器。在他们被训练到一定阶段之前,这些角斗士绝不能使用真刀真枪。因为在可以信赖之前让其使用真正的武器是非常冒险的事情,他们可能会利用武器对付老师、逃离学校或者是自杀。

　　另外,防守的网套、盾牌也是必须熟练掌握的护身器具,这些都要经过一段时间的训练才能够达到要求。角斗学校学习的其他科目包括:体操、摔跤、各种搏击技巧。

　　此外,角斗士老师还经常使用精神激励法。为激励自己的学生,角斗士训练者总会讲述那些勇敢的人如何骁勇善战并幸存下来,最终拥有豪宅、奴隶,甚至讲述自己做角斗士的故事。

　　新手角斗士只有经过了无数次训练后,才被允许与其他角斗士练习格斗。一旦学成"毕业",原来的角斗士学徒成为可以走上角斗场的正规选手,

---

　　① 这些名字、称号来自他们头盔上的鱼形标志。
　　② 一般而言,利器以及"以生死为代价的决斗"是不允许的,也是不太常见的,"罗马的角斗士通常使用钝器进行决斗"。参见［美］大卫·波特:《胜者王冠:从荷马到拜占庭时代的竞技史》,曹正东译,浙江人民出版社2017年版,第12—13页。

这时他们就必须专擅一门,如要么成为"网手",要么成为"盾手"。整个角斗发展史,这些角斗士类型很多,包括重甲斗士(*provocator*)、重装甲骑兵斗士(*cataphractus*)、长矛斗士(*hoplomachus*)、网斗士(*retiarius*)、追击者(追击士,*secutor*)、鱼盔斗士(莫米罗角斗士,*murmillo*)、标枪斗士(*velite*)、弓斗士(*sagittarius*)、骑马斗士(*equite*)和战车斗士(*essedarii*)等。

3. "营房"——角斗士居所

角斗士学校不是今天所理解的学校,在这里,入学的学生不用交学费,因为他们大部分都是奴隶和死囚。一旦学成毕业,等待他们的命运一般都是死亡,只有极少数出现重大的命运转机。学徒进入角斗士学校,一般都是"站着进来,躺着出去"。他们入校后长期生活在这个如军营一样的地方,不能外出,出去之日亦即其走上角斗场厮杀之时。在庞贝古城遗址,有一大一小两个角斗士训练营。

角斗士学校的小环境被称作"角斗士之家"。这种角斗士之家的主要场所被称为"营房"①,目前比较早的营房是公元前 2 世纪末建造的。在卡普亚城的营房建于公元前 63 年。最大的自然是罗马城弗拉维圆形大剧场的角斗士之家。角斗士大部分的生活就在这里度过。引用著名研究家奥古埃特的描述,来说明角斗士学校相对完善的组织和运作:

> 我们还应该描绘这些可怕的地方的日常运作。它们的组织本身让我们感兴趣。它们很大而且不仅包括小房间、训练场地、武器库和铁匠铺。他们雇佣了一整套工作人员,从军械师到训练员,更不用说医生了。为了控制这个独裁机构,需要有一套等级制的官员班子。这套班子的头目负责技术和经济上的行政事务;从重要性可以看出他显然属于骑士阶层。②

角斗士在这里被当作运动员来训练,他们可以一日三餐,饮食甚至由专门的医生来监督,医生根据角斗士的健康状态开列饮食单,使角斗士有发达的肌肉;他们甚至还享受专门的医疗服务;居住在角斗士学校里的角斗士都有单人房间。他们的训练包括如何使用各种武器,诸如铁链、匕首、三叉戟、

---

① [德]奥托·基弗:《古罗马风化史》,姜瑞璋译,辽宁教育出版社 2000 年版,第 111 页。

② Roland Auguet, *Cruelty and Civilization: The Roman Games*, London & New York: Routledge, 1994, p.32.

套索等。在培训学校里，角斗士还受到特别训练，能在场上很快抓住对手，使其残废却又不致死亡。他们需要立下"我将忍受被烧死、被毒打、被杀死……"的毒誓。①此外，角斗士必须听命于主人，但他们也会由于其忠诚、勇气和守纪律而受到尊重，从而享有一定地位。

在"角斗士之家"，角斗士之间的搏斗是模拟的，如前面所描述的那样，他们所使用的武器都是"软武器"——木剑等，所以没有人会受伤。然而，一旦走进角斗场，就是到了动真格的时候。在这个时候，每一个角斗士心里都明白，他们必须杀死自己的朋友才能生存，才能出现重大转机，必须明白"场下是朋友，场上是对手"的道理。在这个时候，也没有人责怪他杀死了自己的好朋友，那是他们的职责、义务，也是他们的真实生活。

起初，这些角斗士学校为私人所有，后来为防止公民个人借机组建军队而改为帝国所有。毫无疑问，学校里的纪律非常严格。不过，角斗士学校里的生活也并不像以前所了解的那样，是极其悲惨、枯燥、毫无人性的。在学校，角斗士在学习、训练和生活过程中相互熟悉，还可能成为朋友。角斗士地位虽低，但他们在此生活久了，自然会产生感情。

4. 古罗马人为何对角斗士爱恨参半?

在罗马帝国全盛时期，这种训练角斗士的学校遍布各地，它们如同集中营一样，四面被高墙和岗楼围住。一般而言，这些学生最终的命运都是死亡，只有少数人可能有机会存活。因此，一些忍受不了这种非人生活的奴隶、囚犯偶尔也想试试运气:逃出去，成为自由之人。

既然角斗士在许多时间、场合几乎丧失固有的自由乃至人性，因此，发生一些残酷、可怕的事情亦不足为怪，对类似历史记载也就不足为奇:从训练学校逃脱的角斗士在狂暴下逢人便杀，不留活口。一方面可以称角斗学校为角斗士的牢笼，另一方面，同样也要对罗马那个丧失人性的社会进行分析。同样可以想象，在罗马，人们一方面对角斗娱乐痴迷，对角斗明星追逐，另一方面有时候也对可能突然出逃的角斗士怀有潜在的恐惧。

此即古罗马人对角斗士爱恨参半之因:他们喜欢坐在竞技场四周安全的座位上欣赏角斗士的搏斗，但同时害怕那些像野兽一样的角斗士随时会

---

① Keith Hopkins, *Death and Renewal*, Cambridge: Cambridge University Press, 1983, p.126.

冲出牢笼，到社会上杀人、作恶。对于热爱角斗活动的罗马人而言，角斗士就是猛兽：最好在安全的、若即若离的地方享受他们的表演，一旦他们冲出牢笼，那就赶紧逃之夭夭，躲到家里。对无家可归的角斗奴而言，如果发疯的角斗士突然逃了出来，那就只好听从命运的安排。

实际上从角斗学校里逃跑的大有人在。因为这些角斗士的职业就是杀人，像野兽一样，他们随时随地可能会与同伴、与各种猛兽厮杀。从人性角度而言，角斗士作为人，在他们大部分赖以生活、生存的时间和场合完全被主人所掌控，他们没有任何的人身自由，也几乎不被当作正常人来看待。因此，在这大部分的时间和场合下，他们也就几乎成了"野兽"，凶残且丧失人性。在角斗学校里，他们受过严格训练，敢于在公众面前进行血腥残酷的杀人表演，所以多数罗马人对他们心存恐惧。

5. 重回古罗马角斗场——现代的角斗学校

在意大利罗马古道阿比亚18号，有一所现代角斗学校。游客还没有走进去，阵阵杀声已从门内传来。进入院子，一伙"古罗马人"全是短装打扮，他们手持各种器械，正打得满头大汗。这里就是罗马角斗士学校，学员正忙着为一次表演排练。

这所罗马角斗士学校是"古罗马文化协会"为了庆祝罗马城建成2775年，于1994年创办的。学校的宗旨是弘扬古罗马的传统文化，让人们有机会体验、参与历史。为此，学校教学体制灵活，设有5个级别的课程，每个级别需要半年时间。一般共设置4个男生班，1个女生班。但为了满足一些外国游客的需要，他们也开设短训班，最短的甚至只有1天训练时间。这一切都是为了适应不同爱好者的兴趣，满足不同国籍的人们的需求。学员来自世界各地，而且年龄不一，从十七八岁的小伙子到年过半百的老人，只要有兴趣即可报名，有些大学生甚至千里迢迢来此体验生活、回归历史。

显然这种复制的古罗马角斗学校是为了发展意大利的旅游业而设计建造的。在这种"假"的罗马角斗士学校里，人们仿佛一下子进入了角斗现场：在学校器械室的架子上，三叉戟、长矛、短剑陈列有序、寒气森森，墙上的各种头盔、护身甲闪闪发光，地上长方形、圆形的盾牌以及套网垒成一堆……

不像古罗马，当今角斗士学校的课程既有理论也有实践，而古罗马则都是实践：苦练基本功，天天模拟杀斗，些微的经验传授、心理指导也都与格斗相结合。这种复制的学校，首先要掌握基础知识——所有一切的历史、文化知识,都要熟悉。不过,在实践方面,现代的角斗士也跟古代的同行一样,先使用木制的仿真器械,后来就改用真刀真枪。当然,与古代角斗士相比,他们不会因此而丧命,甚至不会出现任何意外的事情。首先,他们是绝对安全的,从头到脚都有盔甲保护。其次,他们的动作只是点到为止,不允许攻击危险部位。

与古罗马角斗士不同的是,今天的角斗士学员要持证上岗,没有完成学业,或不符合毕业条件的学员不能走上工作岗位。学员一旦学成,即将去巡回表演——这是他们的工作。他们的表演如果能够在世界各地进行的话,也极有可能大受欢迎。不过,这些角斗士学校的学员主要是到意大利各地进行巡回表演。这支30人的队伍,装束全部是古罗马时代的,有皇帝、有卫队、有角斗士、有吹鼓手,还有古罗马时代的战车,浩浩荡荡,颇为壮观。罗马这座永恒的城市每年都吸引着无数游客,人们在观看了宏大的罗马斗兽场后,总想亲眼目睹一下角斗士现场格杀的壮观场面,因此,罗马的这些现代"角斗士"也就大受欢迎。

6. 帝国时期的第一大屠戮场

罗马共和国后期以及帝国时期,角斗场成为罗马人及其各个行省的文化娱乐中心。这些大大小小的文化中心全都盯着罗马城,罗马成为万众瞩目的文化娱乐焦点。罗马的角斗场,特别是圆形竞技场极其显赫。

当角斗娱乐发展成为公共喜爱的娱乐活动时,各种角斗比赛场地也纷纷建立起来。像罗马、庞贝、卡普亚,都是帝国时代有名的城市,那里有着罗马帝国最红火的竞技场。而且,这种竞技场迅速发展到帝国各地。

事实上,罗马最初的角斗场地既非开阔的罗马广场,亦非罗马圆形大剧场。公元前264年那场为葬礼而首次举办的角斗搏击是在罗马城牛马市场上进行的。"公元前1世纪中期,还没有人想到改进观众观看的舒适度。在那时,罗马还没有专门为角斗而设计的永久性建筑物。它们有时在竞技场内举行,有时在集会的公共场合举行。在赛前举办地会有木质的脚手架搭好,在角斗之后急忙拆走。"①

在这一切之中,罗马的圆形大剧场不是最大的②,却是最为著名的。圆

---

① Roland Auguet, *Cruelty and Civilization*: *The Roman Games*, London & New York: Routledge, 1994, p.26.

② 威尔·杜兰认为,"相形之下,圆形竞技场算是中等建筑了,只容纳5万观众",参见[美]威尔·杜兰:《凯撒与基督》,《世界文明史》第3卷,东方出版社2005年版,第472页。

形大剧场不是正圆形的,而是椭圆形。①"罗马圆形竞技场倾圮之日,正是罗马帝国灭亡之时。"一份名为《来自教父们、文集、诗歌集、问答和寓言集的问题》的文献中这样写道:"只要圆形大竞技场不倒,罗马就不会垮台;当大竞技场垮掉时,世界也要灭亡。"②不过,正如西方学者所述的那样,"圆形大剧场是罗马统治者力的象征,是罗马统治者的代理人"③。它的坍塌也意味着帝国的覆亡:此足见其在罗马帝国的重要地位。

自公元前2世纪末期始,举办角斗表演逐渐成为官员的一种职责。为此,元老院批准建造一些专门的竞技场。苇帕芗皇帝为庆祝征服耶路撒冷的胜利,由数万沦为奴隶的犹太人和阿拉伯人开工建造这座名闻天下的椭圆形竞技场,建成后众多角斗竞赛和野兽表演都在此进行。关于其名称来源,一种说法是,这座靠近今日罗马会议中心亦即罗马广场的建筑物规模浩大,苇帕芗以其家族名字命名为"弗拉维圆形剧场"(Amphitheatrum Flavium),最终被人们称作"圆形大剧场",亦即今日所知的罗马斗兽场,其他名字还包括"罗马角斗场""科洛西姆竞技场"等。它是古罗马帝国专供奴隶主、贵族和自由民观看斗兽或奴隶角斗的地方。另外一种说法是,圆形大剧场之名取自附近一尊尼禄皇帝的巨型雕像。该雕像最初的形象是暴君尼禄,青铜镀金,由希腊艺术家芝诺多鲁斯(Zenodorus)创作,它高达120英尺,最初放在尼禄宫殿——"金屋"(Domus Aurea)的前厅,后来苇帕芗皇帝将其易名为日神与"科洛赛罗的太阳"(Colossus Solis),哈德良皇帝后又将雕像移近竞技场并建造了外屋,名曰"维纳斯和罗马神庙",直至354年后遭毁,只留下7.5平方米的柱脚(该柱脚于1936年纳粹狂潮兴起时也被拆毁)。很显然,"科洛赛罗"之名源于这座巨像之名,这一名称是在公元1000年后才被使用的。

如同中国的万里长城、埃及的金字塔以及世界各地的其他伟大建筑一样,罗马人建造圆形大剧场也同样显示出建筑师高超的才华、技术。④那么,这座宏伟的建筑物究竟是如何建造起来的呢? 特别是那巨石,是怎样放置

---

① 关于该角斗竞技场为什么是椭圆形的,参见 Thomas Wiedemann, *Emperors and Gladiators*, London: Routledge, 1992, p.18。

② 参见[英]理查德·詹金斯编:《罗马的遗产》,晏绍祥、吴舒屏译,上海人民出版社2016年版,第504页。

③ Alison Futrell, *Blood in the Arena: The Spectacle of Roman Power*, Austin: University of Texas Press, 1997, p.213.

④ 这方面的内容详见 Roland Auguet, *Cruelty and Civilization: The Roman Games*, London & New York: Routledge, 1994, pp.40—42。

到十几层楼高的地方的呢?

据考证,罗马人是使用一种踏车式的起重机来移动一块块巨石,这种踏车由工人操纵,工人像大轮子里面的仓鼠一样不停地行走。当轮子转动时,他们就拉起绳子以升高或降低石块。这种原始的升降机的原理如同电梯,只是一种依靠人力,另一种使用电力而已。

这座规模巨大的国家竞技场全部是由大理石砌成,它是一座长 2 180 罗马尺、宽 998 罗马尺的椭圆形建筑①,周围有 13 个出入口,据说场内最多能够同时容纳 12 万名观众。建筑圆形大剧场外墙共耗费了大约 30 万车石料,维苏威火山的红土是制造修建用水泥的原料:地基和上层部分用的是水泥,外层的墙体用的是白色的石灰石,场内的层层座位用的是通过台伯河用船运来的大理石。后来多余的石料又被运走,在罗马其他地方修建新的建筑。每次在这里演出,就会有一二百对身体强健的角斗士进行惊心动魄的血腥表演,许多角斗士被短剑捅得满身窟窿,当场毙命。然而,究竟是谁主导设计了这座圆形大剧场,如今已无法考证。韦帕芗开始建造罗马圆形大剧场,之后由他的继承者提图斯和图密善完成。在相当短的时间里完成如此浩大的工程必须召集大量的劳动力,建筑中所需的石灰从距离罗马大约17 英里外的台伯河采石场运来。为此还专门开了一条路,沿着这条路,据说,3 000 名犹太囚犯组成了两条不间断的流水线。②

最后,罗马人花费了大约 10 年的时间建起这座巨型的椭圆形竞技场,这在当时已经算是时间短的。如今,这座圆形大剧场只留遗迹。

圆形大剧场共有 80 个进出口,充分说明这座大剧场的设计可谓匠心独具。由于容纳的人数众多,所以圆形大剧场的观众疏散退场非常重要。如何在最短的时间内将数万观众迅速疏散,是不容易的一件事。但是在古罗马,圆形大剧场出入口的设计极为精妙,观看完角斗比赛后,人们能够快捷安全从各个出口涌到城市的街道上——据说可以在 3 分钟内从剧场中疏散完毕。

此外,在炎热的夏季,竞技场顶上会铺起天幕为观众带来阴凉,让他们能舒服地欣赏残酷的搏斗!这简直就像现代化的体育场,而古罗马人已经用极为原始的建筑技艺完成了这样美妙而宏达的工程。在罗马圆形大剧场,那种巨型遮阳天幕是由水手操纵——他们过去常常和船上的缆绳和帆

---

① 另外一种统计方式是:圆形大剧场大约长 156 米,宽 188 米,高 50 米。

② Roland Auguet, *Cruelty and Civilization*:*The Roman Games*, London & New York: Routledge, 1994, p.33.

布打交道,天幕也是用相同的材料做成。

公元 80 年可谓是罗马历史上的"角斗年",在这一年,罗马的圆形大剧场向公众开放。罗马人为之疯狂,为庆祝这一盛事,人们在那里举行了长达100 天的血淋淋的表演:每天有 20 多名角斗士战死,5 000 头野兽被宰杀。这些数字是否夸大,有待考据。实际上这仅仅是一个开始,在接下来的400 年时间里,圆形大剧场成为罗马帝国第一杀人场地。难怪基斯·霍普金斯称之为一个"人工战场",在这里,"为罗马公众娱乐造就了一种战时的环境……战争已经被重复演变为一种充斥残酷、暴力、血腥和死亡的游戏或戏剧……"①在斗兽场建成近 2 000 年后的今天,每年大约有 200 万人前来参观,目睹其雄伟规模的游客无不为之震撼。不过由于地震破坏和年久失修,这座让游客心动神驰的废墟只有原来大小的 33％。当年 50 万吨石灰石块被 300 吨熟铁连接在一起,铸成了它壮丽的外表和坚实的内部。若按当今的价格折算,建造斗兽场的原材料费可达数亿英镑,再加上人工费和运输费,整个造价不低于 10 亿英镑。当时罗马帝国繁荣昌盛,斗兽场也是一片兴旺景象。

7. 另一杀人场:罗马圆形大演技场

罗马角斗士进行厮杀的竞技场也是他们的死亡之地,是他们走向另一个世界的"跳板"。

虽说科洛赛罗是罗马最主要的角斗竞技场,但是它并非罗马城唯一的大型角斗赛场,同时也并非经常举办斗兽比赛,实际上,圆形剧场作此种用途(指斗兽)只限于稀有的、甚至是独特的节日,在整个罗马帝国,角斗比赛场地成千上万,比科洛赛罗更大的竞技场还有罗马的圆形大演技场。它大约有 620 米长,140 米宽,足以容纳观众 15 万人。这座巨大的竞技场比圆形剧场(科洛赛罗)还要多出 3 倍的观众。此外,许多角斗迷可以站着,或是从俯瞰大演技场的山丘上观看比赛。为了能保证有个座位,许多人在天亮之前就来到这里。

罗马圆形大演技场又称为"罗马大竞技场",它曾经是罗马城 6 个竞技场中最大的一个。在角斗比赛比较繁盛的时期,它也是举办角斗赛的场地。当然,这所超级剧场并不只是举办角斗比赛,它可能更多举行罗马人更喜爱

---

① Keith Hopkins, *Death and Renewal*, Cambridge: Cambridge University Press, 1983, p.29.

的赛车,因为实际上在罗马帝国时期罗马人最喜欢的公共娱乐活动是赛车。这样的超大型场地则非常符合赛车。然而,这座特大的演技场如今已经荡然无存,它的建筑设计远远不如科洛赛罗,尽管其容纳人数更多。

同样,在罗马帝国,并非所有竞技场、马戏场、体育场、剧场都是为了角斗比赛而用的,实际上它们主要是用于赛车、赛马、演戏、体育比赛,只是在角斗娱乐活动比较繁盛之时,角斗比赛才在这里举办,因为还有些小型角斗比赛在小圈子里(如贵族家中)举行。

8. 其他各式表演场地

最初,角斗比赛于牲口市场举办,当时称为"广场竞技"(forum boarium)。从此,城镇里的各种广场被用作角斗场,不过帝国时期的此类角斗场已经不再是"罗马诗人奥维德口中吟唱的那种'柳树飘扬而芦苇丛生的原野',亦非一块大墓地、中间川流一条考古学家所言的小溪的那种样子了"[1]。

帝国时期,几乎各个城市都有大小不等的角斗场地。数百年间,伴随着罗马的征服及罗马文化的传播,角斗赛会大大增加,以至于外省的小城市几乎都建造了圆形露天竞技场。[2]台伯河河口奥斯提亚的马克西姆斯竞技场早在共和国成立之前已经存在,而弗拉米尼乌斯竞技场在整个共和国时期举办各种竞技比赛包括角斗赛,不过它们都不是永久性的建筑[3],而且也并非是角斗表演的主要场地(主要用于赛车),其中马克西姆斯竞技场可容纳观众25万人。现存比较著名的是庞贝古城的圆形剧场,它坐落在庞贝城区的边缘,这座圆形竞技场可以容纳大约2万名角斗士同时搏杀。

从弗拉维王朝开始,罗马的角斗比赛一般都在弗拉维剧场进行,角斗场上挤满了角斗士。此前库里奥(Curio)设计了一座(公元前53年),恺撒建了另一座(公元前46年),塔乌卢斯(Statilius Taurus)建造了第3座(公元前29年),有时候角斗比赛也在这些地方举办。罗马城内曾经有6个著名的竞技场同时存在。提比略皇帝曾经分别在罗马市中心广场和圆形剧场(斯塔提里乌斯·托鲁斯所建)举办了纪念父亲、纪念祖父的两次剑斗比赛。

---

① Roland Auguet, *Cruelty and Civilization: The Roman Games*, London & New York: Routledge, 1994, p.19.

② Mann, Christian, "Gladiators in the Greek East: A Case Study in Romanization", *International Journal of the History of Sport*, Vol.26, No.2(2009), pp.272—297.

③ Thomas Wiedemann, *Emperors and Gladiators*, London: Routledge, 1992, p.19.

卡里古拉时期,"他不止一次举办角斗比赛,有的在托鲁斯大圆形剧场,有的在塞普塔举行"①。奥古埃特说,尽管这些角斗场本身及其位置并没有什么野蛮之处,然而角斗本身肯定有些粗鲁而原始的成分,在决斗之前选手不会有意降低血腥程度做一些热身活动。他指出,有人提出竞技场内要凭票入场,但是在一开始,所有的观众(当时女性不得入内)都是找到空位就去。这些观众站得笔挺,赤手空拳地看竞技场内的比赛,观众觉得他们是在参加一种仪式而不是娱乐活动。因为观众离场内很近,所以这种流血现象传达了一种暴烈而具有强烈情感的特征。

在罗马圆形大剧场建成之前,罗马城中心的罗马会议广场是角斗士的主要比赛场地,它的周围都是一些政府机关、法庭和神庙,是整个罗马帝国的政治、商业、宗教和社交中心,因此,角斗活动繁荣时期,各种角斗表演也就在此举行。公元前53年,显赫的库里奥家族建造了两栋木质的剧院,它们形似希腊的半圆形建筑,背靠背地坐落在一条轴线上。早上,有两场不同的戏剧表演同时进行,两块隔板足以分割两个舞台,以防止一出戏中的声音会影响另一出。下午,这两个各排座位上都挤满了观众的剧院绕轴转动。"于是所有的罗马人",大普林尼用些许愤怒的笔调这样写道,"登上那两条轴线并将隔船之争也带了上去"。这两座木质半圆体结合在一起,分割舞台的隔板被拆去,"出乎这些已见惯大场面的罗马人的意料,竞技场就这样诞生了"②,这时候角斗战士进入了场地。

奥古斯都举办的角斗比赛,"不仅在市中心广场或圆形剧场,而且在大斗技场和选举会场里举行"③。有时候,角斗比赛可以随时随地举行,克劳狄皇帝每年在近卫军营房里举行角斗表演,虽然这里没有良好的设备,但是为了庆祝他的即位日,他喜欢在营房里举行这类不太正规的比赛。多米提乌斯"为人专横跋扈、纵欲无度、残酷无情……他还在斗兽场和罗马所有的街区举行猎兽表演,他所举办的斗剑比赛是那样的惨不忍睹,以致奥古斯都在私下劝告无效的情况下只好通过一道赦令不准他再这样做"④。

在万里无云的上午,或是罗马的政治家在这个会议广场的平台上向广

① ［古罗马］苏维托尼乌斯:《罗马十二帝王传》,张竹明、王乃新等译,商务印书馆1995年版,第163页。

② Roland Auguet, *Cruelty and Civilization: The Roman Games*, London & New York: Routledge, 1994, pp.26—27.

③ ［古罗马］苏维托尼乌斯:《罗马十二帝王传》,张竹明、王乃新等译,商务印书馆1995年版,第73页。

④ 同上,第223页。

大罗马市民发表演说,或是庆祝胜利的游行队伍从它前面通过,或是一些罪犯在这里被处决。下午,人们翘首而盼的角斗比赛就要开始了。于是,这里人山人海,热闹非凡,这个会议中心——罗马广场就成为最著名的角斗场。

公元 410 年,西哥特人攻陷罗马。伴随着罗马的陷落,圆形大剧场也衰败了。实际上,在帝国各个地方,角斗场早就有衰败的迹象。罗马的科洛赛罗本是标志性的建筑,也是罗马人角斗文化中心,它始终与罗马帝国同荣辱,共兴衰,其衰败标志着整个罗马角斗文化的彻底衰亡。此后千年,帝国各地的角斗场遭到许多商人和石匠的抢劫。如今,这些幽灵般的废墟吸引着我们,它们是强大而野蛮帝国的令人心惊胆战的见证。罗马的角斗场上的一幕幕景象,以娱乐的名义惨死在这里的数以千计的人,仍留在人们的记忆中,激起人们无穷的遐想。

9. 从北非到叙利亚

角斗竞技场伴随着罗马人的扩张和征服传遍世界各地。罗马城的圆形大剧场——科洛赛罗也成为帝国各地建造角斗竞技场所效仿的建筑式样。对于罗马人而言,角斗比赛本来是舶来品——源自埃特鲁斯坎人。然而,一旦罗马文化传到它所能达到之地,角斗似乎成为罗马人发明的项目——这就像印度人发明从 0—9 这 10 个数字符号,因阿拉伯人将其传到欧洲,后来这 10 个数字竟然成了"阿拉伯数字"。在整个罗马帝国,用来进行角斗活动的竞技场可谓遍布罗马人视野里的全世界。

这种举办角斗比赛的竞技场——矩形罗马式广场在帝国各地出现,至今留有遗迹。如今已经发现留有角斗活动痕迹的遗址不仅是意大利本土包括庞贝古城,还有不列颠地区约克的埃博拉库姆(Eboracum)、德国特里尔的特列维洛路姆(Augusta Treverorum)、希腊的佩特拉斯(Patras)等。[1]按照斗兽场的规模如楼层数加以说明的话,拥有四层高的罗马斗兽场是规模最大的,拥有三层的这种竞技场现存有两所保存完好的:其一是位于今天克罗地亚的"普拉竞技场"(Pula Arena),其二是位于今天突尼斯的"杰姆的圆形竞技场"(Amphitheatre of El Jem)。

至于遍布帝国境内的其他各种竞技场,现在保存较好还有不少。著名的包括法国"尼姆竞技场"(Arènes de Nîmes Amphitheater)、法国阿尔勒

---

[1] Grossschmidt, K., Kanz, Fabian, "Head Injuries of Roman Gladiators", *Forensic Science International*, Vienna, Austria: Center of Anatomy and Cell-biology, Medical University of Vienna and Austrian Archaeological Institute, 2006, pp.207—216.

竞技场(Arles Amphitheater)、意大利维罗纳竞技场(Arena di Verona)。另外,意大利的卡布亚也有残存的竞技场(Antica Capua),轮廓清楚,但竞技场四壁仅剩部分残垣;在今天英国威尔士纽波特(Newport)的古罗马卡利恩要塞,存在圆形竞技场(Caerleon Amphitheatre)的残迹;今天西班牙梅里达还有古罗马竞技场残迹(Mérida Anfiteatro)。

在整个罗马帝国的东方,角斗娱乐也逐步盛行。不过角斗比赛一般都是为了歌颂罗马、褒扬皇帝的,时间也大都集中于罗马历的年底。公元125年哈德良旅行希腊期间设立了一个新的12月在阿格斯(Argos)的"尼米亚赛会"(Nemean Game)周期表①,后来的考古发掘表明,"至少在公元214年的12月30日之前,帝国的尼米亚赛会也在其他城市举办,可能就包含了角斗比赛"。

在突尼斯,最著名的罗马式的圆形竞技场是公元3世纪建造的艾尔·杰姆圆形竞技场,它几乎就是一座专业的角斗竞技场,其规模庞大,可容纳观众3.5万人,是意大利本土之外最大的角斗场之一。如今,这座雄阔的竞技场静立于北非荒凉的风景之中,其完好的保存状态大大优于罗马城的科洛赛罗。

实际上除突尼斯外,在北非其他地方如阿尔及利亚、利比亚等地都有这种竞技场,所留存遗迹至今大都已成为世界遗产。罗马人大量的建筑遗存中有许多马赛克,上面记载着2 000年之前的角斗士形象②,从北非到叙利亚,从德意志到不列颠地区,到处都有角斗士娱乐活动的存在,到处都有大大小小的角斗竞技场。在这些地方,罗马式建筑遗迹——剧场及举办角斗比赛的竞技场至今仍存,它们如今已经被联合国教科文组织世界遗产委员会列为世界遗产名录,如叙利亚南部布斯拉古城、沙漠里的巴尔米拉遗址、大马士革、黎巴嫩巴勒贝克古城、临地中海的提尔古城(今苏尔城)。

当然,也不能夸大角斗的影响力。资料显示,意大利地区之外其他民族喜爱角斗士的狂热程度不能高估,譬如,在不列颠地区的伦敦、科尔切斯特(Colchester)、莱斯特(Leicester)等地,该项活动主要在罗马士兵、殖民者中受到欢迎,而当地贵族、富裕者(更不用说穷人)并不特别喜欢它,

----

① 尼米亚赛会本来是古希腊人在尼米亚举行的两年一次的体育和音乐比赛盛会,与尼米亚相关的古希腊神话中讲到大力神赫拉克勒斯在尼米亚杀死一头雄狮,此举是他所建12项伟业中的第一项。后来,罗马人也在尼米亚赛会期间举办角斗比赛。

② 关于这方面较为详细的资料,参见 Thomas Wiedemann, *Emperors and Gladiators*, London: Routledge, 1992, pp.21—26。

这方面的证据资料为发现于这些地区(包括早期许多罗马士兵的军营遗址)的玻璃杯碎片、角斗士制作模型等。①实际上,只有在那些发达的城市里,角斗才有可能备受欢迎,广大穷苦人绝不可能像罗马人那样熟知角斗比赛的术语。

三、决斗前的宣传

在圆形大剧场举行的角斗比赛遵循着一套固定的模式:早上猎杀动物,中午杀人——处决罪犯,下午进行角斗比赛,此时角斗场上的气氛达到了高潮——亦即角斗士之间的单打独斗。通常在装备不同的角斗士之间进行,由兰尼斯塔作裁判。从角斗士的开场白是:"将死的人向您致敬!"

同现代社会一样,古罗马角斗比赛之前的宣传、广告做得非常到位,气氛热烈。当时,各个城市的街道墙壁上,到处张贴着花花绿绿的角斗演出广告、海报。在庞贝古城遗址里,就发现了许多马戏院演出及角斗表演的广告,其中一则写道:"营造使②阿·绥狄厄·策利阿家的,定于5月31日,在庞贝城举行角斗表演。届时并表演斗兽,准备搭棚招待。"

1. 角斗之前的造势

无论是庞贝城还是罗马城,每次角斗前的造势是必不可少的。若是大型比赛,早在角斗士抵达前,角斗表演的宣传广告就已经开始。据资料记载,每次角斗比赛之前,罗马城许多街道两旁的墙上均贴出告示,人们就像过节一样兴奋,"节日"气氛与日俱增。而且比赛期间,角斗明星画像被张贴在街道的两旁和住房的墙上。庞贝人经常使用建筑物的墙面发布各种各样的公告或广告。漫步在庞贝古城遗址,可以发现角斗表演的广告,譬如:

市政官奥卢斯·苏埃提乌斯·塞尔图斯(Aulus Suettius Certus)
率领他的剑斗团
于5月31日在庞贝隆重上演

---

① Thomas Wiedemann, *Emperors and Gladiators*, London: Routledge, 1992, p.26.
② 营造使是罗马共和国时期设立的官职,主要职责是:掌管城市建筑设计和各类公共工程;监管城市的粮食供应;负责举办公共娱乐(竞赛);维持社会秩序。共和国后期又多了一项任务,就是兼管举办角力、剑斗比赛。

届时还有猎兽表演

活动期间提供遮篷①

于是乎,角斗迷在街上购买新节目单,节目单中列出了下午战斗中角斗士的名单:新的角斗士面孔会大大吸引角斗迷,但是并不告知谁会与谁决斗。"这样将会使观众产生好奇心并热烈谈论谁将会是最后的胜利者"②,组织者精准地抓住他们的心理,因为可以在这一时刻将观众的胃口吊足,让他们在正式比赛之前不停议论以及便于赌博。

角斗比赛同时给商贩带来机遇。甚至可以说,各个城市的商业晴雨表可由角斗比赛日程安排体现出来。城里的大小商贩走街串巷吆喝,抬着写上类似内容的条幅广为宣传。想趁机发上一笔财的商人在竞技场旁搭起出售纪念品的货摊,向观众兜售与角斗士有关的小玩意,包括从角斗士的陶制模型到装饰精美的油灯等各种东西。这些均与现代社会明星演唱会、顶级足球比赛一样,商业的繁荣、市场的热闹始终与所有这些为角斗士表演所做的前期工作相伴随。在罗马帝国各个城市,角斗比赛之前,几乎每个人都知晓此事,表演的门票也很快销售一空。

2. 来自尼罗河的细沙:角斗比赛必备之物

沙子是角斗比赛期间必不可少之物,它在角斗比赛频繁的时期,需求量可能大得惊人,而圆形剧场的地面平台部分,"竞技场"(arena,拉丁语的意思就是"沙子")——这种沙子铺的地面就是真正的角斗舞台。因此,来自尼罗河的细沙特别受欢迎。在角斗比赛结束时,竞技广场上遍布着鲜血和尸体。人们用耙子把广场的沙地翻新。当角斗比赛期间鲜血过多时,那些"摩尔族奴隶"就用球场里的锹子把染了血的地面铲起来,然后铺上新沙。尼禄时期,他挥霍无度,当人民正在挨饿时,他却源源不断从世界各地运来各种各样的奢侈品以及娱乐活动的必需品,传来的消息——"一艘亚历山大里亚来的船给宫廷角斗士运来了沙子"③,使得当时的人民对他的憎恨与日

---

① Lionel Casson, *Everyday Life in Ancient Rome*, Baltimore, Maryland: The Johns Hopkins University, 1998, p.7.

② Roland Auguet, *Cruelty and Civilization*: *The Roman Games*, London & New York: Routledge, 1994, pp.38—39.

③ [古罗马]苏维托尼乌斯:《罗马十二帝王传》,张竹明、王乃新等译,商务印书馆1995年版,第256页。

俱增。

前已有述,角斗表演分为三种,即兽与兽斗、兽与人斗、人与人斗。特别是上午的斗兽比赛,有各种花样供观众观赏。兽与兽的厮杀惊心动魄,人与兽的搏杀表演似乎并不公平:有时候纯粹是将人送入兽口(如将死囚或基督徒喂养饥饿的野兽),而有时候则是身穿盔甲、手持利刃的斗兽者杀死并不凶猛的动物。当然,也有赤手空拳者与野兽搏斗的情况。无论怎样,除非是将死刑犯判给饥饿的野兽,一般来说,斗兽者总是能够战胜野兽,不过,也有偶然的、更刺激罗马观众神经的情况发生。

角斗士搏斗时,场地上铺满了沙子。兽与兽、兽与人战斗时,为了使场景美丽以便吸引观众,场上布置了一些灌木丛、树木和假山。到了炎热的夏季,在斗兽场演出时,为使观众免受酷热,剧场顶端用一个中间开孔的帆布遮盖。这是图密善皇帝的杰作。举办者——奴隶主除了搭棚招待观众外,有时候还会替观众"洒水",洒水的目的一是减少过多的灰尘,二是减少暑气。

在圆形大剧场里,细沙铺就的路面是一个主要特征。角斗士昂首阔步进入角斗场,他们将跨过那铺满细沙的地面。

3. 现场气氛达到高潮

在正式的角斗比赛开始之前,一般还要造就热烈的氛围:杀死动物或被动物撕咬,当众残酷地处决奴隶或犯人。史料记载,在圆形大剧场举行的角斗比赛之前,先是宰杀动物,接下来就是杀人,最后才是观众翘首而盼的角斗比赛节目——这时比赛现场气氛达到高潮。

把动物杀死之后接着是当众处决犯人。这些被判处死刑者的社会地位决定了他们被处死的方式。奴隶和普通犯人被钉死在十字架上,其中一些人在十字架上痛苦挣扎时被点火焚烧。大多数犯人被扔给狮子,让狮子撕碎,而观众则狂欢不已。

然而,野兽并不主动地攻击犯人。因为现场数万甚至十几万观众乱吼狂叫的气势足以令猛兽胆怯,长时间在人们手中受到的虐待使它们体力虚弱,所以需要特殊的、额外的刺激才能对人发起攻击。而之前在圆形大剧场的地下层面,工作人员早已在犯人身上涂上一层鲜血,以激发野兽对这些犯人发起攻击。有时甚至把犯人绑在柱子上扔到动物群里,让动物不费力气地把他们吃掉。

当然,活动的高潮则是角斗明星的闪亮登场——他们才是斗兽场的超级明星,也是制造死亡的冠军。上述所有血腥的活动只不过是正式角斗比赛之前观众的开胃酒。角斗士明星进入盛大的竞技场:他们身穿用金装饰的外衣和紫色的服饰,被"侍队"(pompa)簇拥着,这足以唤醒角斗比赛的宗教起源。①甚至当皇帝出现时也不能破坏这种热烈的气氛,克劳狄皇帝有一次通过小路抵达赛场,小心翼翼走向坐席,仓促中滑倒摔了一跤,这时他好像是队列中的一个擅自闯入者,当他意识到嘘声和叫声以及马受惊后发出嘶声后,倍觉难堪。这些事例说明,当一个人哪怕是皇帝在角斗士比赛之初因为一点小事都会被观众毫不留情地反对。

当然,最后是皇帝入场。此时,专门的捧场团队欢呼雀跃,叫喊声此起彼伏——这在帝国时期几乎成为一种制度。当皇帝进入时,所有的观众起立并为他欢呼,他的到达是比赛开始前的一个仪式。

四、盛宴、宣誓与热身

人们也许特别关注角斗士的饮食,头脑中想象——包括各种文物所展示——的角斗士形象也许与实际情况相反,因为考古发现及研究可能会令我们吃惊:根据 2004 年 3 月初英国的考古及研究证明,角斗士都是大胖子,都是素食者!

1. "大 麦 人"

曾经一时,在角斗学校里接受正规训练的角斗士被称为"大麦人"(hordearii),这个绰号的产生是由于角斗士可以吃到罗马穷人难以享受到的大麦。此外,"大麦人"还可以吃到煮熟的土豆,甚至肉类。一般认为,吃这些好食物的目的是使他们的肌肉变得强壮,因为生病或是受伤的角斗士对任何人都毫无价值。

根据研究发现,古罗马角斗场上的勇士,其生活可能与我们的想象相去甚远。奥地利科学家研究了迄今发掘的最大古罗马角斗士墓地中的遗骨,发现角斗士是一群体重超标的素食者,以大麦和豆类为主要食物。维也纳大学的研究人员对相关角斗士墓地中的 70 多具遗体的骨骼做了化学分析,

① Roland Auguet, *Cruelty and Civilization*: *The Roman Games*, London & New York: Routledge, 1994, p.43.

发现骨骼中锶的含量高,锌的含量低。如果是肉类与蔬菜搭配的正常饮食,骨骼中微量元素锶、锌的含量应该是均衡的。研究人员推断,古罗马角斗士长期以大麦和豆类为主要食物。这为古罗马人称角斗士为"大麦人"找到了证据。

此外,古罗马镶嵌画中角斗士的形象都矮壮笨重,学者一直以为这是为了表现角斗士的雄性气概。新研究则发现,角斗士的确体重超标。

不过,也有学者并不同意上述说法,他们认为角斗士吃素——吃大麦实际上是一种惩罚,一般而言,在罗马时期,比较好的、正规的粮食是小麦,贵族或比较富裕的平民吃小麦。因为小麦比大麦好,大麦还有很多粗糙、有刺的壳(当时脱粒的方法不像现在这样除得干净),如今大麦大多喂养牲畜,小麦成为许多民族的主食。因此,角斗士吃大麦并非是增加其营养,而是组织者对他们的变相惩罚。这种观点不无道理,因为没有证据表明角斗士只是吃大麦,而不吃小麦、豆类甚至各种肉食,那些身宽体胖的角斗士可能吃的主食就是肉类等。①

角斗士的食谱秘密如下:他们一日三餐都是吃大麦及豆类。唯有如此,角斗士方可长膘。实际上,这些在刀光剑影下讨生活的人身披的盔甲极薄,多长一寸脂肪无异于又套上了一层盔甲,可大大减少搏杀时对自身血管及神经的伤害。此外,角斗士的骨骼组织密度也超过常人,尤其是脚骨增大,显然是他们长期在角斗场内光脚对阵的结果。

因此,在走进角斗场之前,那些训练有素的角斗士都会受到良好的饮食照顾。角斗士们的健康也同强壮的肌肉一样重要,学校里医术高明的大夫会及时治疗那些伤员和病人。

2. 最 后 一 餐

角斗比赛每年由奴隶主举办,包括皇帝及其家族人员、有钱的骑士、富裕的商人以及行政官员。大型的角斗表演耗资庞大,只有豪门巨富和帝国皇帝才有能力支付得起。

---

① 上述论证可能会持续下去,尽管研究家指出,"就饮食而言,盖伦观察了菲洛斯特拉托斯理想训练法中提到的'肝糖超补法',这种方法十分看重豌豆汤和大麦主食,目的显然是在很短的时间内让体力得到最大的增长",参见[美]大卫·波特:《胜者王冠:从荷马到拜占庭时代的竞技史》,曹正东译,浙江人民出版社2017年版,第197页。当然,这只是在当今土耳其西部的帕加马(当时著名的城市和文化中心)的记载,而且是公元159—161年盖伦的记载。至于大麦普遍性种植与否的地域性差异和时代性差异,是更应该考虑的因素。

　　角斗比赛的前一天晚上，主办者准备了丰盛的晚宴招待那些角斗士，对于后者而言，这也许是最后的晚餐了。据说，"他们中的大多数人会竭尽全力把自己的肚子撑满；还有一些人却有意不让自己吃得过量——他们不希望自己撑得最后无法格斗；还有一些人毫无食欲，他们央求旁观的公众，给自己的家人捎个口信"①。特别是那些感到不可能获胜的角斗士、那些粗迈的选手，往往趁此机会暴食豪饮一番，也许这是他们进入坟墓前最为丰盛的宴会了，自然要满足一下口腹之欲。

　　在一般情况下，比赛的主办者将角斗士奉为客人，要为他们举办盛大的晚宴，这似乎成为习惯。值得注意的是，这种晚餐也是公开进行的，公众(当然包括那些追星族)也可以在一旁观看勇士进餐。有些学者认为这是"物色"角斗士并判断谁将获胜的绝好机会，也可能不过是一种传统、习惯而已。

　　举办角斗比赛的费用究竟由谁来出呢？提比略答应推荐候选人(选举行政长官)不超过 4 名，与此同时，几位保民官请求允许他们自费举办赛会，赛会即以故去的皇帝的名字为名，并且把这一赛会列入了岁时表，称为"奥古斯塔里亚赛会"(Augustalia)。不过经过人们的讨论后决定，赛会的费用仍由国库担负。赛会举行时允许保民官在大赛马场中穿凯旋袍，不准乘坐马车。但是不久，每年举行这种赛会的权力便转到负责审判罗马公民与异邦人之间争讼的行政长官的手里去了。②

3. 诀　　别

　　面对角斗前的饕餮盛宴，角斗士可能性的反应如何？

　　研究认为，至少某些角斗士可能毫无胃口。这是因为，角斗士尤其是明星角斗士也有家人，他们趁此机会让人给家里捎个口信，以示告别。所以在头天晚上的宴席上，这些参加格斗的角斗士只是有节制地吃喝，据说，这可能是为了"保持高度的即将到来的警觉和敏锐"③。如果他们的妻儿能够在现场，当然会在这个时候感伤地话别。

　　当然，更多的人也会狼吞虎咽，饱餐一顿。次日，他们都将穿上紫色的

---

　　①　[英]约翰·马拉马：《角斗士：古罗马的兴衰》，肖欢译，二十一世纪出版社 2003 年版，第43 页。

　　②　[古罗马]塔西佗：《编年史》(上)，第 15 章，王以铸、崔妙因译，商务印书馆 1997 年版，第17 页。

　　③　[美]时代—生活图书公司编著：《世界霸主：罗马帝国，公元前 100 年—公元 200 年》，老安译，第 142 页。

斗篷,在观众的呼喊声中进入角斗竞技场,随从携带武器跟随,浩浩荡荡。这对于罗马人而言,如同过节一般,而对于角斗士的家人来说,也许是永远的告别。

那些身为基督徒的角斗士将这次晚餐称为"爱的晚餐",当然,这是基督徒真正"最后的晚餐"。不过,有些角斗士在比赛之前不吃东西,甚至像芦笋蒸鹌鹑之类的美味也不再享用,因为他们担心由于吃得过饱而无法进行搏杀。

4. "干杯"——由角斗演变而来的习俗?

就像接吻礼源于禁止妇女饮酒一样①,饮酒行令中的干杯之俗也与角斗娱乐活动有着直接的关系。

意大利人喜欢喝酒的习惯源于古罗马,古罗马时期这里就盛产葡萄酒。在罗马帝国时期,上层社会的饮酒作乐司空见惯。其中碰杯、干杯的习俗据说来源于角斗娱乐活动。

在正式角斗比赛之前,两名即将搏杀的角斗士要先饮一杯酒,这自然是组织者激励他们奋勇拼杀的方式,同时也是让角斗士以此诀别,因为他们中的一个肯定会死去。不过最初进行角斗的双方都害怕对方在酒杯里放了毒药,故他们在饮用前都要将各自杯中的酒倒一点儿给对方,"以增加相互的信任感"②。这种习惯逐渐演变为后来西方宴会上的碰杯。

5. 宣誓:烙铁、上镣、鞭挞

在进入角斗场之前,角斗士有各种各样的仪式,其中包括宣誓(*votum*)和热身等。角斗表演比赛正式开始之前,有仪仗游行,还有一次热身——所谓"假打",最后号角吹响,角斗士登场,才正式开打、厮杀。

进行真正的决斗之前,还要有一系列的仪式、程序,需要角斗士完成。

首先,他们必须再次确认自己的决定,自愿成为角斗士的人们必须宣誓。在正式进入职业性的角斗学校之前,新手都要进行盟誓,声明自己甘愿

---

① 古罗马时期盛产优质的葡萄酒,成年男女很快就养成了饮酒的习惯,不仅男人嗜酒如命,女人也饮酒成性。后来罗马人发现女人饮酒不利于后代身体健康,于是立法者明令禁止妇女饮酒。不过由于女人饮酒也形成习惯,因此彻底禁止其饮酒似乎难以执行,特别是那些经济条件比较好的家庭妇女仍旧我行我素,她们往往利用丈夫外出(打仗等公务)时饮酒,这既是解闷,也是嗜好。男人们回家后第一件事就是凑近妻子的嘴唇嗅一嗅,以检验妻子是否违规饮了酒,天长日久,由闻闻到吻吻妻子嘴唇便成了丈夫与妻子久别见面的第一道礼节。

② 启文:《古罗马:英雄时代的神与人》,世界知识出版社 2003 年版,第 117 页。

接受棒击、鞭笞、火烧乃至死于刀剑之苦。这似乎能够说明,罗马人对许多事情都十分民主,但事实上,主要来源于囚犯、奴隶和战俘的角斗士是毫无人身自由的,他们既然成为角斗士,其生的希望完全掌控于罗马人之手。不过,无论如何,只有得到这种确认之后,他们才能最终进入角斗场。

其次,即将上场的角斗士还必须同意如下苛刻且血淋淋的"协议"——实际上那是一种失去人身自由后的被迫所为:在自己的身体烙上烙印——所谓"座位标记";被迫戴上镣铐——目的是防止其突然逃跑或临阵退却;施以鞭挞——据说可以"锻炼意志"。如此而为,角斗士是用自己的鲜血来换取食物的。

6. 热身赛——"假打"

热身是今日体育比赛经常有的事情。那么在2 000年之前的古罗马,角斗比赛的热身同样是必不可缺的程序。只是这种热身比赛也是在现场进行,因为接下来就已经是正式的格斗打杀。

很明显,热身比赛的目的是使角斗士尽早进入状态,亦即让角斗士进入格斗拼杀的战斗状态,另外,这种情况也能激起观众的热情。

热身比赛不是真刀真枪地搏杀,因此,必须要防止受伤等意外情况的发生,否则就会影响到正式比赛的正常进行。热身比赛中角斗士所使用的只是较钝的木制武器,在此类比赛中一般不会有人严重受伤。可见,这种热身比赛主要是为了让选手尽快进入最佳的搏杀状态。可以想象,这种正式比赛之前的热身也可能带有表演的性质。

五、走上角斗场

今日看来,走上角斗场意味着走上刑场。不过,角斗士那时究竟以何种心情走进角斗场呢?

1. 号角吹响,闪亮登场

在两千年前的罗马,举行这种活动遵循着一定的仪式程序。

如前所述,每一场角斗比赛举行之前,喧嚣之氛围早就预备好了。当比赛举办者发出准备信号后,角斗场的乐队开始演奏:霎时间号角齐奏,在这种喧腾的气氛下,角斗比赛开始了。

在罗马著名的圆形大剧场,这里的比赛尤其闻名,场面极其壮观。那些可以说是耀武扬威的角斗士身披黄金装饰的紫色斗篷,从大剧场的角斗士入口处进场。一旦步入了这座宏伟的建筑,他们将昂首跨过细沙铺成的地面,后面跟着的是抬着武器和盔甲的奴隶,在场的观众发出雷鸣般的欢呼声。[①]

2. 抽 签

资料所限,不能确切知道在正式比赛之前有什么其他礼仪或仪式。即将参加比赛的角斗士们进场时要围着竞技场绕场一周,在到达皇帝包厢前,角斗士停下来,观众的欢呼声戛然而止。角斗士们向皇帝抬起右手,齐声呼喊起那句著名的口号:皇帝万岁,准备赴死的人们向您致敬[②]!之后仪式中最重要的两项是:抽签和武器检查。

角斗士登台后的角斗比赛不能有掺假的迹象,就像当今体育比赛一样,作假的情况虽然时有发生,但选手一般都是"恪尽职守",因为各种各样的利益、荣誉、激情等激励促使他们努力实现自己的目标和理想。

角斗士上场前的对手早已选好,但并没有确定谁和谁对决,这一般都是由组织者和角斗老板选定。所有的角斗者都会提前在公开场合出现;而非单个的"一对"出现。最后时刻谁和谁配对将在公众中以抽签的方式来决定——这自然是由比赛的策划者亲自主持,这样做会"避免那些容易出现的欺骗性的训练"[③],亦即所谓角斗前的"排练"。

3. 检 查 武 器

在通常情况下,当比赛正式开始之前,角斗士的武器要当场交给赛会的举办者进行审查,目的是看一看武器的锋利程度是否合格,或是否有掺假的武器(木质的或不能置人于死地)。

角斗士的武器、装备检查委托给主办者,有时候帝王自己偶尔授权给一些人,在原则上是为了排除任何不合格,毫无疑问,这"可能对角斗比赛的结

---

① [英]约翰·马拉马:《角斗士:古罗马的兴衰》,肖欢译,二十一世纪出版社2003年版,第44页。

② 不过,韦德曼认为,苏维托尼乌斯在《克劳狄传》第21卷第6章中有述,这句话是死刑犯说的,而不是角斗士说的(至少最初不是角斗士所说);但这句话一直被误解为角斗士的专用语,参见 Thomas Wiedemann, *Emperors and Gladiators*, London: Routledge, 1992, p.34。

③ Roland Auguet, *Cruelty and Civilization: The Roman Games*, London & New York: Routledge, 1994, p.43.

果产生微妙的变化"。于是会怀疑那样做能否满足观众,因为他们希望确信一切都必须公正合理。这里面还包括确信武器的刀刃必须非常锋利。有一次提比略的儿子德鲁苏斯(Drusus)粗鲁地否定了检查人员,自己独断专行,为此他长期留下了谋杀的恶名。[1]苏维托尼乌斯记载,当提图斯皇帝在竞技场上开始观看角斗比赛时,竞技者的武器被呈上来让皇帝查看,但是他宽宏大度地让两位贵族青年审查[2],卡西乌斯·迪奥在其《罗马史》中也讲述了涅尔瓦皇帝的一个类似的故事。

角斗士上场前的武器检查是必须的,当那些"试验的装备换成了经过主办者检查过的武器,真正的战斗就开始了"[3]。

4. 观 众 就 座

在黎明前,喧哗嘈杂熙熙攘攘的人群开始在圆形剧场前排队,等待那个为争夺热浪沸腾的剧场顶峰的"神圣"位置打得头破血流的时刻。其他大多数的观众,安静地爬上陡峭的楼梯,手中握着"门票";他们可以谨慎地在保证安全的监督下在看台台阶上找到自己的位置。他们已经花去很多时间来整理仪容,恢复精力,竞技场甚至还出租坐垫给年长的参加者,因为坐在光溜溜的石头上很容易腰酸背痛。但是对于前者来说,死死守着怕失去"神圣"座位的人,除了自己带点小吃之外并没有什么优待;他们大吃大喝,即使皇帝在场也一样。有一天奥古斯都大帝通过一个传令官来责怪一个人,说再这样他就该回家去吃。那个人回答道:"是,但是我可不能冒险丢掉我的座位……"[4]

---

① Roland Auguet, *Cruelty and Civilization*：*The Roman Games*，London & New York：Routledge，1994，p.44.

② [古罗马]苏维托尼乌斯:《罗马十二帝王传》,张竹明、王乃新等译,商务印书馆 1995 年版,第 323 页。

③ Roland Auguet, *Cruelty and Civilization*：*The Roman Games*，London & New York：Routledge，1994，p.45.

④ Ibid.，p.17.

第四章　角斗场内外

一、防护装备与进攻型武器

角斗士的装束、装备包括盔帽、护胸、披肩、盾牌。他们的进攻型武器包括刀、剑、戟(如三叉戟)、匕首、叉等,其他防守型的装备还包括盾牌、护臂、护膝等等。其中,进攻兼防守的装备是网套。例如"防守战士""渔网战士"一般是轻装上阵,而"色雷斯人"和"捕鱼人"则身披重甲。

1. 防守型装备

最常见的防守型装备是盾牌以及头盔,防守型的角斗士也称为"盾手",他们所使用的武器是一面盾牌和一柄利刃(短剑),比赛期间可以用这个盾牌护身。还有些角斗士全身盔甲(名曰"遮目战士"),与之配对的角斗士也是全身盔甲,由于盔甲穿得严严实实,视野有限,双方往往是盲目地乱杀乱砍。

极为重要的盔帽主要是用来防护头、颈部,它们大都由青铜、铁等金属制成,譬如青铜头盔保护的是角斗士的头部、咽喉和脖子。在圆形大剧场,角斗士身披黄金装饰的紫色斗篷。此外,角斗士的盔甲、衣服等还有很多额外的华丽装饰,它们甚至足以使观众目眩,不过角斗士身上那些各种各样的奢华的装饰主要是举办者所为,是为了取悦观众,这些东西并不实在,它们对角斗士的拼杀没有帮助,这方面韦德曼有过比较详细的剖析。①

角斗士要善于用盾牌保护自己,他们使用的剑太脆,不能用来挡开直接进攻,剑折断了就几乎意味着被对手置于死地。因此,角斗士使用的剑不宜过长,否则就容易折断——短剑正是在防守的前提下常用的剑种。此外,

---

① Thomas Wiedemann, *Emperors and Gladiators*, London: Routledge, 1992, p.14.

"渔网战士"用网套住对手后,用自己的短剑刺杀之;"捕鱼人"或"盾手"用盾及短剑击杀对手;"双剑战士"双手各持一把短剑进行搏斗。

角斗士所有那些防护性的装束和装备,一是为了防备被一下子刺死,重点保护其要害部位——如同今日冰球及美式橄榄球比赛那样,选手头部关键部位要保护好;二是显示角斗士威武的英姿。当然,除了一些关键部位,其他大部分身体要裸露出来,使双方相互刺中、出血,以造就场面的血腥和刺激,增加罗马人观赏的视觉效果。

2. 攻击型装备

角斗士刚刚开始接受训练之时,十八般兵器皆需熟练掌握,不仅如此,防守也是同样重要的本领。最常见的攻击性武器自然是剑、戟、叉,刀和匕首也被用在角斗场上,如在英国发掘出的关于女角斗士的石刻,两名女角斗士就是用匕首进行技能型搏斗的。

在古罗马角斗场上,主要有两种角斗士:一是"网手"或叫"渔网战士",二是"盾手"或"捕鱼人"。身体灵活的角斗士成为"网手",他们使用的武器是一个网套和一把三叉戟。比赛期间,他们不能带有任何护身的东西,而是要设法用网套网住对手或他们的武器,然后再用三叉戟进攻。

其他攻击类型的角斗士还包括用自己的弹弓射杀敌手的"弹弓手"以及在战车上作战的"战车斗士"或"赛车战士"等;在双轮战车上竞赛的角斗士则令罗马人如痴如醉,他们作为一个特殊的战斗群受到欣赏。

譬如,苏维托尼乌斯在《盖乌斯·卡里古拉传》中记载了渔网角斗士跟追击手(可能是捕鱼人)的搏斗场景:5个穿便服的渔网角斗士在和5个全副武装的追击角斗士搏击时不战而降,于是卡里古拉当场下令处死那5个懦弱者,但是当他下令时,其中的一个渔网角斗士趁人不备,拿起他的三叉戟,迅速刺死了所有的5名获胜者。于是,皇帝"在一项公告中悲叹,这是一起残酷的谋杀,说他害怕那些忍心目睹此场面的人们"。另外,该卷还记载了一个名叫波利乌斯的战车角斗士;卡里古拉皇帝自己还用"实战的武器厮杀,在各地兴建的竞技场上表演驾驶战车"[1]。

当然,在角斗娱乐活动中,还有一些攻击猛兽的角斗士。他们常与猎捕联系在一起:"斗兽战士"是与猛兽搏击的角斗士。

---

[1]　[古罗马]苏维托尼乌斯:《罗马十二帝王传》,张竹明、王乃新等译,商务印书馆1995年版,第173、175、184页。

此外,另一种类型的角斗士——"捕鱼人"通常和"色雷斯人"打在一起。"捕鱼人"一手紧握古罗马军队使用的短剑,一手拿着长方形的木制盾牌,头、手臂以及大腿上都有装甲保护。"色雷斯人"装备的是稍小的盾牌和短小的弯剑,他们也有盔甲保护,但是同"捕鱼人"一样,身体的躯干部分是暴露在外的,以使对手能够看到他的肉体而进行攻击。

同一类型的角斗士也有时候走上角斗场对阵,比如两名"网手"就会在战场上狭路相逢,相互引诱对方并用三叉戟对刺。

不过,在角斗比赛的实践中,只要主办者喜欢,扮演角斗士的角色可能会穿各种各样的装备,或不穿任何装备进行格斗。克劳狄皇帝有一次"甚至强迫自己的一个侍从连衣服也不换就穿着托加袍上场进行决斗"[1]。

此外,在角斗比赛期间会使用皮鞭、烙铁之类的刑具,不过使用这些东西的前提条件是:参加格斗的角斗士难免有时候会消极比赛,或者双方实力悬殊,或者双方实力相当,久战后疲惫至极于是会达成默契——同意"私了"比赛。当出现消极比赛,角斗士没有进行奋力拼杀而被细心的观众发现时,裁判就会派出奴隶,让他们用皮鞭抽打或用火红的烙铁威胁参加比赛的角斗士。据说,这种做法是该项活动众多的乐趣之一,罗马人特别喜欢。

3. 场景再现——从考古发现到影视还原

前已有述,在英国伦敦附近小城哈利卡纳苏斯发现的一处古墓遗址中,大理石雕《阿奇丽娅和亚马逊》引发考古学界及媒体强烈关注:古罗马女角斗士也曾经活跃于竞技场上!

不过女人无法与肌肉更加发达、身材更加强壮的男人比拟,所以,女角斗士所携带的武器似乎应是较小且轻型的。然而,这幅典型的女角斗士配对搏斗图《阿奇丽娅和亚马逊》显示,她们所持的竟然是重型武器——手持

---

① 参见[古罗马]苏维托尼乌斯:《罗马十二帝王传》,张竹明、王乃新等译,商务印书馆1995年版,第214页。古罗马人在成年后,最常穿的就是白色的托加袍,尤其是上等的贵族(当然,主要是那些成年男子)穿着这种里面有内衣的白色服装。具体而言,有着较宽镶边的托加是元老院这类高等贵族的常见服装,如屋大维为了让儿子更早地熟悉国家大事,让其成年后穿这种饰以宽阔紫色镶边的托加袍;其他元老的儿子也在成年后随即穿上这种宽镶边的服装;级别再低一些的贵族如骑士,他们的服装是窄镶边紫色"骑士服"。毫无疑问,罗马较为贫穷的百姓穿不起白色托加,他们多是身披那种穷人常穿的深色斗篷。托加袍作为古罗马服装文化的重要组成部分,对后世影响深远,其所延伸出来的"托加剧"颇受罗马人的喜爱,成为罗马人最喜欢的表演艺术,而身穿这种白色托加的演员形象成为后世艺术家还原罗马日常生活的写照。

短剑和用桦木制作的沉重的盾牌,胳膊和腿上绑有亚麻或金属护具,整套防护装备重达 30 磅。依当今拳击及格斗选手分类的话,她们应属于中量级角斗士。

阿奇丽娅和亚马逊的厮杀只是其中一种角斗方式,她们起初将短剑藏于盾牌之后,当对手倒地或失去平衡时,再掏出短剑发动致命一击。考古发现及研究表明,角斗士一般是成对地在观众面前搏杀,而且其角斗时间较短,平均只有 10—15 分钟。

然而,获得奥斯卡多个奖项的影片《角斗士》可谓"硬伤累累",因为剧本里面的描述与史实明显不符。为此,古罗马的专家一一列举,那些明显存在着硬伤的地方竟然达到百余处,而关于角斗士所使用的武器以及他们的防护装备,专家的研究也有若干处,在此列举以示。

首先是盔甲,一般而言,角斗士并不经常佩戴盔甲,但是在文物和绘画中可见的角斗士形象,往往是佩戴有盔甲的,不过影片中演员所穿那些亮晶晶、结构细腻的盔甲似乎过于"先进",主要是为提高视觉效果而有意为之的。其次,角斗士与战车搏斗时所抢夺的马有马鞍和马镫,然而这些用来拉战车的马匹显然不应该拥有这些装备。再次,影片中的巨型箭弩和抛石车,即便是大型海战表演和一万对角斗士参与的角斗大赛,也不大会使用这些大型武器,而且这些武器是中国人的发明,是现代拍摄者将其剽窃过来的。另外,角斗士所使用的常见武器是短剑,而在电影中,很多角斗士所用的都是长剑。最后,必须强调的是,古罗马的确存在女角斗士,但一般不会让女角斗士与男同行进行厮杀。

二、角斗比赛类型

毫无疑问,两千年前的角斗比赛遵循严格的规则和程序,并富有技巧,但由于资料所限,迄今为止对它们知之甚少。

1. 角 斗 方 式

数个世纪以来,角斗比赛种类多样化,其中二人之间的角斗是最主要的方式,此外,还有多人集体角斗。具体如下:

一对一的循环赛。两人对打厮杀是角斗比赛经常采用的方式。在有一定数量的角斗士参加的角斗比赛中,每一位角斗士都要相互对决,谁的胜率最高,谁就是当然的获胜者。相当于今日多种体育项目小组比赛里的循环赛。

淘汰赛。从文物、文献中可以发现,这种一对一的比赛极为常见。角斗比赛多为两人对杀比赛,失败者被淘汰或杀死,获胜者进入下一轮或直接取得决胜。当然,并非所有一对一的比赛都是淘汰赛。

角斗比赛的举办者通常将格斗技艺旗鼓相当的人分配在一起。例如一名在多次角斗中获胜的角斗士只会与级别相同的人分在一起,然后进行淘汰赛。

群赛。这种比赛显然是为了造就宏大的气氛,也只有在最盛大的角斗比赛中才会出现大批人马的混战场面。在罗马的圆形大剧场,多人蒙面混合起来厮杀以及群搏的比赛时常举办,这自然是为了满足罗马人的刺激心理而发明的。恺撒大帝所举办的角斗表演不仅为观众呈现了传统角斗士之间的单打独斗,还发明了步兵团、骑兵团(有些骑马、有些骑象)之间的混战。前述帝国时期数千名角斗士大规模的比赛,实在是极为壮观的场景。试想,成千上万名角斗士在大型竞技场里血腥厮杀是多么惊心动魄!

与困兽珍禽的较量。除了人,角斗士搏击的对象还有动物。猛兽被关在笼子里,往往在饥饿的状态下被放出来,以增加其野性和凶猛的魅力,之后把小的动物或死刑犯扔给饥饿的猛兽,以满足观众的视觉。尼禄、提图斯、图拉真、康茂德等许多皇帝都曾经组织观看这类比赛。在提图斯为罗马斗兽场举行落成仪式的当天,有 5 000 头牲畜被宰杀。暴君康茂德宰杀各种猛兽以及那些温顺动物简直是手到擒来,他也许是屠戮稀有动物最多的一位"角斗士"。大普林尼曾经记述了汉尼拔叫一个被俘虏的罗马士兵与大象进行搏杀。[①]

参与比赛的动物主要是猛兽,如狮子、豹子、熊、老虎、狼、犀牛、鳄鱼;但也有那些可怜的习性温顺的动物,如大象、鸵鸟、河马、鹿、长颈鹿、羚羊及其他珍禽等;还有其他的动物,如山猫、人猿、野猪;它们是从世界各地搜集而来的。克劳狄皇帝时常举行马戏竞技会,有时每 5 场比赛后穿插一个猎兽表演;在科洛赛罗,除了战车比赛,他还举行"非洲"狩猎比赛,举办帖撒利亚骑兵围绕竞技场追逐野牛的表演,当野牛跑得筋疲力尽时,他们就跳到牛背

---

① Paul Plass, *The Game of Death in Ancient Rome*: *Arena Sport and Political Suicide*, Madison: University of Wisconsin Press, p.44.

上抓住双角将其摔倒在地①。

人兽相斗可分为两种类型：一种是为了执行死刑，另一种是所谓"狩猎"。前一种是将被判处死刑的罪犯投入饥饿的猛兽群里，这些手无寸铁的斗士实际上用来填饱猛兽的肚子，如果其中罕见者足以战胜猛兽，那就能获得转机。后一种情况是，这种斗士作为"猎手"，他们可以手执武器与猛兽搏杀，当然，这些猎手一般不会有防护之物，他们获胜后所得到的奖赏同其他角斗类型的胜利者一样。

毋庸置疑的是，不管是哪一种情况，人兽搏杀之后，那些珍禽异兽的命运比角斗士还悲惨，因为角斗士尚有少数幸存下来，但是禽兽则不能。它们通常彼此还要厮杀、争斗，以博得罗马人追求刺激的心理满足；或者跟人类进行搏杀，最终被角斗士用标枪等武器射杀而亡。

2. 假打与打假

一般来说，众目睽睽之下，角斗士无法作弊。为了自己的前途和利益，他们必须真刀真枪拼杀。

但在古罗马角斗场上，也会出现真假难辨的状况，譬如，为了活命或是由于某些特殊的缘由，参加格斗的两名角斗士可能会形成某种默契，于是他们很有可能暗地里同意"私了"比赛，这种情况就是古代罗马角斗场上的"造假"现象。②而角斗组织者早有防备：为防止可能出现的假比赛，他们和角斗士教练一起决定哪些角斗士进行配对厮杀，哪些角斗士集体搏击。一般而言，技艺相当的角斗士将被分配在一起。比如，一名在5次角斗中幸存下来的角斗士将会同另外一个在同样次数的角斗比赛中的获胜者分在一起。

当然，这种出现于角斗场上的造假情况，如果参与假比赛的角斗士能够逃脱观众和裁判的视野，那么万事大吉。而一旦没有成功，当那些内行的观众（大量罗马无产者、坐在前面的贵族）或者是裁判发现角斗士的默契现象，裁判就会派出奴隶，让他们用皮带抽打这两名角斗士，或者是火红的烙铁威胁参加比赛的角斗士。这种惩罚场景在罗马角斗场上并不少见。

---

① ［古罗马］苏维托尼乌斯：《罗马十二帝王传》，张竹明、王乃新等译，商务印书馆1995年版，第205页。

② Carter，M.J.，"Gladiatorial Combat：The Rules of Engagement"，*The Classical Journal*，Vol.102，No.2(2007)，pp.97—114.

无疑,这种做法是该项活动众多的乐趣之一,观众非常喜欢看这样的刺激行为。当鲜血开始流出时,人群中的欢呼声也一浪高过一浪。不过在这种情况下,如果一名角斗士被打倒在地,他知道那致命一击即将降临。

3. 比赛形式及人数规模形成制度

一般来说,角斗比赛都是由两人(一对)进行格斗、搏杀,这是比较常见的形式。不过,为了造成现场气氛更加热烈和刺激,也有多对角斗士进行群体搏杀的比赛,这样会使观众倍感兴奋乃至热血沸腾。

角斗场上最常见的场面是,一个色雷斯人同一个非洲黑奴角斗,或者是一个高卢人跟一个日耳曼人比赛。色雷斯人头戴带有铁制面罩的盔帽,腿上裹着高筒护膝,左臂挎一特制的小圆盾,右手拿着弯短刀,其对手则是一手提着大盾牌、另一手挥舞着短剑的非洲黑奴。高卢人则戴着铜制的头盔,手持三齿的钢叉,与那个身披结实网罩、手握短剑的日耳曼人进行肉搏。

参与角斗的人数由最初的几对增加到几十对,多时达几百对。根据史料记载,公元前264年罗马城的首次角斗比赛只有3对奴隶参加。公元前216年,在马尔库斯·雷必达(Markus Lepidus)的葬礼上,他的儿子在古罗马广场举行了为期3天的角斗活动,一共有22对角斗士参与其中[①]。公元前183年在普利乌斯·李锡尼(Publius Licinius)的葬礼上,角斗比赛中有120名角斗士参加。公元前174年,提图斯·弗莱米尼乌斯(Titus Flaminius)举办角斗比赛纪念他父亲,当时有74人参加了角斗比赛。

共和国晚期也是角斗比赛的盛行期,在独裁者恺撒当政之时,有一次参加表演的角斗士竟然达到320对。于是乎,角斗比赛的规模越来越大,场面越来越惨烈,那种场景及惨烈程度十分适合当时罗马人的胃口,各个阶层的罗马人前往观看助威。帝国初期奥古斯都举办的8项竞赛中,其中就有1万人参加的集体角斗。

后来的角斗比赛有了固定的规制,形成了一种制度。帝国初期,关于角斗比赛中角斗士人数及配对,"奥古斯都制定了每场平均625对角斗士

---

① Welch, Katherine E., *The Roman Amphitheatre: From its Origins to the Colosseum*, Cambridge: Cambridge University Press, 2007, p.21. Welch is citing Livy, 23.30.15.

的定制"①。著名的圆形大剧场在公元 80 年 3 月 19 日建成,为了庆祝这一重大事件,罗马人曾经举办过 100 天的比赛,其中有一天有 3 000 名角斗士参加,另外有一天则有 9 000 头兽类被杀死。公元 106 年,图拉真皇帝为庆祝他对达西亚人的胜利,在大角斗场拉开马拉松式的恐怖场面,持续达 117 天之久,1 万名角斗士(包括大量被俘的达西亚人)参与殊死搏杀。②

在圆形大剧场举行的角斗比赛,人数自然可观,大型比赛一般会有上百名角斗士同时登台表演,即使是比较小型的角斗比赛,参与格斗的角斗士虽然少些,但也有 30 名左右的人登场。

早在公元前 20 年,为强化集权统治,奥古斯都在举办角斗比赛方面限制副执政官的权力:副执政官在任期间最多只能举办 2 次角斗比赛,参与角斗比赛的人数最多不能超过 120 人,这种人数限制在提比略执政时期继续下去。③从图密善皇帝开始,对举办角斗比赛的时间又加以限制,任何人举办角斗比赛的时间不得超过皇帝或其代理人(如皇帝的亲戚或以皇帝名义举办角斗活动的地方行政官员)举办的角斗比赛的时间。

这种情况在帝国时期非常普遍,从而形成一种制度甚至法令:地方官举办的角斗中参加角斗人数受到严格限制。于是,当一般政府官员甚至元老院贵族举办的角斗比赛同帝王所给予的那种豪华奢侈的超乎想象的角斗相比较时,它们只能算是平日里的口粮罢了④。

当然,罗马人对于角斗比赛参加的人数始终都有一定的规定,只是这种具体的规定并未系统性地留存下来,而且每一历史时期也存在变化。可以从古典作家有限的记载中了解到这一点。譬如,虽然塔西佗记载的政治、军事史似乎不大愿意花过多的笔墨来详细讨论那些"剑斗"比赛,但在尼禄当政后期的一年,他还是述及"元老院发布的一项关于允许西拉库赛剑斗比赛的人数超出规定数目的普通命令"⑤,因为这项命令遭到其他贵族的反对,并且引起系列性的事件。可见,关于角斗比赛人数的规制在罗马角斗发展

① Roland Auguet, *Cruelty and Civilization: The Roman Games*, London & New York: Routledge, 1994, p.30.
② 这一事件很多数字存在着差异,霍普金斯认为,这场最壮观的角斗比赛由皇帝亲自来主办。为了庆祝他对达西亚的征服,在公元 108—109 年举办了一场持续了 123 天的比赛,当时有 9 138 名角斗士参加,11 000 多只动物被宰杀。
③ Thomas Wiedemann, *Emperors and Gladiators*, London: Routledge, 1992, p.8.
④ Roland Auguet, *Cruelty and Civilization: The Roman Games*, London & New York: Routledge, 1994, p.29.
⑤ [古罗马]塔西佗:《编年史》(下),王以铸、崔妙因译,商务印书馆 1997 年版,第 471 页。

史上是比较明确的,它可以通过立法的程序来完成。国家专门建筑了规模宏大的竞技场,以备表演之用。在尼禄当政时期,还多次为角斗士数目的问题发生争论。①

三、各种赛场及其判决

接下来,角斗士开始闪亮登场——他们一旦登上角斗场,随即成为所有观众的焦点。

1. 沙 场 之 战

角斗场上的角斗比赛一般都是在铺有大量沙子的场地进行的。在科洛赛罗亦即圆形大剧场,角斗士与角斗士、角斗士与猛兽之间的厮杀就是在这种沙地上进行。在公元前 169 年,63 头非洲狮和猎豹,40 头熊和几头大象在一场表演中被猎杀。新的品种逐渐被引入罗马(包括老虎、鳄鱼、长颈鹿、山猫、犀牛、鸵鸟、河马),并且被屠杀用以取悦罗马人。鲜血染红了角斗场,湿漉漉的,于是大量的新沙覆盖在竞技场上,以便重新进行比赛。当然,闷热嘈杂的迷宫还关着角斗士——这群明星正在等待着自己的辉煌或灾难时刻的来临。

2. 模 拟 海 战

不过海战也许更有特色,海战也称"模拟海战"(*sham naval battle*)。人们厌倦了单一的角斗比赛形式,于是想方设法地发明其他的角斗比赛,海战就是在圆形大剧场最初建成时,人们将水灌入场内,从而在里面可以进行海上模拟战争,当然也可以进行角斗比赛。科洛赛罗的精妙设计和建造使得比赛场地内的地面是硬化的,不易渗水。在特殊的情况下,罪犯可能被迫表演一场宏大的海战。海战通常在湖面上进行,有些学者认为也有可能在罗马圆形大剧场中上演过。

实际上早在共和国末期,恺撒大帝就举办过惊心动魄的海战表演。这次海战是在恺撒使人于罗马城西北郊专门挖掘的一个盆地中举行的,亦即"在科戴塔原野(*Campus Codeta*,台伯河右岸的一片沼泽地)上挖了一个湖

---

① 〔古罗马〕塔西佗:《编年史》(下),王以铸、崔妙因译,商务印书馆 1997 年版,第 444 页。

泊供海战表演。有装载大量战士的属于推罗舰队和埃及舰队的两列桨、三列桨、四列桨舰船进行海战"①。最初举行这种海战是进行实战演习，目的是为了后来罗马的军事征服作准备。不过到了帝国时期，海战的规模日益扩大。

奥古斯都时期，为了庆祝"复仇战神"（Mars the Avenger）神殿落成典礼，一次空前的海战在一个长1 800英尺、宽1 200英尺的人工湖上举行，这次海战几乎"复制"了撒拉米海战。

最著名的一次模拟海战是由皇帝克劳狄所举办的。在这场经典性的模拟海战中，克劳狄身着节日盛装，主持了这场在罗马附近的一个湖泊里进行的海战。一共动用了1.9万人，他们组成两个军团参加"战斗"。皇家卫队站在坚固的路障后面，以防止他们逃脱，同时发射弹丸轰击那些战船。在一个冗长的开战仪式之后，由于他们拒绝作战，这场战斗成了罪犯之间"自由精神"的较量。根据塔西佗的记载，在流了很多血之后，那些幸存者被免除了死刑。最后，皇帝设法弄到了羚羊、瞪羚、豹子、狮子、幼熊，甚至还有几条幸存的鳄鱼——其余的在比赛前50天绝食而死。虽然只是一件小事，但这却能够大大刺激观众的神经，让他们兴奋起来。帝国的法治因为这些恐怖的事情而得到巩固。

塔西佗在《编年史》中描绘了这场发生于公元52年海战表演的盛况："海战表演结束后便正式放水""为了把观众再吸引来，便让剑奴在浮桥上表演步兵的战斗……"可见，就连皇帝也为了造就声势、扩大场景的影响而"把观众吸引过来"②。于是，角斗士在漂浮于人工湖的战船甲板上进行搏斗。这次模拟大海战是克劳狄皇帝为庆祝"福茨奈隧道"的完工而举行的，其间模拟了古希腊式的3层桨与4层桨战船的海战，据说，观众曾觉得角斗士的战斗士气令人失望，于是后来又增派"援兵"。

提图斯时期，他所举办的各种竞技表演、水陆模拟战不亚于任何前辈：在奉献大圆形竞技场及其附近突击兴建的公共浴池时，他举办了蔚为壮观、极其盛大的角斗表演。他还在原海战赛场（奥古斯都时期所建）举办海战。③暴君图密善经常在圆形大剧场里举办海战表演。他在台伯河边

①　[古罗马]苏维托尼乌斯：《罗马十二帝王传》，张竹明、王乃新等译，商务印书馆1995年版，第21页。
②　[古罗马]塔西佗：《编年史》（下），王以铸、崔妙因译，商务印书馆1997年版，第392页。
③　[古罗马]苏维托尼乌斯：《罗马十二帝王传》，张竹明、王乃新等译，商务印书馆1995年版，第320页。

挖了一个人工湖,周围砌上座位,他本人也冒着滂沱大雨观看海战。

以上模拟海战都是战俘或奴隶之间的相互残杀,直到一方被杀戮干净为止。不过,一旦人们(特别是皇帝、元老院贵族以及骑士)对这种模拟性的"水上战斗"失去兴趣后,组织者便开始发明其他的新鲜花样,以供人们欣赏,使这种角斗娱乐持续进行,昌盛不衰。

3. 斗兽表演

角斗士与野兽的厮杀是角斗娱乐活动的第二大项目。这一比赛项目的拉丁语为"venatio",意为"狩猎",亦即斗兽比赛。在罗马圆形竞技场的地下,设计者构筑了一条条通道。各种防护措施做得极为充分,目的是阻止野兽从笼子里冲出来,同时还要保护每一位观众的生命不受野兽的意外侵害。譬如,可以升降的铁笼子将野兽严实地关紧;竞技场每一个地方都有网将观众与猛兽隔开(同时也不会影响观众的视野);沿着竞技场的外墙又有许多小型的阳台,"那里的弓箭手时刻等待着意外情况的发生,这是最后一道防线"①。

不像角斗比赛,这种猎杀表演是由官方开始的。喜欢追求稀奇活动和刺激的罗马人看到新品种的动物时,非常兴奋。官员在展现珍稀动物的数量和品种方面互相攀比,这些动物被拿出来展示,然后杀掉。第一次猎杀动物的表演发生在公元前186年,一个罗马将军承诺他从希腊凯旋以后举行一场奇特的斗兽比赛。今日几乎非洲所有的珍奇物种——狮子、猎豹、黑豹、鬣狗、河马、大象、犀牛、长颈鹿、鳄鱼甚至鸵鸟等都被带到罗马城,有些甚至从更远的地方购进,比如北极熊和印度象。苏拉首次使用了100头狮子——空前庞大的规模,不过庞培的400头狮子和20只大象远远超过,而恺撒也有了400头狮子,且他拥有40只大象!

皇帝、元老院贵族以及其他富有的贵族和商人都拥有自己的动物园,动物园里有从世界各地搜寻到的珍禽异兽,科洛赛罗的动物大库房更是整个罗马帝国最大的动物园,它里面有数不清的动物,外国珍禽异兽展览经常举行。由此不难理解罗马人统治世界的时代导致了许许多多的动物灭绝,这种情况也许超出了现代科学界的估计。

下面两条是关于庆祝普罗布斯(Probus)和马可·奥勒留对外战争获

---

① D.L. Bomgardner, *The Story of the Roman Amphitheatre*, London & New York: Routledge, 2000, p.21.

胜后的角斗表演的描述,而韦德曼将它们视为夸张的、有些杜撰的内容:

> 被推上舞台的有:100 头利比亚豹和 100 头叙利亚豹;100 头母狮以及 300 头熊。据说,这些动物带给人们的已远非愉悦,而是强烈的刺激。300 对角斗士以及几名布来米亚人(Blemmyans)也上场了,他们要始终像军人那样、按照凯旋式的行进步伐格斗;还有一些日耳曼人和萨尔马希亚人(Sarmatians)以及伊索里亚(Isaurians)盗匪……
> ……
> 4 只老虎,还有长颈鹿、麋以及其他类似的稀奇动物,还有 800 对角斗士以及战俘,他们都是野蛮人——布来米亚人、埃克索米特人(Exomites)、也门人(Yemenites)、印度人(Indians)、巴克特里亚人即大夏人(Bactrians)、伊比利亚人(Iberians)、撒拉森人(Saracens)、波斯人(Persians,每一个波斯人均全副武装)、哥特人(Goths)、埃兰人(Alans)、罗克塞兰尼人(Roxalani)、萨尔马希亚人、法兰克人(Franks)、苏亚比亚人(Suabians)、汪达尔人(Vandals)、日耳曼人。所有的俘虏双手戴有镣铐,他们在被释放的帕米伦人(Palmyrenes)的引领下列队行进……①

显而易见的是,建造罗马科洛赛罗的"动物大库房"不是为了经常举行动物展览,而是为了举办角斗比赛,只是这种角斗比赛是动物与动物之间、人与动物之间的混战。

恺撒大帝把流行于克里特岛(Crete)和帖撒利(Thessaly)的斗牛比赛传入罗马,以供当时热衷于那种感观刺激的罗马人享受,科洛赛罗经常上演人与公牛之间搏杀的比赛。

卡里古拉皇帝时期,400 只熊被杀死;克劳狄曾经令大约一个师的"近卫军"与群豹搏斗;在尼禄统治的时期,一次猛兽之间的角斗是惊人的400 只老虎同公牛、大象之间的搏斗,尼禄经常使自己的近卫军跟猛兽搏杀,一次尼禄令近卫军与 400 只熊、300 只狮子厮杀。②无论是虎还是熊,如今全球没有一个地方集中着这么多的猛兽了。前面提及,科洛赛罗落成之日,正是 5 000 头动物当场被屠戮致死之时,一时间血流成河,惨不忍睹。

---

① Thomas Wiedemann, *Emperors and Gladiators*, London:Routledge, 1992, p.13.

② [美]威尔·杜兰:《凯撒与基督》,《世界文明史》第 3 卷,东方出版社 2005 年版,第 503—504 页。

暴君康茂德对于珍稀动物的虐杀简直令人发指。著名史学家爱德华·吉本描述道：

> 到了指定的一天，出于谄媚、恐惧和好奇等等各种各样的动机，无数的观众被吸引到圆形剧场上来；这位皇帝表演家的非同一般的技艺马上引起了一阵阵他确也当之无愧的叫好声。不论他是看准那野兽的头还是心脏，同样一出手便能够命中，使之立即毙命。用一种形似月牙的箭，康茂德能在一只鸵鸟迅速奔跑中切断它细长的脖子。一只黑豹被放了出来，这位弓箭手一直等着它直向一个浑身发抖的罪犯扑去。就在这一刹那箭飞了出去，黑豹应声倒下，那个犯人却安然无恙。剧场的狮房的门被打开，立即有一百头狮子同时跑了出来；但在它们愤怒地绕着竞技场奔跑的时候，一百支箭从箭无虚发的康茂德手中飞出，使它们一只只倒地死去。不论是大象的厚皮还是犀牛的鳞甲都挡不住他的攻击。埃塞俄比亚和印度送来了它们的最独特的产物；有几种在圆形剧场被杀害的动物，除了在绘画，或甚至是在想象中，过去谁也不曾见到过。在这类表演中，场上总采取了最可靠的防范措施，以保护这位罗马的赫耳枯勒斯，以防止有任何一头野兽，可能不考虑皇帝的威严和这神的神圣性不顾一切地向他扑过去。

数以万计的野兽的屠戮似乎令人难以置信。难怪在罗马帝国时期，不列颠地区的许多野兽很快绝迹了，欧洲中部、西部一些地区的兽类物种的灭绝也是因为罗马时期斗兽所导致的。当罗马人将地中海划归为内湖进而征服了古代意义上的世界以后，他们以世界的主人自居，其中显示他们主宰世界的方式之一就是：把他们能够搜罗到的珍禽异兽带到罗马城来展示，而后将这些稀有的异兽带到斗兽场，变着花样杀死。这种屠杀不仅仅再现了罗马人的嗜血成性，对于所有的罗马公民来说，它还表示，他们已经彻底征服了桀骜不驯的大自然。

捕捉数量如此之巨的动物并且将他们活着运送到罗马需要庞大的组织和众多的劳工。那时候的野生动物要比现在多得多，但是斗兽活动单场需要数百头狮子，再加上其他动物，罗马人对于野生动物的需求量之大几乎令当代人难以想象。于是，一些地区原有的生态平衡被打破，许多稀有动物很快灭绝。例如，罗马帝国之后，欧洲一直没有发现河马，直至1850年欧洲人用蒸汽轮将一只河马带到伦敦；此前为了捕捉它动用了一个整编团的埃及士兵，花费了 5 个月才将它运到开罗。而罗马帝国时期的暴君康茂德，他用致命的长矛和弓箭，在一场持续 2 天的表演中，亲手射杀了 5 只河马、2 只大象、1 头犀牛和 1 只长颈鹿。在另一场白天的表演中，他从竞技场中间专门构筑的安全通道中杀死了 100 头狮子。当时有人评论："与其说是展示勇气，不如说是在卖弄自己的精准。"

当然，也有另外一种解释，罗马人的猎兽表演只是一种征服欲的再现：他们这样做无非是向世人显示，罗马人是世界的主人，是世界的霸主，世界的最强者；他们不仅能够征服全世界，也足以征服大自然的一切。①

罗马人屠杀野兽的活动又持续了一个世纪，但是最终消亡的迹象却日趋明显。穷途末路的罗马帝国财政日益拮据，进口野兽也已成为一种无力做到的奢望。事实上，斗兽场上毫无节制的残杀使许多动物濒临灭绝。昔日的盛会标志着罗马的权力和光荣，而随后的破败则反映了罗马的日薄西山。他们既无财力举办这种赛事，而且这种赛事也显得不合时宜，并与基督教的新道德观念相冲突。

许许多多的猛兽被杀死，很多兽类几乎灭绝。爱德华·吉本曾经这样述说，"在罗马帝国这个文明国家，野兽早已不在人前活动，它远离了人口集中的城市"，而罗马人却跟踪追击到它们"栖息的荒野中去惊扰它们并把它们搬运到罗马来，让皇帝在众目睽睽之下亲手将它们杀死"。非洲狮子以前经常迫于饥饿闯到没有遮拦的村庄里祸害，这些兽中之王成了罗马人专用的取乐之具，"不幸的农民，即使是为了自卫杀死一头，也会受到非常严厉的惩罚。这一'狩猎法'到霍诺里乌斯时代才有所改变，最后被查士丁尼完全取消"。

4. 观众是裁判

角斗士为尊重并且带给他荣誉的那些观众进行英勇的比赛，甚至愿意为他们战死。当时的环境和背景就是如此，角斗士为大量的观众勇敢厮杀，角斗士为欣赏自己的粉丝而献身于角斗场。

---

① 当然，罗马人在特定历史时期也有自己"保护动物（珍禽异兽）"的法律条文，但只不过是保护这些猛兽自然是为了最终养大它们再获取之。"阿非利加的狮子饥饿时，危害没有防护设施的村庄或耕种地区，不论伤害到人或家畜，都是无罪的行为，且不受惩处"，这自然是帝国时期为了皇帝打猎而用，或者直接运到罗马的竞技场。此即罗马人的"这种很特别的'猎物法'"，它明确规定：如果倒霉的农夫杀死一只狮子，即使是自卫也要遭到很严厉的惩处。参见［英］爱德华·吉本《罗马帝国衰亡史》第 1 卷，席代岳译，浙江大学出版社 2018 年版，第 112 页。

两个角斗士进行比赛,如果一个角斗士击倒了对手而获胜,此时获胜方要听从组织者或者裁判的手势。然而,组织者或裁判这时完全听命于观众:角斗行将结束时,如果观众高喊"米特"(mitte),那意思就是"放了他",获胜的角斗士就会看到组织者做出一个拇指向上的手势,失败者因此幸免于难,他可以暂时得以存活;如果观众这时高呼"伊乌古拉"(iugula),那意思即是"斩断他的喉咙",这时组织者就会将自己的拇指朝下,看到这个手势,获胜者就会毫不犹豫地将失败者杀死。①

如果皇帝也在现场观看,理论上讲失败者的生死这时就由皇帝来决定了。当一个角斗士倒下时,观众会叫喊宽恕他或者处死他。皇帝可能会被观众的手势或者叫声影响,但是他自己才是仲裁者,决定谁活下来,谁死去。正如基斯·霍普金斯所言,当皇帝进入角斗场,或者用拇指决定一个倒下的角斗士的命运时,此时他拥有 5 万名观众、臣子。他知道他就是伟大的恺撒,最杰出的男人。

不过一般而言,皇帝通常会顺从狂热的观众,因为高声呼喊的观众常常影响他的决策,赦免观众喜爱的人可以使得皇帝赢得人心。在科洛赛罗,由一个大隔离墙将贵族与自由民、奴隶等观众分开,后者可以自由进场,并且可以利用这个时候——亦即皇帝在场之时提出隐情、要求,包括宽恕一个囚犯或失败的角斗士,让他们心目中的角斗明星出场,甚至趁此机会请求一些有利于下层人的改革等。

可以肯定的情况是,裁判在比赛期间有权利终止、暂停或是继续比赛。譬如,当一名角斗士的盔甲松掉或其他装备出现问题,这时裁判就可以随时暂停比赛,等他穿戴整齐后继续格斗;这种规则至今仍然存在,在拳击场上经常看到这样的规则(如拳手的牙托掉落,拳击手或跆拳道选手的手套或者服装松掉等等)。

5. 死亡判决:拇指朝上还是拇指向下?

前已有述,后世的研究者似乎至今仍然没有搞清楚,究竟是拇指朝上还是拇指朝下表示给予失败者以致命一击。一些学者认为,如果观众认定进

① 这是个让历史学家解不开的谜。没有人能够完全确信"拇指向下"真的是判决死刑的手势。一些专家认为,我们把它完全搞错了。他们说"拇指朝下"的意思是"把剑拿开",就好像是要宝剑入鞘一般。而"拇指朝上"的意思是"向他刺去",古罗马时代的作家在此问题上也没有留下只言片语。因此,我们想当然的所谓"事实"极有可能出自胡编乱造。参见[英]约翰·马拉马:《角斗士:古罗马的兴衰》,肖欢译,二十一世纪出版社 2003 年版,第 48—49 页。

行格斗的角斗士正在拙劣表演,人们的大拇指会朝下,并且高喊"杀了他!"当角斗赛的举办者将大拇指朝下时,这就是那名注定遭受不幸的角斗士完结此生的信号。他的对手将其就地处决,人们在一旁大喊"他完了!"威尔·杜兰引用弗莱德兰德(Friedländer)的观点,认为拇指向上表示宽大处理。①大部分学者都默认了这种说法。

维也纳大学科学家卡尔完成了迄今为止规模最大的角斗士遗骨分析,发现在一些角斗士的骸骨上,脊骨处留有多处擦伤痕迹。他认为这显然是对手执剑向其喉部刺入,贯穿心脏的结果。他据此分析,角斗士拇指向下属于死亡暗示——力压利剑,刺入对手喉部及心脏。

然而,并非所有学者都认同这一点。②当一个角斗士受伤并且希望屈服时,他会竖起食指。这是观众用手势表示他们希望失败者被释放或者被处死。流行的说法是"拇指向下"代表处死,"拇指向上"代表释放,但是没有人亲眼看到过,只是有书面材料指出转动拇指代表处死,按下拇指代表释放,意思可能是那些希望处死角斗士的人任意挥动他们的拇指,而希望释放他的人则捏紧拳头。在这种情况下,比赛的主办方决定是否处死角斗士或者给予他赦免。

即便是战败,角斗士仍有可能逃避死亡,如果他的技术和勇敢得到皇帝、观众的赏识,战败的角斗士可以举手请求宽免一死。如果皇帝(特别是观众)认为失败者表现比较出色,他们就可以赦免他,反之,则要他死。

这一场景是极其惨烈的,失败者往往抱住其征服者的大腿,由获胜者将他刺死。扮演怒神或死亡魔鬼的奴隶用锤子砸向被认为还没有彻底断气的"尸体",另一个扮死神的奴隶则用烙铁刺向"死者",这么做的目的是确认他是否已经彻底死去。

6. 角色类型知多少?

一般而言,一名角斗士只会被训练成某一特定的类型。不同类型的角斗士所扮演角色都是不同的,从"网手""盾手"到"捕鱼人""射手",从"遮目战士""盔甲战士"到"双剑战士""套索战士""斗兽者"等等,内行的观众能够轻易认出他们的兵种,而且知道每一类型的角斗士会如何格斗。综合约

① 　[美]威尔·杜兰:《凯撒与基督》,《世界文明史》第3卷,东方出版社2005年版,第506页。
② 　如果观众认为角斗士确实是在认真勇猛搏杀,他们即使战败,观众也会扔手绢或将大拇指向下,这是饶恕、赦免他的建议,参见 Lionel Casson, *Everyday Life in Ancient Rome*, Baltimore, Maryland: The Johns Hopkins University Press, 1998, p.106。

翰·马拉马的《角斗士：古罗马的兴衰》，古罗马的角斗士主要有以下种类：

（1）遮目战士：这种角斗士全身套满盔甲，头盔遮盖住整个眼睛，无法看到外面的情景。为了发现对手（也是遮目战士），他们通常盲目地摸索一番，一发现敌人就猛刺一剑。

（2）盔甲战士：他们全副武装、满身盔甲。

（3）双剑战士（dimachae）：用两支短剑搏击。

（4）骑兵：手持一支 2 米长的长矛或剑，坐在马上战斗。他们手持盾牌，穿战袍，戴头盔。他们的小腿和持剑的手用布条包起作为保护。

（5）战车斗士（又称"赛车战士"，essedarii）：站在两轮型赛车上搏击，通常是一对一进行。他们作战的风格没人知道。他们或许并不是在赛车上拼杀，而可能是跳下马车后在地上打斗。

（6）盾牌战士（又称"盾手"，secutores）：是盔甲最厚的战士。小腿部分用铁制护腿板保护。他们用布垫包扎在右手和大腿部作为保护。头盔保护头部和脸庞。他们手持小型盾牌，用长矛和短剑进行拼杀。

（7）套索战士：他们身上穿很少的盔甲，用套索作战。

（8）鱼人战士（亦称"捕鱼人"secutor）：他们的头盔保护住整个脸庞，头盔上面是明显的鱼形标志。他们手持利剑和大盾牌。他们的胸部是赤裸的，但持剑的手和大腿用布垫包裹起来。他们的对手通常是色雷斯战士或盾牌战士。

（9）逗乐战士：他们的工作就是在比赛间隙时模拟拼杀以取悦观众。他们的武器一般是皮鞭、木棒和盾牌。

（10）挑战者：左腿上穿着护胫甲（右腿没有保护器材）。他们胸前佩戴着护胸板，头戴的头盔可以遮护脸庞，持剑的手臂上有护臂。用的盾牌是大的方形盾牌，使用的武器是短剑。

（11）骑手：右手持匕首，左手持弧形矩形盾牌，上半身重盔（无盔饰）。

（12）渔网战士（retiarius）：身上的盔甲很轻，不戴头盔，能够快速运动。他们的武器是渔网、三叉戟和长匕首。他们的左手臂和肩部戴有保护器材。除了腰间缠了块布头外，几乎赤裸。他们用渔网缠住对手。渔网上坠有不少小铅块，这样就能更快更容易地把网撒向对手。

（13）射手：手持一把大弓，从 200 米的距离把箭射出去。他们在罗马圆形竞技场里的最上层。

（14）雕刻手：除了名字外，我们对他一无所知。

（15）追逐者：手持大型盾牌，头戴护眼的头盔。左腿上穿着护胫甲，右手臂上捆着布垫。他的武器是匕首或短剑。

（16）候补战士：有时三人作战，头两位先搏斗，胜者再和第三位角斗士——候补战士拼杀。

（17）色雷斯战士（Thraces）：身披重甲，头戴铁制面罩的高顶盔甲，裤子外佩戴护胫甲。他们的大腿和持剑手臂都绑着布垫。手持小型方形盾牌，或左臂挎小圆盾，右手持弯形短剑（刀）。

（18）鱼盔斗士（又称"莫米罗角斗士"，murmillo）：持有多种武器，头戴鱼盔（以鱼做头盔），身穿高卢服装（故又称"高卢人"，Galli），常常与色雷斯战士比赛（如卡里古拉时期）；有时候手持三齿钢叉，有时手持木剑。

（19）斗兽战士（bestiarii）：统称那些与猛兽搏击的角斗士。

（20）弹弓手（laqueatores）：用自己的弹弓射杀敌手的角斗士。

（21）散兵：他们的长矛上绑着皮带，这样当他们将长矛投掷出去后还能将武器收回。

四、罗马时代的追星族

角斗士的社会地位虽然低下，但却不乏崇拜者。他们的名字被刻在大街小巷，画家为他们画像，诗人为其抒写颂歌，贵族夫人疯狂爱恋他们。

大量的记载说明，即便像罗马角斗场那样充满血腥、残忍的环境，也有追星族出现，对于角斗士甚至女角斗士的崇拜和追捧是司空见惯的事情。

1. 对角斗明星的追捧

根据塔西佗的记载，暴君尼禄统治时期，以他名字命名的"尼禄尼亚"角斗表演等赛会时常举行。首次尼禄尼亚赛会期间，确实没有发生什么耸人听闻的丑事。"民众间没有发生任何哪怕是轻微的、为捧角而相互争吵的情况。"①看来，捧角、追星在古罗马亦很寻常。知名角斗士明星成为文学艺术的重要题材，许多诗歌为了他们而作；他们的肖像被刻画在灯具、碗碟、花盆等上面。

古罗马人对角斗打赌的热情仅次于观看比赛。角斗迷认真记录角斗士的各种资料，并且进行激烈辩论。

---

① ［古罗马］塔西佗：《编年史》（下），王以铸、崔妙因译，商务印书馆1997年版，第471页。

罗马人喜欢享受这种特殊娱乐,这种时光是如此美妙。在角斗比赛现场,罗马人兴奋无比,大声叫喊,关键时刻他们会要求宽恕或惩罚某位角斗士。就这样吵闹几小时后,他们心满意足地回家睡觉。在角斗比赛繁盛时期,罗马人——从元老和神庙中的圣女到平民百姓——均钟情于这类残酷的场景,苏维托尼乌斯记述道:"观看表演的人群如此巨大,以至于许多异乡人不得不沿街搭帐篷而居,人群拥挤不堪,许多人被活活踩死。"

文字和文物资料均显示古罗马从平民百姓到贵族皇室人员追捧角斗明星的事实。在这方面,女人始终走在追星的前列,她们的招摇和疯狂之举经常惹是生非。在庞贝古城的墙上发现有相关文字盛赞了一个色雷斯角斗士为"少女的祈望和快乐"(*suspirium et decus puellarum*),甚至视之为"妙手回春的医生"(*medicus puparum*)。宫廷贵妇为角斗明星而心醉神迷,不顾高贵的地位、身份及家庭的名誉而竟然与之偷情。据说,"哲学家皇帝"马可·奥勒留的妻子福斯蒂娜曾经与角斗士私通,甚至还厚颜无耻地说自己的儿子、"角斗皇帝"康茂德就是她和一个角斗士生下的[1],这类例子不胜枚举。塔西佗《编年史》中记载了大批贵族妇女不顾廉耻涌入角斗场,这种场景是如此壮观,以至于不得不颁布法律禁止这一行为。[2]

不过,据权威史家研究,罗马人当时对于角斗士这一角色,实际上是既爱又恨,有一种极为复杂的、矛盾的心理。[3]因为角斗士形象极为性感,他们备受罗马女人的瞩目,然而对于罗马的男人而言,这实在是一种威胁。再者,罗马的男人对这种娱乐又是如痴如醉,他们是主要消费者。因此,这一研究结论无疑是极有说服力的。从大量的文献中可知,虽然角斗士娱乐在罗马十分流行,但是在一般情况下,一旦涉及他们自身,称某人为"兰尼斯塔"(*lanista*)或角斗士,就是一个典型的污辱性字眼,也是一个诋毁、攻击敌手的书面用语,这被认为是罗马人对角斗士怀有矛盾心理的真正缘由。[4]这一点已经为角斗士研究家所认同,通过这一收益颇丰的行业,兰尼斯塔所获得的经济优势被社会和道德的低劣杠杆所平衡。"他被归入了那些最可憎且微不足道的角斗士的等级。在罗马人的眼中,他既是一个刽子

---

① 参见尤利乌斯·卡皮托利努斯的《安东尼的哲学》第19章,转引自[德]奥托·基弗:《古罗马风化史》,姜瑞璋译,辽宁教育出版社2000年版,第113页。

② Zoll, A., *Gladiatrix: The True Story of History's Unkown Woman Warrior*, New York: Berkeley Publishing Group, 2002, p.103.

③ Thomas Wiedemann, *Emperors and Gladiators*, London: Routledge, 1992, p.27.

④ Ibid., p.28.

手又是一个拉皮条的。他扮演着替罪羊,社会被那些试图挽救人们使之不沦为货品或畜生的组织唤醒,在他的身上投掷了所有的蔑视和耻辱。"[1]

2. 角斗明星与罗马女人

在古罗马,曾经存在着这样一个习俗:如果一个罗马新娘要用一支矛把头发分开,最好就是用一支曾经浸润了失败被杀的角斗士的鲜血的矛。

那些骁勇善战、得以幸存的角斗士吸引了众多目光,其中大多数来自妇女。角斗士对女人很有吸引力,尽管他们大多数是奴隶。获胜的角斗士对异性是很有吸引力的。从庞贝城发现的一些粗糙的雕刻给我们提供了这些信息:"塞拉杜斯(一个角斗士的艺名,意思是众人的咆哮),三次获胜者,三次冠军,年轻女孩心目中的白马王子。"即便是战败的角斗士也有一些性的象征意义。在该城遗址的墙壁上,塞拉杜斯被人们称作"女孩的英雄"和"心跳"。而另外一位叫做克列森斯的角斗士被人们尊称为"老大"。珍贵的文献使得我们确切了解到当时的少女是如何迷恋偶像的:

> 那个色雷斯式的"盾手"塞拉杜斯让所有的女孩子仰慕不已。
> "网手"克列斯森赢得了所有少女的芳心。

在有些地方,角斗士的坟墓和普通坟墓是分开的。从这一角度来说,对其冒险及勇敢行为的这种模糊评价也是他们对异性造成吸引力的原因之一。用德尔图良的话说,角斗士同时被爱和憎恶:"男人将灵魂给了他们,女人则用肉体。"这些角斗士"几乎不可能抗拒那些放荡的罗马妇人的诱惑,他们也因为这些女人而名声大噪,于是经常与她们鬼混在一起"[2]。甚至有学者指出,帝国繁荣时期的淫荡堕落可以在角斗场里随处可见,皮条客、靠富裕女人发家的面首经常为角斗士呐喊助威。[3]

在一些罗马人的脑子里,性和角斗之间有着密切联系。角斗士的阳刚和勇猛极具观赏性和诱惑力,然而这对于罗马的男人而言却是相当危险

---

① Roland Auguet, *Cruelty and Civilization*: *The Roman Games*, London & New York: Routledge, 1994, p.31.

② Lionel Casson, *Everyday Life in Ancient Rome*, Baltimore, Maryland: The Johns Hopkins University Press, 1998, p.106.

③ Roland Auguet, *Cruelty and Civilization*: *The Roman Games*, London & New York: Routledge, 1994, p.37.

的——他们的女人很容易被角斗士吸引和勾引。

罗马诗人朱维纳(Juvénal)在其知名的《讽刺集》里丑化了一位元老院贵族妇女艾皮雅,他认为罗马贵妇人如此崇拜那些演员、角斗士的行为是可耻的,因为那些人都是"社会渣子"。特摘录朱维纳的描述,以说明罗马的贵族妇女是如何崇拜角斗士英雄的:

> 元老夫人艾皮雅(Eppia)伴随着一所斗士学校一路经过法罗斯(Pharos)、尼罗河以及拉葛斯(Lagus)声名狼藉的城墙。卡诺波(Canope)甚至批判罗马习俗的残暴。
>
> 至于她,她对自己的房子、丈夫、姊妹漠不关心,甚至对自己的国家也丝毫不关心。她遗弃自己哭哭啼啼的小孩。一个坏女人啊! 更可怕的是她放弃巴黎斯(Pâris)和竞技场的娱乐。从孩提时期开始,她生活在父亲提供的富裕环境中,睡在洒有金粉的摇篮里;但是她(如今在)向大海挑战,就像向荣誉挑战一般。对她们这些养尊处优惯了的女人来说,这点牺牲不算什么。以一颗大无畏的心,她面对帝黑尼(Tyrrhénie)的海浪,爱奥尼(Ionie)远方的波涛澎湃……她必须——穿越这些海洋。如果女人必须为一个正确而诚实的动机而冒险,她们会害怕,会吓得发抖,双腿颤抖发软。她们只有精力做无耻的事。如果那是一道丈夫的命令,上船是多么可怕的事啊! 船底水井的味道很难闻,令人晕头转向。
>
> 但如果有位多情郎在,胃绝对没有问题。丈夫只叫人恶心想吐;有情人相伴,可以和水手一起吃饭,在船尾打转,以操作粗硬的绳缆为消遣。是什么样的魅力使得艾皮雅如此充满热情呢? 哪一个年轻人使她如此着迷? 她到底看到了什么? 竟然可以忍受人家叫她"女斗士"? 是这样的:塞尔吉乌斯(Sergius)已经开始刮下巴的胡子,他手臂上一道道的疤口让他对退休抱着一丝希望;他的脸因为多次的不幸而变丑:鼻子中间有个大肿块,被头盔弄得满头是伤,呛人的体液一直从一只眼睛流下来。但是,他是一个斗士! 只要这点,就可把他们全部变成伊亚圣特(Hyacinthe),使他们胜过孩子,胜过国家,胜过姊妹,胜过丈夫。她们爱的是钢铁之躯![1]

---

[1] 参见[法]罗杰·哈诺内、[法]约翰·谢德:《罗马人》,黄雪霞译,汉语大词典出版社2001年版,第142—143页。

后世的研究表明,"阻止角斗士同罗马贵族妇女之间的性爱活动是不可能的"①。最痛恨角斗娱乐的皇帝马可·奥勒留,他的妻子就被怀疑跟一个角斗士明星通奸,甚至这一点成为解释她的儿子暴君康茂德狂热迷恋体育娱乐的唯一原因。

总之,罗马的男人和女人都非常喜欢角斗士,其中一个原因就是角斗士极为勇猛、血腥,同时也对女人展现出性感阳刚的一面。显然,后者对于罗马的男人而言是一种潜在的威胁。"一些大量被引用的铭文资料显示,那种吸引是关于性方面的,如庞贝古城里所留存的内容"②,这也难怪罗马贵族妇女有时候是如此迷恋自己所钟爱的角斗士。

3. 成功者享受荣耀

毫无疑问,角斗士大都是在荣誉、自由、金钱的刺激下而英勇搏杀的,当然,有经验的角斗士自然有求名的欲望。角斗士为提高知名度,都有自己的"艺名",比如"好斗者""猛虎""鸽子"等等。那些如痴如醉的追星族疯狂追逐角斗士明星,期待在比赛中看到自己心仪的明星战士上场厮杀。

角斗士亦有等级之分。等级最高者有极高的社会地位和市场价值。有些角斗士的售价相当于 16 万英镑。经验丰富的角斗士常常与新手比赛以增强自己的得胜记录和提高自己的价值。角斗冠军得到奖章和桂冠。成功的角斗士可以摆脱奴隶地位,赢得自由,被授予一把练习用的木剑,以示他们获得解放。提比略皇帝曾经邀请一些退休的有功角斗士参加他所举办的角斗比赛,并且"给每人发 10 万塞斯特塞斯的酬金",这些因为有功而获得自由的退休剑斗士被称为"鲁迪艾里"(rudiarii),"他们佩带粗糙的木剑作为荣誉标志"③。

然而,令人惊异的是,许多已经获得自由的角斗士又回到角斗场,据说这是他们无法抗拒角斗的刺激,不愿放弃自己的名声和地位,还有那被追星族疯狂追逐的快感。

共和国末期,剧院、竞技场的普遍开放是罗马人生活的一件大事。特别值得关注的是,罗马女人在这个时候对角斗活动越来越表现出强烈的兴趣。在这一时期,男女可以混坐在露天的剧场里观看角斗表演。虽然奥古斯都

---

①② Thomas Wiedemann, *Emperors and Gladiators*, London: Routledge, 1992, p.26.

③ [古罗马]苏维托尼乌斯:《罗马十二帝王传》,张竹明、王乃新等译,商务印书馆1995年版,第117页。

时代对于女人这些不检点的举止加以约束,如颁布一些法令使得男女座位有别,禁止观看一些半裸男人的体育比赛,但是,帝国初期大部分时间,女人也像无所事事的罗马男人一样,不断寻求新的刺激,将全部精力、最美好的时光奉献给最受欢迎的角斗比赛。女人对疯狂的角斗比赛如此痴迷,她们涨红了脸,激动地在那里狂吼乱叫。这些疯狂的女人顾不得自己的身份和地位,开始追逐角斗明星——那些连续获得角斗比赛胜利的角斗士——甚至出现了同角斗士私奔的事情。

五、暴 力 与 灾 难

若是盛况空前的角斗比赛举行,它往往不可避免地导致了街道的拥挤、混乱,毕竟那个时期的街道及各种设施还不尽合理,这也是引起角斗场骚乱的主要原因。正如奥古埃特所描述的那样:

> 在不同寻常的比赛来临前的一个晚上,这个城市的人口会因涌入的意大利人及外国人而突然膨胀起来。为宣传比赛而作的广告、海报沿大街贴满了石碑和花坛。富人和平民离开各自的家。这时的罗马早已人满为患,临时出租的房屋已经供不应求,甚至出现了宿营。在大街的人行道上、路口处都支起了帐篷,还出现了有人被压死或者闷死的事故。①

角斗场上的暴力与灾难在古典作家的著述中并不鲜见。恺撒时期,角斗、斗兽比赛频繁举办,且规模巨大,因拥挤而造成的小规模灾难时有发生,许多人因为拥挤被践踏致死,其中包括两名元老。从庞贝古城遗址中可见,豪华的圆形竞技场吸引大量观众,而一旦承受不住突发的暴力,竞技场坍塌都是有可能的。

公元 27 年,一件意想不到的灾难——一个名叫阿提里乌斯的被释奴在费迪纳修建了一座表演角斗用的半圆形剧场,结果"喜好在提贝里乌斯统治时期被禁止的这种娱乐的人们,不分男女老幼,都涌到这里来",这足见角斗

---

① Roland Auguet, *Cruelty and Civilization*: *The Roman Games*, London & New York: Routledge, 1994, p.33.

比赛在罗马帝国受欢迎的程度。结果可想而知,半圆形的剧场由于人过多(多的程度可能难以描绘),地基不牢而坍塌,惨剧发生,"把大量观众和站在四周旁观的人摔下来,压到下面了"。以下是塔西佗的描述:

那些在惨剧刚一发生就立刻被摔死的人倒是摆脱了痛苦的折磨,人们遇到这类的灾祸也只能是这样的命运。更可怜的是那些被砸断了肢体但还没有死亡的人。他们知道他们的妻子或儿女也在那里,但是他们在白天还可以辨认出他们的妻子儿女,在夜里他们就只能靠着他们的妻子儿女的尖叫声和呻吟声来分辨了。这个消息使那些不在事故现场的人都赶来了。他们为自己的兄弟、亲戚或父母而痛哭。甚至那些有朋友或亲属因别的什么原因而离开了家的人也感到大吃一惊,因为人们还不知道罹祸的都是哪些人,而这种未能确定受害者的情况使得受惊的范围更加扩大了。

当人们开始清理倾圮下来的断墙残壁时,四周的人便冲到他们亲人的尸体那里去拥抱他们,和他们亲吻,他们时而甚至发生争吵,因为尸体的面貌已经看不清楚,但是体形和年纪的类似却使人们错认了亲人。在这次惨祸中,负伤残废或是被砸死的有五千人之多。元老院于是作出决定,在今后,财产在四十万谢司特尔提乌斯以下的人不得举办角斗比赛,而半圆形剧场不能建筑在坚固程度未经试验过的地基上。阿提里乌斯遭到放逐的处分。最后还应当提到的一点是,在惨祸发生的第二天,罗马的显赫家族全都打开了大门。因为他们为所有前来救援的人提供包扎用品和医疗;在那些日子里,罗马的景象尽管十分凄惨,但是还能够令人联想到我们祖先的那些做法,他们过去在大规模战役之后,对于负伤者是从不吝惜给以赠赐和照顾的。①

这类角斗场上引发的骚乱在帝国时期是非常普遍的现象。大概就在同时,一件很小的事故引起了罗马的两个移民地努凯里亚(庞贝之东,今日的诺切拉)和庞贝之间的严重纠纷,事故的起因就是大贵族李维涅乌斯·列古路斯主办的一次剑斗比赛。"在相互嘲弄的时候(塔西佗认为这是外地城市中那些性情暴躁的公民的特征),他们对骂起来,继而就相互抛石块,最后更

---

① ［古罗马］塔西佗:《编年史》(上),王以铸、崔妙因译,商务印书馆 1997 年版,第 250 页。

动起武器来了。"①

  资料记载的另外一场涉及角斗士比赛的骚乱发生于尼禄统治初期,这是角斗迷之间,而且是不同城市间角斗迷的大规模冲突。当时庞贝城的角斗迷同附近小镇努西里亚的角斗迷发生了严重的暴力事件,在这场暴力冲突中,努西里亚的角斗迷显然是寡不敌众,他们遭受重创后死伤惨重。这场冲突引起罗马帝国高层的严重关注,尽管尼禄也是一个喜欢角斗比赛的皇帝,但元老院还是通过了严惩的措施:那些挑起事端的人立即被放逐,庞贝城最著名的圆形竞技场被关闭 10 年。这一惩罚令对于庞贝地区的角斗迷而言,无疑是一种震撼性的惩罚。

  帝国时期,暴君图密善经常举办大规模的海战表演,他在台伯河边建造的人工湖蔚为壮观。在一次大规模的海战表演中,成千上万的人死于非命,死者不仅包括参加者也有许多观众。根据卡西乌斯·迪奥的记载,"滂沱大雨是差不多全部海战参加者死亡和许多观众感冒和病死的原因"②。

  除了人为骚乱而引起的灾难之外,还有其他因素导致的灾祸,特别是由于竞技场本身质量引起的灾难也为数不少。因为早期罗马竞技场往往由木结构建造,这种情况具有两大隐患——火灾和坍塌。如马克西姆斯竞技场由于年久缺修,座位都是木结构,因此曾经有过系列的灾难,最大的一次因座位坍塌,造成了 1 112 人死亡的惨祸。③

① [古罗马]塔西佗:《编年史》(下),王以铸、崔妙因译,商务印书馆 1997 年版,第 467 页。
② [古罗马]苏维托尼乌斯:《罗马十二帝王传》,张竹明、王乃新等译,商务印书馆 1995 年版,第 327 页。
③ Thomas Wiedemann, *Emperors and Gladiators*, London:Routledge, 1992, p.19.

第五章　大结局：自由还是死亡？

角斗士的肱二头肌似乎决定了他们的命运，美好的前途与悲惨的结局也就在刹那间有了结局。但有的时候实力并不能决定胜负，实力稍逊者，甚至是实力很差的人把握住胜机，就能成为幸运儿。

一般而言，绝大多数角斗士的归宿就是死亡，其地位出身及造就这种娱乐活动的社会环境注定他们不过是一种象征性的"符号"——那种低下卑微、穷困潦倒、绝望失意的形象，他们只是供人观赏的玩物，而且是随时就会死亡的玩物（其死亡甚至还被罗马人视为一种笑柄），某些时候还令人憎恶。"角斗士是活生生的自我救赎、自我辩护和证明的一种象征。"[1]

当然，幸运而走向成功的角斗士也是存在的，不过走向成功的征途必定是不平凡的。"在古代社会，当竞技比赛开始的时候，真实的自由也遗失殆尽。"[2]

一、成功的角斗士

角斗士获得成功，最想得到什么呢？很显然，角斗士的出身决定了他想要获得的东西——金钱与自由。角斗士每一次比赛都有酬金；正如学者所言，"绝对不同于已经花费巨大的'猎物'，角斗士更加昂贵，很多时候甚至贵得出奇，这取决于参加角斗者本身的素质：训练有素，身怀绝技，身经百战。如同我们将要看到的，真的是一剑之下可以毁掉一大笔财富"[3]。如果一名角

---

① Carlin Barton, "The Scandal of the Arena", *Representations*, No. 27(Summer, 1989), p.23.

② ［美］大卫·波特：《胜者王冠：从荷马到拜占庭时代的竞技史》，曹正东译，浙江人民出版社2017年版，第11页。

③ Roland Auguet, *Cruelty and Civilization*：*The Roman Games*, London & New York：Routledge, 1994, p.30.

斗士在竞技场上格斗三五年而得以幸存下来，那么他就能够获得自由。

1. 渴望获胜:"关键时刻"

在角斗学校里，角斗士的老板或经纪人时常刺激或鼓励那些出身奴隶或地位低下的角斗士①，他们会讲述那些勇敢的人如何骁勇善战并最终获得胜利，从而拥有豪宅、奴隶。

奴隶渴望获得自由，获得公民的身份和地位;战俘渴望获得奖金和尊重;死囚渴望获得解放和金钱;自由人渴望获得狂热的崇拜与更高的地位，同样也渴望获得金钱，获得他想得到的一切。著名的斯巴达克斯曾经"说服他的同伴约 70 人，要为他们自己的自由而斗争，不要为观众的娱乐而斗争"②。无论是古典作家(他们实际上都是角斗活动的见证者)，还是后来研究这一竞技项目的专家，他们都指出，角斗士为了荣誉和面子都是奋不顾身、勇往直前的。大量留存下来的角斗比赛的艺术作品所展现的胜利者和(勇敢的)失败者的内容一样重要。恰如乔治·维尔所言，并非是角斗比赛的胜利场面而是比赛的"关键时刻"占据绝大多数的此类艺术作品。③这充分说明，角斗士对胜利的极度渴望早已把死亡置之度外，斯多葛学派的大哲学家塞涅卡指出，角斗士走进角斗场(犹如战士走向战场)的急切心情完全与哲学家参加那种势均力敌和价值极高的辩论一样，可谓是激情四射，令人热血沸腾。"要么为了财富和荣誉，要么光荣地战死，并非是获胜而是那种残暴猛烈值得人们认可和赞赏。"④

塞涅卡为此如是强调:

> 武士的荣耀在于他们的伤痕累累;他们欣喜若狂地展示其鲜血淋漓的伤口……那些从沙场上回来但毫发无损的人可能还要继续去厮杀，而那些满身鲜血的人则完全享受更高的尊敬。⑤

为了获得胜利，一些角斗士选手采取非正常的格斗方式，譬如为恐吓其

---

① 角斗士的地位毕竟是低下的，除了角斗士明星以及在个别的环境和场合之下，他们的地位无疑同囚犯和奴隶一样:在斯巴达克斯大起义期间，那些角斗士"高高兴兴地更换了装备，扔掉了那些被人认为是耻辱和野蛮的角斗士武器"，参见 Thomas Wiedemann, *Emperors and Gladiators*, London: Routledge, 1992, p.27.

② [古罗马]阿庇安:《罗马史》(下)，谢德风译，商务印书馆 1985 年版，第 98 页。

③ George Ville, *La Gladiature en Occident des origines à la mort de Domitien*, Rome, 1981, p.410, pp.423—424.

④⑤ Carlin Barton, "The Scandal of the Arena", *Representations*, No.27(Summer, 1989), p.13.

对手，一些角斗士据说超常地学会使用左手，这方面的资料散见于猎兽作家、讽刺作家的记载，铭文，以及马赛克、雕刻、陶瓷等材料中。这一点甚至被认为是角斗士邪恶的一面。①

一般而言，获得胜利的角斗士，不管是奴隶还是自由人，都想成为被世人崇拜的偶像。

2. 奖　赏

那些获胜的角斗士会得到胜利的奖赏——金钱和象征胜利的棕榈枝。有时候获得的奖品是一只金碗，或者金冠，或一枚金币等。杰出的角斗士，他们的头上将佩戴桂冠。

最高的奖赏是一把木剑，它象征着角斗士获得了自由。如果角斗士能够获得这样的木剑，那么他就可以从此永远退出角斗场，摆脱奴隶地位，赢得自由。他不仅获得了自由，还可以充分享受自己赢得的金钱和名利。克劳狄皇帝曾经应一个战车角斗士的4个儿子的请求，授予该角斗士以木剑，罗马人以雷鸣般的掌声称赞皇帝的这一行动，然后"他立刻贴出布告晓谕人民，多生子女好处多；如他们已看到的，孩子们甚至可以给一个当角斗士的父亲带来好处和保护"②。

当然，木剑是一种象征，它用于训练及模拟比赛；暴君为了获得胜利，下令让他的对手手持乱真的木剑，卡里古拉曾经与角斗学校的一位姆尔米洛角斗士比赛，后者"用木剑和他格斗并故意倒在他脚下时，他却用真剑刺死了他，然后像获胜者那样，手持棕榈枝绕场奔跑一圈"③。这位皇帝的残暴导致了在位不到4年就众叛亲离地死于非命。

不过，就真实的奖金而言，在角斗活动比较兴盛的时期，较为成功的角斗士还是"收获满满"的。马可·奥勒留皇帝曾经希望将奴隶角斗士的收费提高到1.5万塞斯特塞斯，"而供养四口之家所需的最低收入为1 000塞斯特塞斯"，可以说，至少是"在公元1世纪和2世纪角斗士确实有可能获得巨大的财富"④。

---

① Thomas Wiedemann, *Emperors and Gladiators*, London: Routledge, 1992, p.30.

② ［古罗马］苏维托尼乌斯：《罗马十二帝王传》，张竹明、王乃新等译，商务印书馆1995年版，第206页。

③ 同上，第173—174页。

④ 研究家通过数据表明，"一个成功的角斗士即使一年只竞赛两三次，他的经济状况也要优于大多数社会高层人士的经济收入"，参见［美］大卫·波特：《胜者王冠：从荷马到拜占庭时代的竞技史》，曹正东译，浙江人民出版社2017年版，第194页。

3. 战 场 如 家

特别是那些奴隶、囚犯、战俘出身的角斗士,他们想得到的首先就是自由之身。塔西佗在其《编年史》中记载:"在参加战斗的人们一场血腥表演之后,就都被免除了死刑。"①

然而,对于某些角斗士而言,角斗场始终是他们的战场,是他们永远的家。他们不能退出角斗舞台,因为他经历过失败,他几乎没有机会退出比赛。那么,一直在角斗场进行搏杀就成了他们的生活,也是他们的一切。据载,一位有名的角斗士佛拉马,他的角斗士生涯就是如此。总体上看,他应当经历了一个非常辉煌的角斗历程:在他的一生中,他一共参加过34次搏斗,其中赢了21场,平了9场,输过4场,但是却令人吃惊地获得过4次赦免。于是,他就没有机会退出角斗场。

有时候,角斗士为了获得胜利,他们要做一些各种各样的准备活动,以减轻精神焦虑、心理压力。在角斗期间,有些角斗士"会丢掉他们的盾牌,企图以不可思议的方式来捉住对手,或者做出比较优雅的姿势以娱自己"②。但是对于大部分角斗士,他们会继续攻击,用厚重、坚而钝的装备躲避。有时候业余者参与比赛往往是羡慕角斗士的技术。

二、从奴隶到将军

奴隶出身但最终获得解放甚至因角斗比赛而跃居高位的人不在少数。马可·奥勒留皇帝所赦免的一个奴隶普罗森斯在成为自由民后,由于其特定的生活环境而逐步发迹,皇帝死后其子康茂德即位,这位酷爱角斗娱乐的暴君重用他,将他钦定为角斗表演的大总管。这位奴隶出身但地位不亚于元老院贵族的普罗森斯在随后的数年内组织、主持角斗表演,即便其死后也荣耀有加。他那高档石棺上的铭文如此记述:"恩公也是奴隶出身,获得自由之后……"③

① [古罗马]塔西佗:《编年史》(下),王以铸、崔妙因译,商务印书馆1997年版,第392页。
② Roland Auguet, *Cruelty and Civilization*: *The Roman Games*, London & New York: Routledge, 1994, pp.44—45.
③ Baker A., *The Gladiator*: *The Secret History of Rome's Warriors Slaves*, New York: Thomas Dunne Books, 2000, p.67.

许许多多的角斗士被编入罗马部队里的分队甚至罗马军团，在罗马历史上特别是帝国时期，角斗士组成的军队是常见的，古典作家、历史学家都有大量相关的记载。由剑奴与角斗士组成的部队经常使用，在公元69年的罗马内战期间，大规模的剑奴被奥托皇帝、维特里乌斯皇帝使用，在这样的情况下，一些表现突出的角斗士很有可能成为普通的将军。

角斗士军队可以发挥非常重要的作用，有时候可能会起到关键的作用。他们多是与弓箭手、投石手、轻装部队组合在一起，显然不同于罗马的重装步兵，是经常起到关键作用（如敢死队）的特殊队伍。这方面史学家阿庇安有些零星但可信的记载①，特别是那些参与罗马人常规战争的角斗士部队，一旦角斗士立下赫赫战功，他们步步攀升的机会还是相当大的。

当然，立功的角斗士肯定获得奖赏：自由、金钱、提升等，立下汗马功劳者完全有可能成为一个将军。

然而，也有与上述梦想相反的结局——从将军到奴隶。康茂德继位后，担心他父亲手下的大将军马克西莫斯威胁其统治地位，于是剥夺了他的将军头衔，并且将他立即投进角斗竞技场。因此，这一实例充分说明，在罗马漫长而残酷的角斗士历史上，类似的例子还有不少。

700余年的角斗士发展史，数不胜数的奴隶走上获取荣华富贵的道路，他们当中有些成为赫赫有名的将军；同样，也有许许多多的贵族、将军进入竞技场；当然，有些人最初是自愿走进角斗场的。

三、贵 族 之 梦

在罗马圆形斗兽场，角斗士通过"活命门"进入角斗场，然后获得成功，那些角斗冠军得到奖章和桂冠，从而实现他们最终成为贵族的梦想。

角斗士获得财产往往来自主办者的恩赐②，这也是普通角斗士走向贵族的重要途径。尼禄在挥霍财富和金钱方面几乎超过任何一个罗马皇帝，"在他看来，只有那些挥金如土、肆意妄为之徒才是堂而皇之的正人君

---

① ［古罗马］阿庇安：《罗马史》（下），谢德风译，商务印书馆1985年版，第441、444页。

② 实际上，角斗士也是这些主办者、组织者等罗马贵族的私有财产，帝国时期尤其是公元三四世纪，无法无天、作威作福的禁卫军就曾经利用角斗士在罗马城"肆意妄为"，这些角斗士"原来都是有钱贵族的财产"，此时却帮助禁卫军镇压罗马民众。参见［英］爱德华·吉本《罗马帝国衰亡史》第1卷，席代岳译，浙江大学出版社2018年版，第220页。

子……在施舍和开销方面，尼禄没有节制……他赠给竖琴师梅涅克拉特斯和角斗士斯皮库鲁斯的产业与赠给凯旋者的产业相等"，可见他对于这位角斗士的施舍之巨，因为那足以使之成为一位体面的贵族。后来这位角斗士成为他的心腹（也许是嬖从）①。

一些角斗士作为显赫贵族的保镖，甚至作为皇帝的侍从，享有那些被随时送进角斗场的角斗士所无法得到的特权。特别是皇帝身边的角斗士，更有可能拥有一定的特权，一旦遇到特定的机会，他们会时来运转。参与刺杀皇帝图密善的那名角斗士如果没有被惩罚，那么他就很有可能获得更大的升迁。②

这里可以举一个杰出的赛车手盖约·阿普雷乌斯·狄俄克利的故事作为有说服力的例证。这位赛车手的传奇生涯被镌刻在罗马的铭文里：公元122年他初到罗马时只有18岁，起初驾驶白色的马车，不过他很有天赋，第二年就获得了首次胜利，并且此后一发不可收，节节获胜，战绩骄人。为此，狄俄克利备受追捧、崇拜。公元128年，他转为驾驶绿马③，数年后又转为驾驶红马。狄俄克利42岁退休，他参加了总共4 257场比赛——这可能是我们所能看到的参与最多场次的比赛选手了，而且他令人惊异地赢得了其中的1 462场比赛，其中获胜的一半以上都是"自始至终领先"的场次。这位被罗马人视为伟大赛车手的人，具有驾驭马匹的超强能力，他曾经用一匹心爱的马夺取了200场的胜利，简直令人咂舌！

不过，最令我们感兴趣的是，他最终拥有成为贵族的梦想：狄俄克利一生赢得的奖金达到3 600万罗马元，而罗马军团里一名普通士兵一年的薪水为1 200罗马元。如此丰厚的财富足以使角斗士明星实现贵族之梦。

从历史上看，角斗士的生涯都是较为短暂的，其低贱的地位决定了命运，他们时时刻刻都可能死于非命。而较之男性角斗士，女性角斗士的"职业生涯"更加短暂，她们几乎就是"吃青春饭"，"一般都是年轻女子才能胜任此职"，她们是在青春年少之时、在结婚之前从事这项竞技，而"通常会在婚后放弃竞争激烈的演出活动"④。

---

① ［古罗马］苏维托尼乌斯：《罗马十二帝王传》，张竹明、王乃新等译，商务印书馆1995年版，第241、258页。

② 同上，第240页。

③ 备受罗马人喜爱的战车赛主要分为四种类型，以车马赛具的颜色区分——为的是使观众易于辨认，四种颜色是绿、红、蓝、白，通常称为绿马、红马、蓝马、白马。每一赛手都有自己的颜色、马厩、教练、马夫和支持者。

④ ［美］大卫·波特：《胜者王冠：从荷马到拜占庭时代的竞技史》，曹正东译，浙江人民出版社2017年版，第191页。

四、结　局

角斗场上不可能只有胜利者，当然也不可能全是失败者。在角斗比赛结束时，竞技广场上遍布着鲜血和尸体。为了使得后面的比赛顺利进行，人们用耙子把广场的沙地翻新。因此，在每一个角斗场上，耙子是必备的清扫工具；此外，新的沙土也始终储备着。

1. 败者的归宿

一旦号角吹响，角斗士正式比赛，表现得无畏、勇猛。但是仍然有一些胆小的、清楚自己实力的角斗士，他们知道走上角斗场就是死路一条，因此上场之时表现得胆怯或不情愿，这些"怕死"的角斗士多是被皮鞭、烙铁驱赶着进入角斗场。[①]

失败者的下场是悲惨的，但胜利者往往只是少数，幸存下来的胜利者多么让人艳羡，而失败者的前途和命运是什么呢？毫无疑问：死路一条。失败者也许最多能够选择死的方式而已。一个角斗士一年只需参加两三次比赛，一般认为，极少有人能活三到五年。如同那位著名的哲学家塞涅卡所言，"角斗士，无论他可能会多么地懦弱，他必须以喉试刃，其颈项还需躲避那偏离的刀锋"[②]。角斗士最终面临绝望和死亡，实际上他们也是"在劫难逃"[③]。

通常而言，失败者在角斗场上最常见的死亡方式是：被胜利者再痛击一下，了断性命。这种痛击的方式各种各样，包括被长短剑（匕首）刺死，被戟刺死，被刀劈死，被铁锤砸死，被饥饿的猛兽吃掉……

还有一些死有余辜的谄媚者，他们多是迎合尼禄、康茂德等一些暴君的人，他们是角斗士志愿者，不过是配合暴君进行格斗的。康茂德曾经在圆形大剧场进行过无数次的角斗，自然总是胜利者，当他在格斗士学校，或在他自己的宫廷中进行练习时，他可怜的对手常常不免荣幸地受到康茂德亲手赐予的一次致命的御伤，不得不就此用自己的血结束自己谄媚的一生。这位暴君虽然在正式公开的比赛中还会手下留情，但是据同时代的贵族、

---

① Tertullian, A., *Pologeticus*, 15.5.

② Seneca, *Epistulae*, 30.8.

③ Carlin Barton, "The Scandal of the Arena", *Representations*, No.27（Summer, 1989）, p.17.

史学家卡西乌斯记载,他在自己的家中进行私下较量时剑下见血,杀死或致残不少对手,砍掉一些"人的鼻子,另外一些人的耳朵,还有一些人的各种面部器官"①。

死亡的角斗士一般会被抬往停尸房,停尸房的大门被称为"波尔塔·利比提宁西斯"(Porta Libitinensis,死亡女神)之门。一旦进入太平间,他们的喉管会立即被割断,以便确保他们彻底死掉,而非装死!罗马人特别忌讳这点,这种胆小的行为多被蔑视。当然,那些死亡的角斗士是祭献给复仇女神的,朱利亚斯·卡皮托利努斯(Julius Capitolinus)对此有所描述。②

2. 专职医生的疗伤

角斗场上存在着那一时代特有的文明,为的是保证角斗娱乐活动的延续。受伤的角斗士并非都被立即置于死地,相反,在许多情况下,对于那些受伤的人,医生会为他们包扎好伤口,保证他们能够活下来继续格斗。

事实上,角斗士的生活有时候简直可以说是非常优裕,有如下记述:

> 角斗士的生活条件是粗劣的,但是由于(角斗老板)可以得到很大的利益回报,所以总体来看,他们的饮食、居住及医疗条件远比普通人好得多。只有新手、散漫者才被戴上镣铐,也只有在浴室里才没有任何人照顾。训练有素的角斗士并非一直毫无自由、被监禁,或一直被囚禁在角斗士营房。③

罗马的角斗士特别是明星角斗士甚至还可以拥有自己的专职医生。这些医生是为了保持角斗士强健的体魄,主办者及角斗士的拥有者还为得力的角斗士聘请优秀的医生。例如,罗马时代最伟大的医学家盖伦在公元2世纪中期就是从角斗士专职医生开始其职业生涯的,不过后来他

---

① [美]时代—生活图书公司:《世界霸主:罗马帝国,公元前100年—公元200年》,老安译,第149页。

② Carlin Barton, "The Scandal of the Arena", *Representations*, No.27(Summer, 1989), p.21.

③ Donald G. Kyle, *Spectacles of Death in Ancient Rome*, New York: Routledge, 1998, p.84.

成为了马可·奥勒留皇帝的御医。

3. 赦　免

实际上,并非失败的角斗士总是最后被重重地一击,结果性命。除了上述许多因为负伤而被治疗的选手外,还有被赦免的角斗士,虽然这种情况并不多见,但也并不鲜见。

当一名角斗士倒地时,摆在他面前的道路只有两条:要么立即死亡,要么还有可能获得赦免。不过这时他获得幸存的机会只有一个:当他仰面躺在地上时,会举起左手,并且伸出一个手指;或双腿跪在地上,请求饶恕。不过至今尚不清楚的是,究竟是大拇指朝上还是朝下表示赦免。

那么这时候一般会有什么样的结果呢? 如果此人格斗出色的话,观众或许会让他活下去。这时观众可能会挥舞着手绢,竖起大拇指高喊"放他一马! 放他一马!"然后所有的目光将集中到角斗赛的裁判或举办者(有时候是皇帝)的身上,看他是否同意。如果他同意的话,这名角斗士就会获得赦免,不过他下次恐怕就不会这么幸运了。

如果判处角斗士死刑,那么战败者会礼节性地抓住胜者的大腿,后者用剑刺入败者的脖颈。

前已有述,角斗士佛拉马经历了一个非常辉煌的角斗历程,在他参加过的 34 场角斗比赛中,他赢了 21 场,平了 9 场,其中输过 4 场,但这 4 场他都令人吃惊地获得了赦免。

4. 无言的结局:死亡角斗士的卸妆间

毫无疑问,今日看来,大多数奴隶、战俘、死囚角斗士的结局是悲惨的。许多角斗士在走向角斗场之前就已经死亡,或者初期过着被囚禁的生活或其他非人的生活。即使能够走进角斗场,等待他们的命运也好不到哪里去,只有少数人才能享受到荣誉、金钱带来的幸福生活。"本质上讲,角斗场上可以再现罗马人的荣耀"[①],角斗士也可以由此获得胜利的喜悦:金钱和荣誉。然而,这种胜利的取得来之不易,虽然可能性存在,但是这种可能性却是极低的。

不过,荣誉和金钱并不是那么容易得到的。路易·罗伯特如此评价角

---

① Carlin Barton, "The Scandal of the Arena", *Representations*, No. 27 (Summer, 1989), p. 13.

斗士的墓志铭:"我倒下了,我征服了""人们所感受到的是短语'*epipton te kai enikon*'表达的那种崇敬之意:等同于荣耀的死亡和胜利!"①

在罗马共和国时代,角斗比赛操纵在私人手中,角斗士一般都会战斗到死为止——实际情况是,他们没有活路,只有死路一条。这是共和国时期的规定,这条规定在帝国时期被废除。不过,大多数资料显示,角斗士生存的时间是相当有限的,这一时间一般为一年或更短②——多数进入工作状态的角斗士生命至多维持一年。

角斗场里所有角斗士死亡的概率并不是对等的,死囚没有或几乎没有活下去的机会,战俘、奴隶、志愿者生存下去的概率差别很大。③不过就平均计算并且推断下来,每10次比赛中只有1次生存下来的希望,真可谓九死一生。④

如前所述,许多角斗士走向死亡之路,此前得不到任何怜悯。克劳狄皇帝有时非常残酷,在角斗表演中,那些偶尔摔倒的角斗士,尤其是渔网角斗士,他都下令将他们杀死;"当一对角斗士相互杀伤致死时,他立刻命令用他们的剑为他做几把小刀"⑤。

即便角斗士要被处死,他们也被要求在特定的仪式中高贵地死去,而不能因恐惧而叫喊或者畏缩。有些学者认为,在带走角斗士尸体时也有仪式,一个扮成冥界使者的人检查以确认角斗士真的死了,然后穿着特殊服装的

---

① Louis Robert, *Les Gladiateurs dans l'orient grec*, Amsterdam, 1940, pp.254—255,转引自 Carlin Barton, "The Scandal of the Arena", *Representations*, No.27(Summer, 1989), p.32。

② Lionel Casson, *Everyday Life in Ancient Rome*, Baltimore, Maryland: The Johns Hopkins University Press, p.106.

③ 关于角斗士的死亡或者生存概率,权威专家的研究值得关注:角斗士在竞技场上死亡的风险存在着极大的变数。被判刑的罪犯、死囚(角斗士)几无生存概率;同样,战俘、奴隶、志愿者(角斗士)的生存概率也是变数非常大——其死亡概率取决于他们的技艺本领、勇敢程度以及地位,也取决于比赛主办者的宽宏大量;武艺高强的志愿者角斗士价格昂贵甚至价值连城,他只为角斗比赛活动主办者而战。可参见 George Ville, *La Gladiature en Occident des origins à la mort de Domitien*, Rome, 1981, pp.318—323; Clavel-Lévêque, *L'Empire*, 203, n.256(cf.76),他推断公元1世纪的角斗士在一生的竞技生涯里可谓"七死一生",到了接下来的公元2世纪则几无生存概率了。参见 Carlin Barton, "The Scandal of the Arena", *Representations*, No.27(Summer, 1989), p.25, n.10。

④ 多数情况下,角斗士"年纪轻轻(就会)猝死","我们了解到,最年轻且尚未成功的角斗士在第二次决斗中便丧生,年仅18岁。大部分在决斗中丧生的选手只有20多岁",参见[美]大卫·波特:《胜者王冠:从荷马到拜占庭时代的竞技史》,曹正东译,浙江人民出版社2017年版,第1、9页。

⑤ 根据老普林尼《自然史》记载,用杀死过人的刀子杀死猎物是治疗羊癫疯的特效药,参见[古罗马]苏维托尼乌斯:《罗马十二帝王传》,张竹明、王乃新等译,商务印书馆1995年版,第214页。

奴隶用钩子将尸体拖走通过死亡之门：其中一个打扮成河流冥神卡戎，卡戎用榔头敲击死者尸体，意为渡亡者灵魂经过冥河到另外一个世界；另外一人扮成墨丘利，这个奴隶拿着烧红的烙铁去测试倒下的角斗士是真死还是装死，如果还没有断气，墨丘利则会用这烧红的烙铁彻底结果战败的角斗士的性命。

那些忍受不了残酷搏杀历程的或者是搏杀水准低下的角斗士，常常为他们有限的寿命而叹息。因为他们知道自己时日不多，于是心理承受能力小的角斗士率先自寻短见，只是自杀寻死的方式五花八门而已。"有一个人用洗厕所的海绵窒喉而死，另一个人把头撞入转动中的轮辐，有些人在竞技场上切腹自杀。"①

由于角斗士学校像座监狱，管理严密，角斗士很难有逃脱机会，即便有逃走的角斗士，在被抓回来后其将受到更严厉的处罚，一些最初条件好而被强迫成为角斗士的人，无法忍受时往往会自杀。

最终，大多数角斗士的命运是显而易见的，他们走向死亡的归宿是非常容易理解的。从拉丁词汇中可知，一些专有名词反映了角斗活动盛行期间，死亡的角斗士甚至有专门的"化妆间"和"卸妆间"。死亡角斗士的卸妆间名曰"*spoliarium*"，它们不一定是所有死亡角斗士都拥有的"奢侈之地"，也不一定在所有的历史时期都普遍存在，而更有可能的是为那些角斗士明星所特供的房间。罗马城曾经展现的大牌角斗士明星化妆、卸妆的较为奢华的处所，既体现了角斗娱乐活动受欢迎的程度，也足以说明角斗士最终的命运之所在，毕竟这一词汇是"死亡角斗士"的处所。

五、角斗运动的衰亡

角斗比赛的终结自然与罗马帝国的衰亡相关，也与基督教的发展及其越来越大的影响有直接的关系。最终皈依基督教的君士坦丁大帝率先颁布了对它的禁令。大约到了公元5世纪末，风行整个罗马帝国世界的角斗娱乐活动逐渐销声匿迹了。这是因为，如果与之前（主要是共和国晚期及帝国前期的两个世纪左右）角斗活动相对兴盛、特别是一些暴君如尼禄和康茂德等皇帝大肆铺张举办相比，到了公元3世纪中后期，角斗娱乐"退居二三

---

① ［美］威尔·杜兰：《凯撒与基督》，《世界文明史》第3卷，东方出版社2005年版，第506页。

线",它是除了戏剧和赛车赛马等活动之外的娱乐表演项目。①此外,因为征服东方取得的无与伦比的巨大成就而举办的"如此当之无愧"的凯旋仪式,是如此"盛大和华丽",在史学家的描述中,"壮观的队伍最前面是20头大象和4只皇家的老虎,还有200多只来自帝国北部、东部和南部的珍奇动物,接着是1 600名角斗士"②,他们的比赛被安排在罗马城著名的圆形竞技场里。从著名的吉本所引用的这组数据中,可以推测,到了公元3世纪中后期,罗马人的角斗娱乐项目已经今非昔比,尽管也还有800对进行厮杀。再过数年后,皇帝普罗布斯那著名的凯旋仪式也举办得甚是排场:公元281年,"那一天,我们不会忘记发生了一个非常特殊的状况,有80名角斗士在毫无生还希望的情况下,在圆形竞技场进行惨无人道的杀戮,还保留的600名角斗士则准备以后几天表演"③。从数字上看,已经与前面奥勒良的那次凯旋式的人数差距甚大了。至于这一活动是否从此时开始逐步呈下降、衰落之势,也要根据不同的历史时期而进行具体研究。

由于基督徒极端憎恶角斗活动,君士坦丁大帝于公元325年下令禁止角斗比赛。角斗比赛可能从来没有在君士坦丁堡举办过,但在罗马,角斗学校和角斗比赛一直持续到5世纪末。实际上禁止角斗比赛在一开始是非常困难的④,后来皇帝数度颁布禁止角斗娱乐的法令,角斗比赛才逐步得到遏制。

一份关于禁止这项活动的禁令——公元325年"君士坦丁·奥古斯都皇帝致副执政马克西姆"的禁令作了如下陈述:

> (角斗比赛)血淋淋的场景令吾辈好生厌恶,它扰乱了众生平和的生活,亦令国内不得和平。为此我们全体声明,严禁角斗士的存在。因

---

① 在皇帝奥勒良那次著名的"节目繁多需时甚长"的凯旋仪式中,"典礼延续下去,除了各种戏剧表演外,还有赛车场的惊险节目、猎杀各种凶猛的野兽、角斗士的拼命格斗,以及大规模的海上作战模拟……",相信吉本如此描述肯定有着热门的排序,否则,如果角斗表演在当时最为兴盛,那么,其规模和受欢迎程度肯定应当排在前列。参见[英]爱德华·吉本:《罗马帝国衰亡史》第2卷,席代岳译,浙江大学出版社2018年版,第36页。

② [英]爱德华·吉本:《罗马帝国衰亡史》第2卷,席代岳译,浙江大学出版社2018年版,第34页。

③ 同上,第67—68页。

④ 实际上,甚至是到了公元二三世纪之交的塞维鲁皇帝统治时期,他也仅仅是因为一个偶然事件(据说是他"对某位罗马观众的行为尤感失望:这个人把女性选手视为奇珍异兽,并在场上对选手言语轻薄")而非常不悦,从而"全面禁止了女性角斗士的出现"。参见[美]大卫·波特:《胜者王冠:从荷马到拜占庭时代的竞技史》,曹正东译,浙江人民出版社2017年版,第191页。

此您应当使那些人，那些被迫成为角斗士的罪犯，让他们去采矿服役，不要再遭受流血的惩罚。①

然而，禁止角斗娱乐活动的阻力很大，因为帝国的心脏——罗马的公民仍然喜爱这项娱乐，他们强烈要求继续角斗比赛。希马尔库斯（Symmachus）曾经致信迪奥多西一世皇帝和阿卡狄乌斯皇帝，用最为强硬的措辞敦促他们颁令满足罗马人希望继续角斗活动的愿望，因为罗马人向来认为享受角斗娱乐是他们的权利。

> 罗马人民翘首以待您卓越的善行，以您的神威所给予的恩赐；如今我再次请求您，以您那永恒真理的名义所许诺的那样，将这项娱乐活动（角斗比赛）赐与他们。不是因为我们怀疑他们将获得这种恩赐——因为我们怀着更大的信心坚信那些善良的皇帝的承诺——而是因为不希望给他们留下愿望不能及时满足的不好印象。在此我们恳求仁慈的皇帝，在您慷慨地向饥民提供了丰富的食物后，希望您也允许在罗马圆形大剧场和庞贝的剧场举办赛车比赛、戏剧表演等，以满足人民寻求娱乐的愿望……城市的公民喜欢角斗表演，他们希望能够享受这种娱乐……②

可以想象，罗马帝国的皇帝处在当时国家生死攸关的时刻，既要处理国家大事，还要应付这种角斗娱乐——这种他们实际上已经十分厌恶的活动。他们在那一时期已经基本皈依了基督教，而基督教信仰又是如此憎恶流血的杀斗，但是罗马人——从贵族到自由民，他们许多人并不信仰基督教，他们要维护其固有的传统，其他许多城市的非基督徒也是如此，他们仍然沉醉于已经风行了好多个世纪的角斗比赛，这仍然让他们心醉神迷。因此，虽然罗马帝国皇帝是一个专制的君主，但是他们不能不考虑子民的要求；他们经常面临两难之境，是完全可以想象的。

角斗活动只是罗马人文化娱乐生活的一个部分，并非是主流。罗马人九月的"罗马竞技大会"（Ludi Romani）源于赛车。关于角斗比赛，"弗里乌

---

① *Theodosian code*，15.12.1，Michael Maas，*Readings in Late Antiquity*，London & New York：Routledge，2000，p.41.

② Symmachus，*Official Dispatch* 6，Michael Maas，*Readings in Late Antiquity*，London & New York：Routledge，2000，p.41.

斯·狄奥尼苏斯·费罗卡卢斯日程表"告诉我们,在公元354年,罗马人节庆活动的安排如下:在一共有176天的节庆活动中,64天用于赛车,102天演戏,只有12月的10天用于举办各种各样的角斗比赛和斗兽活动。亚历山大·塞维鲁皇帝据说打算在整个帝国推行削减角斗比赛的计划,这一计划是将频繁的角斗比赛减至全年中每月只能举办一次。①

公元325年,君士坦丁颁布了禁止角斗比赛的法案,尽管其他体育竞技依然持续了一个多世纪且禁止斗兽的活动甚至持续到古罗马灭亡②,但是这项残酷的娱乐活动逐步走向衰落。

关于角斗活动走向衰落的原因,除了罗马帝国自身内部的因素包括基督教的传播之外,也有处于命运底层的角斗士反抗意识的增强使得这一活动无法持久:前述普罗布斯皇帝举行凯旋仪式期间预留的600名角斗士"不愿白白牺牲自己的性命,来为大众提供娱乐,于是杀死看守的警卫,从监禁的地方冲出来,在罗马的街道上滥杀无辜",虽然最后被罗马人的正规部队全部杀死,但是也造成了罗马全城的混乱不安。不过如此而为的确是反抗意识的增强,就连史学家吉本也说,这些角斗士的反抗值得称道,他们"不仅死得光彩,更可以一泄心头之恨"③。而之前更大规模的角斗士的反抗,则是古代罗马史上最大的那次奴隶大起义——斯巴达克斯大起义。

公元3—4世纪,随着帝国危机逐步加深及各种混乱局面,角斗娱乐活动越来越走向没落。角斗比赛及相关的残酷娱乐活动一般都是在各个城市开展的,大大小小的竞技场也都建筑在城市里。然而,欣赏这些娱乐、观看这些比赛的市民,也就是罗马的公民,他们"在如痴如狂中获得最大的享受"。不过理性、谨慎、节俭、注重操守和德行的皇帝、元老和其他的有识之士却不是如此看待这些无节制的娱乐活动(包括组织、举办这些活动,除非为了仪式或者被迫迎合)。譬如,当一位年老且有德行的皇帝卡鲁斯在做了16个月的皇帝而去世之后,他为自己两个儿子精心安排的继承和统治地位并不稳固,爱好诗文和论辩的次子努梅里安虽然品德兼优但却身体欠佳,很快死亡;而长子卡里努斯虽然作为继承者在首都统治着西罗马帝国这一中枢和根据地,但这个荒淫奢侈的帝王,其"施政最大的功劳"是"在剧院、赛车

---

① Thomas Wiedemann, *Emperors and Gladiators*, London: Routledge, 1992, p.12.
② Lionel Casson, *Everyday Life in Ancient Rome*, Baltimore, Maryland: The Johns Hopkins University Press, 1998, p.108.
③ [英]爱德华·吉本:《罗马帝国衰亡史》第2卷,席代岳译,浙江大学出版社2018年版,第68页。

场和竞技场展示各项节目的伟大壮举"①。毫无疑问,由自身作为参与者、行动者且被大多数史学家评价为"暴君"的罗马皇帝,他们要么荒淫无耻、骄奢淫逸,要么残忍无度或者个性扭曲,从而在组织和参与这类竞技活动中积极甚至疯狂,从尼禄到康茂德再到这位卡里努斯,皆是如此。前述著名的宏大的凯旋仪式如奥勒良和普罗布斯两位皇帝的排场的类似活动(但二人基本上是遵循传统和惯例,而非出自本人的喜好),却无法与卡里努斯的排场相比拟,毕竟后者出自本人的喜欢。当然,罗马人将猎杀野兽以及让角斗士或其他人与野兽相互厮杀这种惨烈血腥的现场提供给罗马民众观赏,由来已久,至帝国危机时期,已经成为传统和习惯,其组织者、举办者主要是帝王。虽然卡里努斯只是"展出 1 只河马,但从未提及鳄鱼,以往奥古斯都曾一次展出 36 条鳄鱼"②,这并非是说卡里努斯多么节制和收敛,而很有可能说明经过罗马人疯狂而残忍无道地猎捕和屠杀,欧洲乃至世界各地的奇异猛兽大面积消失和灭绝了。帝国境内及其周边区域的猛兽越来越少了,使得罗马人不再轻易地获得它们。如前所述,罗马人为了各种复杂因素而举办角斗娱乐及其附属的各种斗兽活动,严重破坏了生态平衡。

上述分析也为史实所证:戴克里先稳固而相对长久的统治是因其才华和严谨,当然也与反对奢华的娱乐活动和无节制的残忍竞技有关,他"对罗马及首都人士的纵情放荡表示不悦"。他的态度及其因此而采取的政策,都是同样较为严谨而品行较好的前任皇帝所秉持的,因而对后世继任者具有巨大的影响力。这些非暴力及和平的理念是有识之士所期望的,与此相关的政策也是罗马文明向前发展的必然,而崇尚暴力、血腥、残忍无度(主要是为了迎合那些喜欢观看的普通民众)之举也不会一直持续下去。

公元 5 世纪末以后,角斗比赛在罗马帝国东西方基本上得以终止。499 年,东罗马帝国皇帝阿纳斯塔斯乌斯发布诏令,废除角斗比赛及其斗兽活动。

---

① [英]爱德华·吉本:《罗马帝国衰亡史》第 2 卷,席代岳译,浙江大学出版社 2018 年版,第 75 页。

② 同上,第 76 页。

第六章　角斗场上的主角:荒诞与杂乱

角斗比赛蕴含着明显的政治因素。共和国末期,举办角斗比赛开始成为选举的宣传工具。"野心家们一点也不吝啬对平民的恩惠,因为这些平民将交出手中的'信任、控制力和任命权',而缺少这些支持,对于一个政治家来说,无疑是被判了死刑。"①恺撒举办的角斗比赛因规模太大而引起政敌攻击,为此不得不减少人数,"因为他从全罗马各区集合起来的角斗士人数太多,使他的政敌感到十分恐慌,以致他们通过了一项限制人们在城内拥有角斗士人数的议案"②。到了帝国时期,罗马的一般官员甚至元老院贵族以及地方官举办角斗比赛时人数受到严格限制,基本上已形成一种制度。显然,前者"所起到的宣传作用也相应降低……这无疑是拆了那些野心勃勃者们的台"③。

一、罗马城的各个等级

为了尽可能了解究竟是谁在观看,哪些人是角斗比赛的主要观众,必须弄清楚罗马时期各个阶层的情况,当然,这些阶层在不同的历史时期有着不同的比例,也发生不同程度的变化。

1. 罗马的贵族

罗马的贵族最早形成于罗马建城之初,传说建城英雄罗慕路斯指定

---

① Roland Auguet, *Cruelty and Civilization*: *The Roman Games*, London & New York: Routledge, 1994, p.25.

② [古罗马]苏维托尼乌斯:《罗马十二帝王传》,张竹明、王乃新等译,商务印书馆 1995 年版,第 6 页。

③ Roland Auguet, *Cruelty and Civilization*: *The Roman Games*, London & New York: Routledge, 1994, pp.29—30.

100人组成了元老院，他们就是最初的贵族。每一个贵族都有自己的依从者，他也不断发展自己依从者的数量，如贵族释放了自己的奴隶，该奴隶就成为该贵族的依从者，被释奴的后代（后来包括被释奴本人）还可以取得罗马的公民权，成为一个地道的、可参政的罗马公民。为此，罗马人扩张期间，贵族不断吸收被征服地区的人，以使自己手下的人更多加入罗马公民大军，这也难怪屡屡出现罗马平民反对贵族的流血斗争事件。

王政时代的平民与贵族没有明显的分化，差别也不是太大。共和国早期，由于罗马城的居民不多，统治者采取了比较开放的政策，以吸引周边的居民来罗马城定居。在这种情况下，最初罗马城的居民成分比较复杂，不仅有被征服的各部族的成员，还有自由迁入的商人、农民及工匠等，这些人与罗马人内部不属于贵族行列的居民共同构成了平民阶层。因此，共和国早期，罗马城的平民人数比例是很大的。

在贵族中，除了皇帝高高在上外，那些重要的、显赫的在职行政官员包括：执政官、副执政、独裁官、监察官、市政官、财务官。

到了帝国时期，一个显赫的变化是：皇帝成为最大的贵族；骑士阶层的地位节节攀升，而且数目逐渐扩大；其他一些官员如金库检查官等也成为显赫的贵族。不过，无论是共和国时期还是帝国时期，贵族一般都是按照财产划分等级，如奥古斯都时期，屋大维曾提高元老的财产资格，要求一个元老要有120万塞斯特塞斯，而不是先前的80万塞斯特塞斯（骑士等级要求至少有40万塞斯特塞斯）。后来由于财政困难，数目减少，但是在苇帕芗皇帝时期，他显示了慷慨大度，给元老补足了120万塞斯特塞斯的定额，也给不富裕的执政官级官员每年50万塞斯特塞斯的津贴。

2. 手握选票的平民

角斗活动是"平民化的娱乐，像是竞技场和赛车场的各种活动，角斗士的打斗厮杀以及猎取野外的猛兽"[1]。罗马的平民是在氏族社会走向瓦解、向阶级社会过渡时期逐步形成的，平民起源于图路斯王和安库斯王时期，王政时代的罗马平民没有公民权，他们从属于城邦的自由人，到了这一时代晚期，部分平民向公民转化，塞维·图里乌的改革推动了转化的潮流。罗马共和国诞生后，平民与贵族的斗争不断加剧，经过两个多世纪的冲突、斗争，罗

---

① ［英］爱德华·吉本：《罗马帝国衰亡史》第1卷，席代岳译，浙江大学出版社2018年版，第111页。

马平民终于获得了法律上平等的地位,取得了罗马公民权。

《十二铜表法》作为古罗马最早的成文法文献,明确划分了两种不同身份、地位的社会成员"平民""贵族"。随着罗马的军事扩张,罗马平民的内部也不断分化,实际上罗马平民自古也有上下层之分。公元前4世纪平民中的上层与旧贵族合流,变成了"显贵";而下层平民则在吸收拉丁姆地区新移民的基础上,与被征服地区的民众一起,变得"阵容"越来越庞大。于是,显贵与"新平民"又开始斗争,这样的情况直至罗马帝国时期还在持续。

很显然,罗马的平民主要是那些没有财产或财产不足的罗马自由人。随着两极分化加快,那些无法进入贵族阶层的平民变得越来越贫穷,许多破产的平民涌入罗马,他们住在拥挤的、破烂不堪的出租房屋里。和平时期的罗马政府拿这些平民毫无办法,他们不仅不制止其违规行为,而且还要笼络甚至收买之,因为根据罗马法律,他们本人或其前辈都为罗马打过仗,甚至立过功,他们手中握着对于贵族至关重要的选票。因此,那些政客甚至皇帝不惜重金收买他们,经常发放免费的食品给他们,为他们这些所谓的"流氓无产者"举办各种娱乐活动。于是,罗马大量平民经常可以免费看到角斗比赛,这是很寻常的事情。据载,恺撒大帝为了拉选票,曾经拿出自己的全部财产,还向富裕的克拉苏借债,以满足拥有大量选票的平民观看角斗表演的要求。

3. 帝王对所有阶层观众的迁就和宽容

在角斗活动比较繁荣的帝国前期,几乎所有罗马阶层都热衷于观看、议论角斗比赛。从皇帝到奴隶,从公民到皮条客甚至面首,纷纷加入角斗活动的大潮之中。罗马古典讽刺作家朱维纳大胆描绘了那最黑暗的场景:"以往城市里角斗场雇员自大的面孔已早为公众所熟知,而如今,皮条客和角斗比赛组织者兰尼斯塔的儿子,以及那些依靠富有而年老女人阴门走上通往富有大门(当然这是一条确保他们获得财产和财富的手段)的面首,他们都在各自的座位上为角斗士鼓掌欢呼。"①

罗马的贵族都是角斗活动消费者,他们不仅观看,而且参与组织,还开办角斗士学校。一些奴隶主贵族也在家里训练角斗士,蓄养大量奴隶成为角斗士候选人。一旦成为训练有素的角斗士,他们要么被出租或卖给其他

---

① Roland Auguet, *Cruelty and Civilization: The Roman Games*, London & New York: Routledge, 1994, p.37.

奴隶主赚钱，要么就直接参加正规的角斗比赛。根据法律，罗马任何一个公民都享有拥有一个角斗士团的权利。"地方官员会冲着他们所期望得到的赞誉而纷纷上马，建立自己的角斗团。自帝国之初他们便引以为豪——他们的责任和自己训练的团队，当不急需时还可以将他们租用出去。"①

此外，拥有角斗士的数量成为政治角逐的筹码。共和国晚期，恺撒等一些巨头控制罗马局势，内战爆发，恺撒与庞培之间的厮杀是这场内战的主旋律。值得关注的是，拥有大批角斗士及角斗士部队的恺撒在战争中逐渐占据了优势，因为这场共和国末年的内战中，战斗兵源减少，于是用于角斗的战俘组成了角斗团，战争之前战俘的角斗表演是供恺撒及其士兵欣赏用的，但到了战争的关键时期，他们被用于实战，于是谁拥有更多的角斗士部队，就有可能成为胜利者。"鲁康的将军库里奥在比较了恺撒与庞培的角斗士部队后，决定站在恺撒一边。"②

帝王为了获取他们政治上的支持而乐意迁就角斗比赛的观众。在帝国时代的角斗场上，这些观众与皇帝的关系十分密切，罗马人民的要求有时是苛刻而反复无常的，他们在这种时候不断提出自己的愿望，皇帝在狂热的公众呼喊声中也比较容易显示出宽容的态度。随着角斗娱乐活动的增加，城市甚至来自郊区的罗马人无休止参与这项娱乐游戏，最终导致罗马人懒散、堕落，同时也进一步加深了他们的残忍与血腥。

二、负有政治义务的帝王

皇帝自然成为角斗娱乐活动的消费者，他们也是最为显要的消费者。有些皇帝也不一定喜欢角斗，只是迫于当时的气氛、情势才去捧场。这是当时罗马帝国的政治环境使然。

为获得政治上的支持，皇帝举办角斗比赛主要是赢得广大民众的支持。据统计，在整个罗马帝国时期，前后一共有 42 任皇帝利用角斗场来赢得民心，而且，每一任皇帝都努力超过他的前任。奥古斯都自己曾经得意地说，他一共举办若干次角斗比赛，其中 3 次盛大的比赛为了他自己，50 次是为

① Roland Auguet, *Cruelty and Civilization*：*The Roman Games*, London & New York：Routledge, 1994, p.31.

② Carlin Barton, *The Sorrows of the Ancient Romans*：*The Gladiator and the Monster*, Princeton, New Jersey：Princeton University Press, 1993, p.38.

了儿子及孙子,总共有 1 万名角斗士参加了这些比赛。图拉真取得重大的军事胜利后,为凯旋仪式准备的角斗比赛由哈德良举办,图拉真给他 400 万塞斯特塞斯用来举办角斗比赛,这次史无前例的角斗比赛持续了将近 4 个月,据说 1.1 万头猛兽被屠宰。而实际操办者哈德良也成了图拉真皇帝的继承人。

帝王如此"热衷于"举办此类大型娱乐活动,除了他们中有些人本身的娱乐精神以外,主要在于通过举办娱乐活动可以大大提高他们的政治声望,其中为了庆贺战争胜利而举办凯旋仪式是古罗马人的一种主要传统,举办包括角斗比赛在内的各种庆典活动是必需的项目,这也是统治者提升自己政治威望的"规定动作"。即便是到了角斗活动逐步走向衰落的帝国后期,这种惯例依然持续。为庆祝君士坦丁大帝的作为和成就,元老院通过一项敕令,"统治罗马世界的 3 位奥古斯都中,封他为位阶最高者"①,随后为了使他"能够名垂青史,人们立即举办了各种竞技比赛和庆典活动",当然这些活动少不了角斗比赛项目。

1. 暴君尼禄:角斗场上的主角

在罗马帝国诸位皇帝中,暴君尼禄是除角斗士明星之外的另一个主角。史上对尼禄的残暴的记述(包括其举办或参与角斗比赛期间)似乎有夸大之嫌,其实,尼禄"充满兴趣"地参与及组织这种活动,必定与当时的政治环境和情势直接关联。

各种文献记载,他几乎在所有方面都留下荒诞、残酷、淫乐的足迹,一份拉丁文的编年史用非常简洁的语言总结:"尼禄继承了他的母亲,然后吃掉了她;他强奸了他的妹妹;烧掉了罗马的 12 个街区;处死了塞涅卡;在拉特兰呕吐出青蛙;把(圣)彼得钉死在十字架上;砍了(圣)保罗的头;统治了 13 年零 7 个月;最后被狼吃掉了。"②

早在他尚未成为皇帝、还是一个少年之时,尼禄为了祈求克劳狄皇帝的健康,在竞技场举办了赛会和斗兽表演;他甚至让老年元老和老年贵妇登台演出。公元 58 年,尼禄"强迫 400 名元老和 600 名罗马骑士——其中许多人财产没有受到损失,名誉没有损坏——在舞台上进行搏斗,甚至挑选这些

---

① [英]爱德华·吉本:《罗马帝国衰亡史》第 2 卷,席代岳译,浙江大学出版社 2018 年版,第 164—165 页。

② 转引自[英]理查德·詹金斯编:《罗马的遗产》,晏绍祥、吴舒屏译,上海人民出版社 2002 年版,第 509 页。

等级的人充当斗兽者和各种舞台杂役：如乐师、机械师、木匠、其他各种体力操作工等等。角斗比赛及其他各种演出期间，尼禄天天向人民（主要是罗马公民）抛掷各种赠品：每天1 000只不同种类的鸟，各种食品、粮票、衣服、金子、银子、宝石、珍珠、绘画、奴隶、役畜，甚至驯服的野兽，最后还有船只、住房和农田"。他在有海洋动物的海水中表演海战，又在一场舞蹈表演中，让一头公牛"趴在帕西法娅身上，她藏在一头小母牛的木像中，至少给观众的印象是这样"。

2. 康茂德："大部分时间用于观看比赛"

另一个暴君康茂德的角斗表演也毫不逊色。

罗马伟大的时代随着公元180年马可·奥勒留的去世而宣告结束。这位皇帝哲学家不仅给后世留下了自己的学术遗产，而且还把稳定而繁荣的帝国留给后人。他同样将帝国留给了自己的儿子康茂德——另一个暴虐的皇帝。于是"其结果是灾难性的。康茂德无视其作为帝国首脑应尽的职责，将大部分时间用于观看车赛和角斗赛"①。而且，这位皇帝始终认为，"罗马的假日就应当这么打发"②。他总共进行过七百三十五六次这种战斗。这一光辉战绩曾被十分详细地记录在帝国的国事记录中。他是如此沉醉于角斗表演，甚至在角斗士学校里过除夕，然后"穿着角斗士的服装，带着这些身份低贱的人员一起去参加执政官的就职大典"③。

但康茂德进行这种活动亦必定有着历史环境的因素：一是角斗活动的传统使然，二是为了获取政治上的支持。

3. 疯狂的斗兽迷——图密善

在罗马帝国比较繁荣的时期，除了尼禄，还有一位热衷于角斗比赛的皇帝，他就是图密善，不过这位皇帝似乎更加喜好斗兽。他本人在观众如潮的竞技场内表演猎兽的绝技，经常捕杀大量的珍禽猛兽。图密善十分喜欢射箭，而罗马人的弓箭不包括在武器（arma）一词之内，弓箭只是一种娱乐性的工具，许多人不止一次看到他在阿尔班自己的地产上用弓箭射杀上百只

---

① 　[美]斯塔夫里阿诺斯：《全球通史——1 500年以前的世界》，吴象婴、梁赤民译，上海社会科学院出版社2002年版，第242页。
② 　[美]罗伯特·E.勒纳、[美]斯坦迪什·米查姆、[美]爱德华·麦克纳尔·伯恩斯：《西方文明史》（I），王觉非等译，第187页。
③ 　[英]爱德华·吉本《罗马帝国衰亡史》第1卷，席代岳译，第117页。

不同种类的野兽。他在射杀某些野兽时,故意连放两箭,让箭扎在野兽的头上,好像长出两只角。为此,劳民伤财的浩大建筑工程开始了。

图密善登基之时,古罗马斗兽场已经开放了两年多,然而它并没有竣工。这位皇帝觉得这座空前的斗兽场功能还不够完善,于是命令工程技术人员向角斗场的地下深挖。向角斗场注水的工程结构被破坏了,接着建造起来的是一套有地下升降梯、活板门和运输走廊的舞台设施,目的是把竞技表演变成有特殊效果的壮观场面。

庞大的工程涉及皇帝的名声,不能有丝毫的差错,因为如果出了差错,所付出的代价是难以想象的。德国考古研究所考古学家海因斯·于尔根·贝斯特为此指出,有一次,后台的工作在某个环节中做得不协调,事后皇帝命令做这项工作的人走到角斗场上去,让野兽把他们撕碎。

最后,令皇帝满意的地下工程完工了。这条地下隧道全长 1.6 千米,共有 32 个动物围栏,使用它在一天之内可处理数千头动物。野兽被放入隧道中向前驱赶,隧道很窄,野兽无法回转身子。由于无处可逃,这些野兽就被驱赶到开着的笼子里。后面的笼门一关,野兽就被提了上去,这些野兽惊魂未定,饥饿难耐,自然而然地朝有亮光的地方奔去,径直奔到斗兽场的中心,也是它们注定要死的地方。这些升降机非常好用,有一次 32 只狮子被同时送到角斗场上,它们一起吼叫,声音惊天动地,压倒了观众的呼叫声:多么惊心动魄的效果!

4. 其他热爱角斗娱乐的皇帝

当然,皇帝的出席大多是逢场作戏。他们摆出很奢侈的排场,有时候向观众扔礼物——有记号的木质小球。那小球可以用来交换各种奢侈品,他们有时候也在群众中安排捧场的人。共和国末期,恺撒大帝经常举办这类比赛,虽然他本人并不一定非常爱好角斗娱乐,但是他可以借此炫富,以此来社交,以便赢得罗马公民的支持。恺撒出资组织的角斗比赛次数可能是所有独裁者中最多的,他一共组织了几百次这样的比赛。他在"为他父亲所举行的死亡仪式时,让他的角斗士穿上了银甲胄"[①]。

塔西佗屡屡谴责"剑斗"表演,根据他的记载,罗马帝国初期,提比略皇帝不太喜欢,后来的"哲学家皇帝"马克·奥勒留也不喜欢,但是迫于惯例和

---

① Roland Auguet, *Cruelty and Civilization: The Roman Games*, London & New York: Routledge, 1994, p.26.

社会情势仍不得不举行。当然之前众多皇帝都喜欢举行角斗表演,帝国的奠基者奥古斯都特别喜欢。提比略时期,杜路苏斯以其兄弟日耳曼尼库斯的名义主持了一次剑斗士的比赛。他特别喜欢这种流血表演,"不管它是多么邪恶;这种表演使公众感到胆战心惊,据说他的父亲曾斥责过他"。提比略没有去看,一些人认为他不喜欢到人多的地方去,一些人则认为他生性乖僻,并且害怕人们将他和奥古斯都相比,因为奥古斯都是一个兴致很高的观众。

提比略皇帝实际上也经常举办角斗比赛,他必须迎合世人。早在他做皇帝之前的青年时期,他就曾经举办了纪念父亲、纪念祖父的两次剑斗比赛。当政后,他在举办角斗比赛时,有时候确实面临两难境地,"当一个皇帝在罗马的时候,那时他以个人的身份出现在圆形大剧场,这种行为能够被人们所接受。一个不受欢迎的皇帝可能被批评,或者是因为他太热衷于这类比赛,又或者是因为不够热衷;每个皇帝必须要走那拉紧的钢丝,他们既是独裁者,又是罗马的公仆,这是一个模棱两可的角色"①。因此,提比略皇帝有时候仍然被罗马人埋怨,说他举办角斗比赛的次数太少。的确,他曾经削减演员的酬金,限制使用角斗士的对数,以此压缩娱乐与演出开支。

卡里古拉皇帝不止一次举办角斗比赛,他的残酷闻名后世。这方面奥古埃特的描述也许最为精彩,卡里古拉是如何在公共场合露面的呢？只见"他身穿维纳斯的礼服,脚踏信使的长靴或是女人们的高筒靴,或是穿上从亚历山大大帝陵寝中攫取的铁甲并装饰上代表胜利的徽章,而实际上这个徽章对他来说只不过像个围巾",而后雄赳赳、气昂昂地走上角斗场。至于他在角斗场里各种残酷的表演,简直令人目瞪口呆。卡里古拉为了一点点小事就可以处死他人,哪怕是身份高贵者。据说卡里古拉毫不犹豫地处死了埃及执政官以及他的客人和亲眷,因为他紫色的斗篷在比赛中太刺眼,容易在比赛期间造成某种情感气氛,与那种疯狂的格调并不十分融洽。

总体来看,热爱角斗娱乐活动的皇帝大有人在,而痛恨角斗活动的皇帝则屈指可数,因为即使有些皇帝不喜欢这种厮杀的游戏,但他们碍于观众的狂热、贵族的支持,还得勉为其难地去捧场。提图斯作为一个善于体恤民情的皇帝,虽然在位短暂(据苏维托尼乌斯记载,只有 2 年 2 月 20 天),但是他仁慈的统治几乎感动了所有的公民。两名贵族青年被揭发企图谋取王位,

---

① Thomas Wiedemann, *Emperors and Gladiators*, London: Routledge, 1992, p.169.

提图斯没有惩罚他们,只是警告他们放弃这种企图。提图斯说,皇权是命运赐给的。如果他们要求别的东西,他情愿相让……提图斯不仅邀请他们赴自己的家宴,而且在第二天的角斗赛会上还特意让他们同自己并肩而坐。当主办者将角斗士的武器呈递给他时,他把武器递给他们审查。

三、需要选票的元老院贵族

元老院贵族属于显贵阶层,在罗马角斗场里,他们的座位一般在最前排。这些显赫人物是角斗娱乐活动的主要参与者,虽然他们人数有限,只有数百人,但是他们在场上场下的影响力是无限的。这项残忍的运动是古罗马人日常生活的一部分,对于显贵而言,宴请朋友时举行角斗表演,这是家常便饭,也是应尽的日常礼节。在客人酒足饭饱后,元老院贵族令人把角斗士招来。一人被砍倒后,客人立即高兴地鼓掌。

在罗马,几乎所有的豪门大族都在家里蓄养角斗士,这是一种时尚行为,特别是在角斗比较盛行的历史时期。阿庇安在《罗马史》中记载,像安东尼,他曾经用一支精锐军队(虽然人数不多)来监视他所豢养的角斗士。

在罗马共和国时期,角斗活动一般都是元老院贵族参与组织,而且大多在自己家中举办,他们自然成为角斗娱乐的主要消费者,就像坚持"罗马至上哲学"的老加图,一直以维护古罗马传统的道德为己任,他对于诸如刮胡子、接吻、拥抱、妇女化妆打扮等都深恶痛绝,强调必须去除这些有碍观瞻的行为。不过,老加图"对这种新的残酷娱乐的流行却拍手叫好"①,这是非常少见的;因为他一直提倡节俭,倡导罗马古老的传统,他和自己的好友费边一道在元老院内指责小西庇阿肆意挥霍钱财,"孩子般任性地沉溺于角力竞技和歌舞"②。

元老院贵族的座位一般在最前排。根据塔西佗的记载,剧院的座次安排有明确的规定,有一次,演说家尤尼乌斯·伽里奥遭到皇帝的申斥,因为这位演说家建议将退役的近卫军士兵的座位安排到第十四排,而剧院观众席最低的十四排是根据公元前67年的《罗斯奇乌斯法》为骑士准备的,显贵席的前排则是给元老们准备的。根据苏维托尼乌斯的记载,暴君尼禄给骑

---

① 夏遇南:《罗马帝国》,三秦出版社2000年版,第134页。
② [古希腊]普鲁塔克:《希腊罗马名人传》(上),陆永庭、吴彭鹏译,商务印书馆1990年版,第347页。

士辟出专座,以别于其他观众,同时为元老们保留前排的座位。克劳狄首创在竞技场中为元老划定特殊座次,而此前只有在剧场中才有开辟特殊座次之事。

在科洛赛罗,每个出入口的楼梯都有编号,以便使观众"对号入座"。其座位次序设计非常独到:第一排是荣誉席,是给元老院贵族安排的专座;第二三排供骑士使用,最后两排是普通公民的座次。座次说明观者的身份和地位,就连出入口也能够体现这一等级:圆形大剧场一共有80个出入口,其中的76个出入口供平民百姓进出,2个出入口供皇帝和大臣进出,2个出入口供角斗表演使用。

四、骑　　士

在贵族中,骑士阶层最值得关注。他们至少在罗马共和国后期已经拥有了戴金戒指的特权(元老院贵族所拥有的权力),此外,他们还必须拥有40万塞斯特塞斯的财产。

1. 罗马的新贵——骑士团

罗马骑士必须拥有40万塞斯特塞斯的财产。除了皇帝和元老院贵族,一般贵族中大部分属于罗马骑士团。①

王政时代著名的塞维·图里乌进行了罗马历史上的重要改革,其中的一项军事改革是:拥有财产最多的第一等级除了要组建80个重装步兵百人团外,还要出18个骑兵百人队,这样骑兵一共有1 800人,其他的等级无权充任骑兵。这18个骑兵队的成员亦即1 800名骑兵就被称为"骑士"——这是罗马最早的骑士。

王政时代末期到共和国前期的300年间,罗马的平民与贵族为了土地等不断斗争,平民逐渐担任一些官职,少数人还通过与贵族联姻改变命运,这些平民提升自己的地位,也被冠以"骑士"称谓,他们连同原有的骑士成员,组成新的贵族阶层,伴随着罗马的扩张和征服,骑士成员掠夺了大量的奴隶,逐渐兴起。

---

① 关于罗马骑士团的职能、地位、收入、作用等内容,详见 Léon Homo, *Roman Political Institutions*, *From City to State*, London & New York: Routledge, 1996, pp.347—353.

此外,在罗马以及其他行省,一些骑士还承担税收,承包公共工程,经营高利贷,从事银钱兑换等商业活动,使得他们的势力日渐攀升。公元前218 年,罗马开始禁止元老院贵族从事商贸金融的经营。这样,骑士阶层独揽了这些可以发家致富的领域。然而,骑士虽然经济上进入了贵族上层,但在政治上并无多大的实权,这在共和国后期仍然如此。公元前 124 年,罗马执政官盖约·格拉古为了适应骑士阶层越来越强烈的要求,进行改革:取消元老院贵族担任各种法官,将这些权力授予势力日升的骑士。到公元前1 世纪初,平民保民官李维·德鲁苏进行了另外一项缓和阶级矛盾的改革,他提出一项法案:增设 300 名最富有的骑士进入元老院。斯巴达克斯起义被镇压后,罗马民主派势力大增,反对元老院贵族独揽大权的呼声高涨,于是又一项法案出炉:元老院贵族独占法庭审判会的权力分配给骑士和中等的奴隶主贵族,由元老院贵族、骑士、中等奴隶主贵族组成联合审判团。如此,骑士的政治地位再次获得提升。如果肯花钱举办角斗比赛,同样可以使自己的地位提升到更高的层次。在罗马,他们可以通过"慷慨地资助一次显赫的角斗比赛来光明正大地讨好大众,这样将自己树立成为一个有竞争力的(政治)对手"①。

帝国时期,奥古斯都给予骑士更高权力。屋大维持续提高骑士的政治地位,他大量从骑士中选取文武官吏,同时放宽骑士的财产资格(这是非常关键的步骤),这就使得骑士阶层得以空前扩充。后来,随着骑士地位节节攀升,元老院贵族不再"嫌弃"这一新兴的权贵阶层,不再只是娶对方的女儿,也愿意将自己的女儿嫁给有潜力、有势力的骑士之子。骑士与元老院贵族的关系密切起来。此外,骑士还可以成为候补元老,而元老之子在取得元老资格之前则为骑士。历经数个世纪,骑士阶层与元老院贵族经过长期斗争之后,逐步联合起来。

2. "第十四排":角斗场上的骑士阶层

骑士永远是角斗比赛中最多的贵族消费者,暴君卡里古拉皇帝据说经常严厉谴责骑士阶层"热衷于戏剧和竞技"②。他们的地位随着共和国的发展、罗马的征服、财富积累而逐步提升,他们最初的第十四排座位是与罗马

---

① Roland Auguet, *Cruelty and Civilization*: *The Roman Games*, London & New York: Routledge, 1994, p.28.

② [古罗马]苏维托尼乌斯:《罗马十二帝王传》,张竹明、王乃新等译,商务印书馆 1995 年版,第 172—173 页。

普通公民混在一起的。

恺撒大帝曾经在竞技场里把普通人民前面的座位给了罗马骑士。"而在这之前,骑士是同普通人民混坐在一起的,因为《罗斯奇乌斯法》的规定只限于剧场里的前'十四排'。"①

五、主力大军——手握选票的自由民

普通市民是罗马城的主力,他们在共和国时期甚至帝国时期影响着上层的决策,因为他们手中都握有选票,当选举来临时,积极参政的贵族甚至皇帝也不得不试图讨好他们。

1. 自由民的数量

罗马人通过长期不懈的征服,用西西里、北非等地的"粮仓"养活大批"多余""过剩"的人口,包括大批具有公民身份的流氓无产者。据统计,公元前56年,罗马城内没有任何收入、依靠政府粮食救济的无产者人数达到32万。

奥古斯都曾经主持3次人口普查。公元前28年,在他第六次出任执政官时进行了人口普查,当时登记在册的罗马公民有406.3万人,20年后这一数量为423.3万人。公元14年亦即在这位皇帝死去的那年,他所进行的第三次人口普查的结果是493.7万人。②而根据美国学者麦森·哈蒙德的研究,帝国前期罗马帝国的总人口达到1亿,其中行省人口占3/4。③

帝国初期,奥古斯都对于平民一方面采取压制政策,另一方面又不得不加以笼络,笼络的方式主要是发放救济粮(由恺撒时发放的15万份增加到30万份)以及举办备受他们欢迎的娱乐活动,其中后者也造就了无数平民中的角斗迷。

2. 狂热的角斗迷

角斗比赛的主要消费者,一般由罗马自由民构成,他们大多数属于平

①　[古罗马]塔西佗:《编年史》(下),王以铸、崔妙因译,商务印书馆1997年版,第531页。

②　宫秀华:《罗马:从共和走向帝制》,东北师范大学出版社2002年版,第230—231页。

③　M. Hammond, *The City in the Ancient World*, Cambridge: Harvard University Press, 1972, p.187.

民。正如弗罗努斯所言："要不是为了赢得一般平民的喜悦,讨他们的欢心而花费大量的钱财,把角斗这一起初用来惩罚敌人的方式变成一种竞技,那么怎么么会出现角斗士起来反对他们的主人的事?"①可见,角斗娱乐举办的目的也是为了平民阶层的欢愉。

那么,整个罗马时期,大量的小商贩和手工业者又是怎样生活的呢?他们整天忙碌着,没有固定的休息时间。当然,罗马日历上也有 100 多天的宗教节日,那是庆祝罗马各种神灵的节日。毫无疑问,节日期间罗马人都会停下手中的工作,这时,小商贩和手工业者也终于有了歇息的时间,他们花一些时间观看角斗表演或车赛,"不过也只有在庆祝自己本行业神灵的节日期间才得以这样休闲"②。

罗马大竞技场可容纳观众 15 万人,它是罗马 6 个赛马场中最大的一个。在角斗比赛比较繁盛的时期,它也是举办角斗赛最热闹的场地。为了能保证有个座位,罗马的自由民甚至外乡人在天亮之前就来到这里。而在科洛西姆大斗兽场,观众大多数是自由民,他们大量地涌入这座巨大的竞技场,中午时,他们会离开去吃午饭,偶尔皇帝也会下令赏赐给所有人一顿饱餐。例如,克劳狄皇帝在塞普塔举行了一种特别的表演,他为这种短时间(仅持续几天)的表演取名为"食篮",在首次举行这种表演的前一天,他宣称"邀请人民去参加一个仿佛是临时决定的匆忙准备的聚餐"③。

罗马人喜欢观看角斗比赛之类的竞技娱乐,这已是有目共睹。同样,帝国时期的罗马民众痴迷于各种刺激性的竞技活动,譬如,放眼整个角斗历史,女角斗士比赛实际上并非经常性地举办。"根据佩特洛尼乌斯在《萨蒂里孔》中的评论,以及出土于奥斯提亚的铭文可以看出,女性角斗士的对决对观众来说是一场特殊的飨宴。"④

3. 观 众 至 上

无论是贵族还是皇帝,几乎一切角斗比赛的主办者都要以满足观众的口味为目的。在角斗比赛活动比较繁盛的时期,比赛日几乎就是人们

---

① 转引自杨共乐选译:《罗马共和国时期》(下),商务印书馆 1998 年版,第 48 页。

② Lionel Casson, *Everyday Life in Ancient Rome*, Baltimore, Maryland: The Johns Hopkins University Press, 1998, pp.34—35.

③ [古罗马]苏维托尼乌斯:《罗马十二帝王传》,张竹明、王乃新等译,商务印书馆 1995 年版,第 205 页。

④ [美]大卫·波特:《胜者王冠:从荷马到拜占庭时代的竞技史》,曹正东译,浙江人民出版社 2017 年版,第 191 页。

的节日庆典,下雨或者艳阳高照之时,组织者和主办者"向观众提供雨棚或者凉棚"①,同时这些比赛对公众而言都是免费的,"确切而言,它们都是那些政府官员或者赞助者的善举,以便让公众认可他们的这种赞助是一种慷慨捐赠"②。

角斗士的生死,一般都要以裁判的评判为准,有时候皇帝也是决定者。观众在现场齐声呼叫,角斗士往往成为角斗场上的主角。即使暴君在场,他们也往往被融入狂热的观众之中。因此,皇帝及其他主办者这时候大多听从观众的意见,当然,他们在某些时候同样也起着决定性的作用。

据说,克拉苏爱财如命,极尽贪婪之能事,不过他对待陌生人则似乎意外大方,"他的家对所有的人敞开大门……他款待宾客,邀请的大部分是平民百姓……好酒好菜,反而比豪华的宴会更使人感到愉快",举办角斗比赛也是如此,他对于罗马公民这些主要的观众也是非常好,因此他长久受到罗马人的拥护。

奥古斯都在他的遗嘱中记载,他主办了8次角斗表演,1万对角斗士参与其中。被苏维托尼乌斯备加称道的皇帝提图斯③,似乎一切都是为了那些罗马自由民,他是如此体恤民情,以至于他总是按照观众的口味举行角斗比赛。他说到做到,信守自己的诺言,他不拒绝观众的任何请求,甚至鼓励人们提醒自己。"他自己公开声明他偏爱色雷斯角斗士,因此他经常通过言语和手势同人不断逗趣儿……为了不致错过爱民的机会,他在自己的浴池洗澡时,有时也让平民同浴。"④

观众大都是普通民众,他们在这时候会趁此机会提出改革意见,例如抗议小麦的高价,或者要求一个不入流的官员执政,抑或是要求降低税收等。卡里古拉皇帝有一次被激怒了,派遣士兵进入人群杀死任何喧哗的人。人群立刻安静了下来,虽然还带着愠怒。不过,这位皇帝越来越不受欢迎,最终也使得反对他的圈子形成,暗杀活动日趋频繁,他做了4年皇帝就被暗杀,成为第一个被近卫军处死的皇帝。史学家迪奥曾经出席了一场马戏表

① Thomas Wiedemann, *Emperors and Gladiators*, London: Routledge, 1992, p.97.

② Leonard L.Thompson, "The Martyrdom of Polycarp: Death in the Roman Games", *The Journal of Religion*, Vol.82, No.1(2002), p.28.

③ 在苏维托尼乌斯所著的《罗马十二帝王传》中,几乎每一个皇帝他都叙述其缺点和优点,而且缺点和罪行居多,特别是那些暴君,都是深深谴责其暴行。不过,只有一个皇帝例外,那就是提图斯,只有寥寥数语讲述其"被怀疑生活放荡"。

④ [古罗马]苏维托尼乌斯:《罗马十二帝王传》,张竹明、王乃新等译,商务印书馆1995年版,第321页。

演,当时他对庞大的、有序排列在道路上的大约 20 万人呼喊着要求停止内战的状况大为惊讶,他说,那就像训练有素的唱诗班一样。

六、角斗与政治:深层探析

纵述整个罗马角斗活动发展史,其兴盛期间,举办角斗比赛最多的人自然是贵族,他们举办这种比赛一是为了拉选票,获得广大选民的支持,二是纯粹讲究排场、炫耀财富。为了迎合公众,名门望族经常举办角斗比赛来拉选票。

1. 社 交 政 治

举办角斗比赛是为了赢得更多罗马公民的心。罗马城的大贵族一般都是角斗比赛消费者,他们既是观众,又是组织者甚至经营者,其中一些还在家里拥有大量的角斗士,他们期待获得"赞誉而纷纷上马,建立自己的角斗团"[1]。在角斗娱乐活动兴旺时期,一些政治野心家经常举行角斗比赛大会,这一方面为了显示自己的富有,另一方面为了收买人心,提高社会声望。譬如在共和国晚期,恺撒拥有大批角斗士及角斗士部队,也曾因为兵源不足启用战俘建立所谓的"角斗团"。他经常举办角斗比赛,其目的是用这种方式进行广泛社交活动,以赢得更多罗马公民的支持。恺撒被认为是第一个打破角斗比赛常规的人,他举行角斗活动,目的是纪念他已经死了 20 年的父亲。从此以后,其他政治家也纷纷效仿,角斗逐渐成为热门的活动和带有政治性的行为。据统计,恺撒组织了几百次这类比赛。提比略皇帝也经常举办这类比赛,以迎合喜欢这些活动的世人,他当政前举办纪念父亲、祖父的比赛,当政后运作角斗比赛时甚至陷入两难境地。可见,政治因素发挥了关键作用。

另外还有安排在角斗场上会面——政治交流的途径。在皇帝安排的角斗活动期间,市民阶层的政治权利被贬低,角斗士的表演可以为统治阶级和被统治阶级安排戏剧性的会面。在角斗历史的长河中,罗马是唯一一个允许,更确切地说,期望皇帝和首都的普通民众之间能够定期会面的。当然,

---

① Roland Auguet, *Cruelty and Civilization*: *The Roman Games*, London & New York: Routledge, 1994, p.31.

皇帝或者元老院贵族的出席，有时候也可能是逢场作戏。他们讲究虚荣和排场，出现在显赫的位置，以迎合广大民众。

2. 举办角斗比赛可使骑士得以升迁

前已有述，骑士阶层是罗马历史上的一个特定的集团，他们属于最低级的贵族阶层，若是要继续攀升为高等级的贵族，则需要在政治上进行努力。通过格拉古、李维等的一系列的著名改革，他们逐步向上攀登，与高级贵族尤其是与元老院贵族密切联合起来。其中出资举办角斗比赛，也是一种非常有效的手段和攀爬途径。

共和国后期罗马的政局发生了诸多变化，尤其是在斯巴达克斯起义被镇压后，罗马独裁势力减弱，而民主派力量增强，于是反对元老院贵族独揽大权的呼声再次高涨，骑士阶层联合各种政治力量，其地位大幅度提升。当然，他们的代价就是将更多的钱财花出去，因为如果他们愿意出资举办各种角斗比赛，尤其是举办大规模的角斗娱乐活动，其政治地位就会提升到更高的层次。骑士为了获得攀升的机会，当然会"慷慨资助一次显赫的角斗比赛来光明正大地讨好大众"。

3. "面包与竞技场"：角斗舞台上的"政治角斗"

角斗场上的政治斗争始终与角斗活动本身相伴而存。霍普金斯曾言，角斗表演是政治较量的舞台：在竞技场内和观众席中，一场政治较量也同时在进行。

这种较量深入罗马政体的各个层面，圆形剧场可以说是罗马群众的议事厅。罗马及其帝国的长治久安需要这种竞技活动。马可·奥勒留曾指出："由两股力量凝聚在一起——施舍的食物和公开的（角斗）表演。"

角斗比赛与拉选票的过程相联：一些野心家通过频繁举办角斗比赛吸引广大选民的支持，一些贵族为了拉选票举办角斗活动。皇帝也不得不顺从民意，因为民众都喜欢这项残酷的娱乐游戏，如果不举办角斗比赛，他们很有可能成为政治上孤立无援的人。这样的证据是惊人的多，提比略皇帝因为举办角斗比赛相对少了一些，还被罗马公民埋怨；而他的继承者卡里古拉则赢得了广大罗马人的欢迎，因为他举办的角斗比赛多。① 不过，也同样是在角斗场上，这位暴君由于不再听从公众的意见，并且试图用武力镇压民

---

① Wiedemann, *Emperors and Gladiators*, London: Routledge, 1992, p.23.

众而众叛亲离。

在罗马的竞技场里，罗马公民为了获得各种实惠，往往趁机向主办者、皇帝大喊大叫提出自己的愿望，如抱怨粮食价格过高，或不喜欢哪一位政客，甚至直接批评皇帝，因为此时此刻"他们拥有与国家首脑间最接近的畅言无忌的一个独特的交流机会，这种直接交流的场景远比交流本身重要得多"①。

在最初诞生、发展的一两个世纪，角斗活动的政治色彩还不太突出，到了共和国后期，角斗场上的政治竞争氛围逐渐浓郁。在公元前的最后一个世纪末，角斗表演中的宗教成分逐渐被政治因素和观赏性所替代。角斗大都成为建筑在城市中心广场的圆形剧场竣工之前的公开表演。那些被比赛的壮烈、免费分发的肉或者赌博吸引过来的观众的参与，大大增强了对死者的尊敬和整个家庭的荣誉——不过这种葬礼实乃一场"政治秀"，是举办者、贵族直接的选举较量：角斗娱乐活动就是要取悦于有大量选票的消费者——那些罗马自由民。到了共和体制瓦解而独裁即将建立时，举办角斗比赛又开始成为正式选举的宣传工具。富有野心的政治家如果失去了那些喜欢观赏比赛的罗马自由民的"信任、控制力和任命权……无疑是被判了死刑"②。恺撒大帝为了举办这类比赛煞费苦心，赛事规模越来越大。到了帝国时期，就连普通官员以及地方官也纷纷举办各类角斗活动，甚至由于这类比赛太多而严格限制角斗士的人数。

角斗场不仅仅是角斗士之间、角斗士与猛兽、猛兽与猛兽直接的厮杀，而且也是充满你死我活的政治搏杀。这是因为，角斗活动的举办并不是那种"有付出就有回报"的买卖：有些人的确提升了自己的威望和权势，然而也有些人为此丧失了权力和地位，甚至为此付出生命代价。因为一招不慎，就足以毁了他们的社会声誉。

4. 定期举办成为一种制度

大部分历史时期，举办角斗比赛成为一种习惯和制度，也是官员所负有的政治义务。独裁者、皇帝如恺撒、尼禄、康茂德、图密善等常举办角斗比赛。罗马法律明文规定，那些执政官有义务定期举办角斗比赛，以便赢得民

① Alison Futrell, *Blood in the Arena: The Spectacle of Roman Power*, Austin: University of Texas Press, 1997, p.46.

② Roland Auguet, *Cruelty and Civilization: The Roman Games*, London & New York: Routledge, 1994, p.25.

众的支持,这种状况扩展到帝国范围内的殖民地、行省,其考古学的证据来自公元前44年颁发的特许状,它被发现于西班牙的厄索市。①如果地方行政官员没有尽到这方面的义务,可能就会引发暴乱:帝国初期意大利利古里亚地区波伦西亚市曾拒绝为罗马百人队队长葬礼仪式举行角斗比赛,从而引发骚乱,为此皇帝提比略派兵镇压。②所以长期以来,组织、举办角斗比赛究竟是公共事务还是私人所为让后世学者困扰。不过无论如何,公元前1世纪以来,不管是那些贵族以自己的财富举办这类活动,还是地方行政长官以公共权力举办角斗比赛,都能够充分说明,这些人是带有政治目的或带着政治义务而做的。组织角斗活动成为一种国家性质的政治义务和公共行为。

奥古斯都时期,将每年举办角斗比赛制度化,亦即1年举行2次,时间大致与后来基督教世界庆祝复活节和圣诞节的时间相当。公元4世纪由行政官员举办的角斗比赛有如下的节日赛程:正式角斗大赛从12月2日开始,4日、5日、6日举行"帝国金库角斗日",8日是皇帝恩准会计官候选人自己出资举办一场壮观的比赛(恩准其大捞政治资本),亦即"候选人角斗日";接下来进入比赛高峰期,其间纵情狂欢,包括17日的主盛宴日,17日后是5天以上的角斗日,有19日、21日、23日的帝国金库角斗日,有20日的候选人角斗日,有24日的谢幕大赛。这一世纪的角斗周期比赛历程被当时的奥索尼乌斯(Ausonius)记载于《牧歌》中,他说,罗马人进行这些活动是为了祭祀农神萨图尔努斯和天神克洛诺斯。③

为了博得拥护和支持,贵族特别是元老院贵族、帝王举办各类竞技表演,包括角斗活动、戏剧表演和水陆模拟战场竞技等。规模一场比一场大,那位著名的皇帝提图斯"举办了蔚为壮观、极其盛大的角斗表演。他还在原海战赛场(奥古斯都时期所建)举办海战"④。暴君图密善在圆形大剧场里举办的海战表演蔚为壮观,可谓是"经典之战",士兵和角斗士相互厮杀,甚至有很多兄弟互相厮杀的情况。在普修多—昆提良(Pseudo-Quintilian)训练学校,先是父子之间、然后是同伴朋友之间在竞技场里相

---

① 转引自[德]奥托·基弗的《古罗马风化史》,姜瑞璋译,辽宁教育出版社2000年版,第110页。

② Thomas Wiedemann, *Emperors and Gladiators*, London: Routledge, 1992, p.7.

③ Ibid., p.47.

④ [古罗马]苏维托尼乌斯:《罗马十二帝王传》,张竹明、王乃新等译,商务印书馆1995年版,第320页。

互厮杀。塞涅卡借用角斗士的话说："我们（角斗士）活着就是要角斗；我们和自己的亲朋好友厮杀。"①其实，他的书信所记载的那些角斗活动的举办者，实质上是为了提高自己在政治选举中获胜的概率，为达目的，不惜花重金举办角斗比赛。

① Carlin Barton, *The Sorrows of the Ancient Romans: The Gladiator and the Monster*, Princeton, New Jersey: Princeton University Press, 1993, p.36.

第七章　角斗活动中的宗教因素

关于罗马角斗娱乐中的宗教因素，学者的关注由来已久。早在1852年，斯坦霍普·斯皮尔便在其探讨欧洲人关于人类血液的普遍观点的论文中提到，"角斗士喷涌的鲜血，被罗马人看作是治疗癫痫病的特效药"①。关于这一点，格兰特在《角斗士》一书中也曾提及。此外，他还在书中讲到了古代罗马人其他几点与角斗娱乐有关的迷信思想：用一个在竞技场中受到致命伤害的角斗士的矛，为新婚女子梳开头发，将会给她带来好运；人们可以通过观测星象或者研究神奇的纸莎草来预测角斗比赛的结果；如果一个人梦到自己成为一名角斗士，并且对手是色雷斯角斗士的话，那便意味着他即将和一位富有的、心灵手巧的、傲慢的女子结婚。②

一、问题的提出

国内外学者对于这一专题的系统性研究较为少见。在某些关于古代罗马人宗教信仰或角斗娱乐的专著及论文中，虽然对两者的内在联系略有提及，但相关表述仅散见于行文中，并没有进行系统论述。因此，深入挖掘罗马角斗娱乐中的宗教因素及其影响，是一个相对较为新颖的、具有研究价值的课题。

事实上，"古代社会的精神生活受宗教支配的程度是很深的"③，宗教因

---

① Stanhope Templeman Speer, "The Life of the Blood, as Viewed in the Light of Popular Belief, From Notes of an Introductory Lecture Delivered by the Professor of General Pathology in the Faculty of Medicine of Montpellier", *Provincial Medical and Surgical Journal*(*1844—1852*), Vol.16, No.13(1852), p.310.

② Michael Grant, *Gladiators*, New York: Barnes and Noble Books, 1967, p.7.

③ 朱龙华:《罗马文化与古典传统》,浙江人民出版社 1996 年版,第 37 页。

素对于古罗马公共娱乐活动的影响也并不仅仅局限于角斗一项,包括赛车、戏剧等在内的多种娱乐项目均无法逃脱宗教的力量。角斗娱乐虽然不是古代罗马人的第一大娱乐项目,但在相当长的一段时间内,其地位非常显赫,具有代表性,从古代罗马人的宗教信仰入手,系统、深入阐述宗教因素在罗马角斗中所发挥的影响及其演变,具有重要的学术价值。

首先,研究罗马角斗娱乐中的宗教因素,是关于古代罗马社会的一个新的研究视角。宗教信仰对于古罗马人来说至关重要,它不仅是"社会制度的决定因素,甚至是社会制度的创建者",还主宰着他们生活的方方面面,"在整个社会中起着支配作用"①。从城市的建立、法律的制定、节日的设立、政府组织、战争等各种公共事务,到个人婚姻、家庭、财产继承等私人生活内容,无一例外。而在角斗表演等公共娱乐活动中,亦是如此。国内外学者以往关于古代罗马社会的研究中,虽不乏宗教研究,但贯穿于角斗娱乐中的宗教因素,却鲜少有人专门探讨。

其次,研究罗马角斗娱乐中的宗教因素,可以拓宽古罗马角斗研究的视野范围,从另外一个独特的角度推进研究。角斗表演作为古代罗马社会中流行的娱乐活动,近年来引起学者越来越多的关注,有不少关于其兴衰、角斗学校、角斗士装备以及比赛规则等方面的著述和论文问世。而将角斗娱乐中的宗教因素作为一个专门课题,进行深入探究,将为日益深入的罗马角斗研究拓宽范畴,从而加深对作为一种文化现象的角斗活动的理解和认识。

目前已发现的关于古罗马公共娱乐活动的原始资料非常丰富,而且伴随着各地尤其是地中海区域考古文物的发现,此类资料仍在不断增加。不过,其中与角斗娱乐相关的内容却往往比较零散。宗教在该娱乐活动中的作用主要依托以下几类资料:文字资料主要包括纸草文书和铭文,前者是古罗马人以及其他居住在古地中海沿岸的人们最常用的书写材料,纸莎草这种植物通常生长在尼罗河三角洲,埃及是制作纸莎草纸的中心,近些年来,考古学家已经在埃及以及其他东地中海沙漠地区发现了大量记录在纸莎草纸上的文字资料,这些资料被统称为纸草文书——包括私人信件、法律文件等,其中有许多关于古罗马公共娱乐活动和宗教的相关记载,为直接接触古代世界开辟了一条道路。铭文则主要是指古罗马人书写在陶片、防水的木碑、金属条和牛皮纸等物品上面的文字,这方面的资料更为丰富,更具

---

① [法]菲斯泰尔·德·古朗士:《古代城市:希腊罗马宗教、法律及制度研究》,吴晓群译,上海人民出版社2006年版,第1、11页。

有研究价值。已发现铭文语种主要分为埃特鲁斯坎铭文、拉丁铭文和希腊铭文三类。目前已发现埃特鲁斯坎铭文大约有 1 万多件，年代从公元前7 世纪开始至奥古斯都时代结束，大部分为墓志铭，不过破译仍存障碍。而拉丁铭文发现数量最多、内容最丰富，多属于罗马帝国早期。其中罗马城、意大利及西班牙、埃及的铭文较多，罗马帝国东部行省的铭文则比较少。此外，希腊铭文如著名的记载奥古斯都个人生平事迹的铭文（*Monumentum Ancyranum*）等价值颇高。在上述所列大量铭文资料中，不乏角斗活动及罗马宗教的记载，如在希腊东部发现的数篇铭文，为研究角斗比赛中是否使用锋利武器提供了参考资料①。许多铭文是当时角斗比赛的举办者为了吸引更多观众观看比赛而做的广告。此外，还有大量的文物资料以及古典作家较为真实的记载。

　　诸多国内外尤其是国外学者早期主要是对角斗本身等政治、娱乐内容加以研究，而对其中宗教因素的研究并不系统。格兰特的《角斗士》首先综述共和国、帝国时期角斗娱乐的发展，随后对角斗士种类、地位及竞技场等内容进行说明。罗兰·奥古埃特在其《残酷与文明：罗马竞技》一书中指出，角斗表演不仅是残酷的娱乐，相反，它象征着帝国的权力，是实用主义的。托马斯·韦德曼的《皇帝与角斗士》认为角斗表演中野兽和角斗士的死亡从象征意义而言是文明和社会秩序对于自然、野蛮和犯罪行为的防卫，而角斗活动是罗马社会的基本文化认同，在其统一及海外扩张中占有重要地位。保罗·普拉斯在《古罗马的死亡游戏：竞技场运动与政治自杀》中将角斗娱乐与普遍的社会暴力现象联系起来，作为社会体系组成部分的竞技场运动和政治自杀都存有抵抗外部危险和内部政治冲突、保障安全与生存的目的。卡林·巴顿从心理学的角度对角斗娱乐进行了考察，在《古罗马人的悲哀：角斗士与野兽》一书中提出，角斗比赛虽然不能消除贵族与民众以及暴力与和谐之间的紧张状态，但却是一种很好的补偿性手段。此外，西方学者的论文成果也较为丰富，主要有：迈克尔·卡特的《使用利器的角斗比赛》、博伊顿的《罗马人的公共娱乐》、伦纳德·汤普森的《罗马娱乐中的死亡》、卡特的《角斗比赛：参与的规则》、莱斯·托马森的《角斗士、暴力以及共和国的建立》、大卫·波特的《君士坦丁和角斗士》，等等。然而，上述研究包括国内学者的研究存在以下问题：第一，多数学者仍然无法摆脱政治史研究的藩篱，

---

　　① Michael Carter, *Gladiatorial Combat with Sharp Weapons*, *Zeitschrift für Papyrologie und Epigraphik*, 2006, pp.161—175.

倾向于把角斗娱乐与罗马帝国的衰亡联系起来,认为它助长了罗马人的奢侈之风,对社会财富造成了巨大的浪费,加速了当时社会的道德滑坡。可以说,在某种程度和意义上,角斗的盛行是罗马衰亡的一个不可忽视的重要因素。第二,尽管以往学者对于角斗娱乐的研究视角比较多样,但是,对于角斗娱乐中的宗教因素,鲜有学者将其作为一个独立的课题进行专门研究。

关于罗马角斗中的宗教因素,在学者以往的研究中被提及最多的就是它的起源问题。对于这一点,国内外学者的观点基本一致,即认为在古代罗马世界风行一时的角斗并不是罗马人自己创造的产物;最初的角斗比赛通常是作为葬礼的一部分出现的,带有浓重的宗教色彩。不过,值得注意的是,学者在阐述这一问题时,常常只是一笔带过。虽然托马斯·韦德曼曾在《皇帝与角斗士》一书中详细探讨过角斗的起源问题,但他把讨论的重点放在了角斗比赛是否如大多数学者认为的那样起源于埃特鲁斯坎人,而不在它浓重的宗教色彩上。①此外,罗兰·奥古埃特曾明确提出过角斗娱乐的"世俗化"问题——"差不多到了共和国末期,角斗比赛开始失去它们作为仪式的重要性,亦即所谓的'世俗化'。自此以后,在罗马人的政治生活中,它们占据着独特的地位"②。不过,对于宗教因素是如何弱化的,"世俗化"的角斗活动中宗教因素的影响及表现形式,罗兰·奥古埃特没有给出答案。

基于以上分析,从古代罗马人的宗教信仰入手着重探讨贯穿罗马角斗活动始终的宗教因素及其伴随着角斗本身的演变而发生的变化,更具有说服力。笔者认为,角斗表演作为古代罗马社会最为流行的活动之一,在其起源、繁盛以及衰亡的整个过程中,宗教因素一直贯穿其中并发挥着不可替代的作用。具体来说,角斗娱乐最初是一种纪念死者的祭祀仪式,带有浓重的宗教色彩,规模较小,经常被当作私人葬礼的一部分。后来随着时间的推移,角斗表演在整个罗马帝国及其海外扩张地区日益流行,举办角斗比赛的次数越来越多,规模也越来越大,而斗兽则是一种源于"宗教的献祭"③。在这一过程中,角斗本身发生了一个重大的转变,即一方面,其"世俗化"倾向越来越明显——人们举办角斗比赛的目的更多是为了提高政治声望或是出

---

① Thomas Wedemann, *Emperors and Gladiators*, London: Routledge, 1992, pp.29—34.

② Roland Auguet, *Cruelty and Civilization*: *The Roman Games*, London & New York: Routledge, 1994, p.23.

③ Paul Plass, *The Game of Death in Ancient Rome*: *Arena Sport and Political Suicide*, Madison: University of Wisconsin Press, 1995, p.45.

于个人对名誉和刺激的追求；另一方面，其中的宗教因素逐渐淡化，并最终演变为古代罗马社会的一种重要的公共活动。

值得注意的是，随着角斗表演的日益流行，宗教因素对于这一娱乐活动的影响力虽然有所减退，但并未完全消失，仍旧起到一种"象征性"的作用。与此同时，角斗娱乐中神灵的作用也发生了相应转变。此外，角斗表演与基督教的关系也值得深入探究。

二、罗马人的宗教及其在公共娱乐活动中的影响

宗教信仰在古代罗马社会中的重要性和影响力是不言而喻的，从公共事务到个人家庭生活，宗教的作用无不渗透其中。古朗士曾指出，"古代希腊罗马史是人类思想与其社会状态有着密切联系的明证。若考察古人的制度而对其宗教观念不加思考，则必以为其晦涩、怪诞且费解"[①]。因此，要深入探讨罗马角斗活动中的宗教因素，必须首先对古代罗马人的宗教信仰有所认识。

1. 古罗马人的宗教信仰及其祭祀节日

总的来说，古代罗马人的宗教信仰始于其最初的灵魂观念和对亡灵的崇拜，之后又继承古希腊的神系，逐渐形成了多神教信仰体系。直至基督教被确立为国教，才终止了古代罗马人的多神教信仰传统。

对于亡灵的崇拜，构成了古代罗马人最初的宗教信仰，这方面受到来自埃及的影响，尤其是阿努比斯的影响，其对应的神灵是罗马人的神使墨丘利——这一形象在罗马圆形剧场中发挥主要作用，"打扮成墨丘利的奴隶随时出现在角斗场上，处理死去的角斗士"[②]。对于古罗马人而言，死亡并不意味着生命的结束，而是生命将以另一种形式延续，古朗士将其称为"第二存在"。死亡亦非人的灵魂同肉体分离，它仍在人类的左近，且在地下继续生存着。当时人们认为，人死后仍旧需要各种食物、生活必需品以及奴隶等，并且像活着一样拥有喜、怒、哀、乐等各种情绪。为了让人的"第二存在"得以安息，坟墓这一地下的安居之所自然是必不可少的。在坟墓中，人们享

---

① ［法］菲斯泰尔·德·古朗士：《古代城市：希腊罗马宗教、法律及制度研究》，吴晓群译，上海人民出版社 2006 年版，第 34 页。

② Pringle, H., "Gladiatrix", *Discover*, Vol.22, No.12(2001), pp.48—55.

用活着的人为他们供奉的各种祭品,避免成为无处藏身的游魂。这种信仰"没有教义","但却具有严密遵行的仪式"①。这些仪式通常包括死者葬礼上的一些传统的固定环节,包括为死者念诵祷词等。

古罗马人流行厚葬习俗,通常会为死者举办盛大葬礼。他们认为,没有完整葬礼的死者往往很难得到安息与幸福。据苏维托尼乌斯记载,皇帝盖乌斯·卡里古拉死后,由于活着的人最初并未为其举行适当的安葬仪式,他的灵魂便没能得到应有的安宁:

> 他活了 29 岁,在位 3 年 10 个月零 8 天。他的尸体被悄悄地运到拉米亚家的花园,在仓促准备的火葬堆上烧了一半便埋了,上面盖了一层薄薄的草土。后来他的姊妹们从流放地回来,把他掘出来,重新火化,安葬了。众所周知,在重新安葬之前,花园的看守人常常受到他鬼魂的惊吓,而在他被刺杀的那个屋里也没有一夜能让人睡稳而不闹鬼的,直到这屋在一场大火中被烧光为止。②

为了让死者的灵魂得到慰藉或者说为避免受到死者未安葬灵魂的骚扰和折磨,活着的人尤其是那些比较富有的贵族还会在葬礼上增添一些新的内容如角斗表演等。因为他们相信,"人类的血液可以抚慰亡灵。人们购买囚犯或者素质较差的奴隶,在葬礼上向死者献祭,举办角斗比赛,是为死去的人服务的"③。古罗马历史上第一次角斗表演,就是发生于公元前 264 年罗马城大贵族朱尼厄斯·布鲁特斯·佩拉的葬礼上。④

除亡灵崇拜外,罗马人还有对大自然的崇拜。罗马人最初信奉的神灵主要有两类:一类是与大地、农业生产有关的神灵,如大地之神忒路斯、农业之神萨图尔努斯及其妻——收获女神俄普斯、灶神维斯塔,等等;另一类是力量强大的天神朱庇特、战神马尔斯以及奎里努斯。共和国后期,受到希腊文化的深刻影响,罗马人多神教信仰体系逐渐形成,绝大多数神

---

① [法]沙利·安什林:《宗教的起源》,丁璇真、宋家兴、霍仲珺译,生活·读书·新知三联书店 1964 年版,第 150 页。

② [古罗马]苏维托尼乌斯:《罗马十二帝王传》,张竹明、王乃新等译,商务印书馆 1995 年版,第 189 页。

③ Tertullianus, *De spectaculis* 12, Marc Zvi Brettler and Michael Poliakoff, "Rabbi Simeon ben Lakish at the Gladiator's Banquet: Rabbinic Observations on the Roman Arena", *The Harvard Theological Review*, Vol.83, No.1(1990), p.94.

④ Thomas Wiedemann, *Emperors and Gladiators*, London: Routledge, 1992, p.5.

灵都能够从古希腊奥林匹斯神系中找到原型,有些神灵只是名字不同而已。"罗马宗教没有一个表现自己的特有的神像,只有双头的雅努斯神算是例外。"①在这种多神教信仰体系中,每个神灵的地位和职能各不相同。他们各司其职,共同庇护着每一个崇拜他的人,从出生直至死亡。

古罗马人非常重视对神灵的祭祀,他们经常在不同的时间和场合采取不同的方式祭拜众神,以期得到庇佑。归纳起来,他们通常通过以下四种方式祭祀神灵:一是专门修建神庙、祭坛等祭祀场所,如天神朱庇特、战神马尔斯、太阳神阿波罗、月神和狩猎女神狄安娜、神使和商旅贸易之神墨丘利、奎里努斯等都有神庙,此外还为神灵如家庭和国家庇护神拉瑞斯专门设立祭坛。二是用神灵名字命名月份、赛会、建筑物等。比如,四月为维纳斯月;第二次布匿战争期间特别创立阿波罗赛会;塔克文家族被逐出罗马后,其家族位于罗马城与台伯河之间的田园被献给战神,并命名为战神广场,用来举行百人队大会,进行人口登记和军事检阅,或者供年轻人进行军事和体育训练等。三是为各神灵设定专属的祭祀时间、场所和祭祀品等。每年 2 月 17 日是祭祀奎里努斯的日子,祭祀仪式通常在奎里努斯山或科利纳城门(后改为奎里努斯城门)举行;3 月 1 日、15 日和 17 日为战神马尔斯的祭祀日,举行祭祀时,祭司"沿街游行,边唱古代圣歌,边跳舞蹈"②;葡萄收获节时,人们会向朱庇特和维纳斯两位神灵敬献新酿造的酒;8 月 13 日,在阿涅廷努姆山上的祭坛,向果园之神维尔图姆努斯献祭,庆祝秋收来临。四是以神之名义制定节日并进行各种庆祝活动。每年 4 月 11 日或 12 日为克瑞斯节(Cerelia),举行游行,在竞技场驾车 8 天;4 月 28 日到 5 月 3 日为弗洛拉(鲜花、春天及青春之神)节,女人穿上各色服装愉快饮宴;8 月 23 日为武尔坎节,人们在弗拉米尼乌斯竞技场举行娱乐活动;12 月 5 日是法乌努斯节,人们用山羊献祭,等等。

此处所探讨的角斗活动,则属于第四种祭祀神灵活动的重要内容。

2. 帝王与祭祀

随着罗马帝国的建立,权力日益集中到帝王手中,他们不仅掌管内政、颁布法律、发动战争,还是国家的最高祭司,履行举办祭祀活动、解释预言等宗教职责。有些帝王甚至自比为神,模仿神的装扮,接受人们的膜拜。盖乌

---

① ［德］特奥多尔·蒙森:《罗马史》(第 1 卷),李稼年译,商务印书馆 1994 年版,第 159 页。
② 王焕生:《古罗马神话传说》,社会科学文献出版社 2010 年版,第 50 页。

斯·卡里古拉就曾多次蓄着金黄色的胡须,手持闪电(天神朱庇特的标志)、三叉戟(海神尼普顿的标志)、节杖(神使墨丘利的标志)等,甚至穿着维纳斯的神衣出现。①他"发布命令,把那些在神圣尊严或艺术特色方面著名的神像,包括奥林匹亚的朱庇特雕像,从希腊运来罗马,去掉它们的头部,换上自己的头像"。"他还为自己的神像建造了特别的庙宇,任命了祭司,规定了最讲究的祭品。"②在罗马民众的心目中,帝王的威严除了手握大权之外,更在于他们像神一样拥有神性,应与神灵拥有同等的地位,享受同样的待遇。于是,他们渐渐将帝王也视为神,像崇拜神一样供奉他们,此即古代罗马人的帝王崇拜。赵林认为这是罗马文化实用主义特征的具体表现——"凡是有利于维护现实的法权关系的象征,就是罗马人的神明。"③

罗马帝王与神的同等地位不仅深植于民众心中,往往还会通过法律等途径加以确立。恺撒死后,元老院颁布决议,规定立即授予他以一切神和人的荣誉,并由正式法令将其列入众神之列。恺撒的子嗣为庆祝他被尊为神,举行了盛大的赛会。而3月15日即恺撒被杀的这一天,被命名为弑父日,元老院永远不得在那一天集会。④除此之外,人们还为帝王修建神庙,并举行不同形式的祭祀活动。比如,"有些意大利城市把奥古斯都第一次访问该城的日子当作一年之始。大多数行省,除建造许多神庙和祭坛献给他之外,还在他们的几乎每一城市举行5年一度的崇敬奥古斯都的赛会"⑤。

此外,古代罗马人对于神谕和预言也十分相信。他们认为,当幸运或者灾难降临之前,神会通过某些人类可以观察到的现象来表达自己的意愿,向人们发出某些预兆。要获得神的保佑和庇护,就要按照神谕和预言的指示行事,顺从神意;若违背了神的意愿,则会受到相应的惩罚。古典作家关于这方面的记载较多。比如:

> 他(克劳狄——笔者注)密切注意实行一种习俗:每当罗马发生地震时,他都要大法官召集大会,宣布放假。每当在卡比托尔看到鸟

---

① [古罗马]苏维托尼乌斯:《罗马十二帝王传》,张竹明、王乃新等译,商务印书馆1995年版,第184页。

② 同上,第166页。

③ 赵林:《西方宗教文化》,武汉大学出版社2005年版,第123页。

④ [古罗马]苏维托尼乌斯:《罗马十二帝王传》,张竹明、王乃新等译,商务印书馆1995年版,第44—45页。

⑤ 同上,第83页。

的凶兆时,他都遵循进行祈祷的风俗。在命令所有的仆人和奴隶退
出后,他以大祭司的身份站在船首形讲台上面向人民亲自主持这种
祈祷仪式。①

又如,公元 59 年,当罗马军队迅速攻占阿尔塔克撒塔城后:

　　　阿尔塔克撒塔城本身被点起了火,并被夷为平地;原来这座城很
大,没有一支强大的卫戍部队要想保卫它是不可能的,而且我们军队的
人数又不够同时维持一支强大的卫戍部队和进行一场战争;不过,如果
不毁掉这个地方,却又不用部队守卫这个地方,那么单是占领这个地方
既不会带来利益,也不会带来荣誉。此外,还有一个显然是上天垂示的
奇迹:在阿尔塔克撒塔城墙的外部是一片阳光灿烂的世界,可是突然间
城墙工事内部的地区全部被一团乌云包了起来,乌云间还闪烁着可怕
的闪电。人们都相信,诸神的敌视的行动表明这座城市已注定要遭到
毁灭的命运。②

3. 基督教信仰的最终确立及其对角斗活动的影响

多神教信仰是根深蒂固的,它在罗马人心目中的地位也是牢固的。然
而,当人们早已习惯在遭遇不同境况后向各司其职的不同神灵祈祷、求助
时,基督教“在人们无所察觉的状况中迅速发展起来”了,从产生之初“到它
被确立为罗马帝国的官方宗教只经历了短短的四个世纪”③。

基督教起源于公元 1 世纪巴勒斯坦地区的犹太人社会,不仅继承了犹
太教上帝耶和华和救世主弥赛亚等概念,还原封不动地把犹太教《旧约全
书》全部接收下来,作为自己的宗教经典。更为重要的是,与这些概念和文
书同时被继承下来的,还有犹太教“具有一神论特点的伦理道德准则”④。
这与古代罗马人的多神教信仰传统是相违背的,也是日后基督徒屡屡遭受
迫害以及基督教与罗马政府错综复杂关系的根源所在。其实,基督教产生

---

　　① ［古罗马］苏维托尼乌斯:《罗马十二帝王传》,张竹明、王乃新等译,商务印书馆 1995 年版,
第 206 页。
　　② ［古罗马］塔西佗:《编年史》(下),王以铸、崔妙因译,商务印书馆 1997 年版,第 436 页。
　　③ ［英］约翰·麦克曼勒斯主编:《牛津基督教史(插图本)》,张景龙等译,贵州人民出版社
1995 年版,第 I—II 页。
　　④ 同上,第 25 页。

之初并未引起罗马政府的敌视,原因在于:第一,古罗马人的多神教信仰传统本身具有包容性。对于任何外来宗教,只要符合其审查标准,他们从不排斥。具体包括:它们是否会动摇罗马宗教的主宰地位;它们在政治上是否安全;它们是否合乎道德。①第二,基督徒最初对君主并没有表现出任何不敬——从《罗马书》第13章和《彼得前书》第2章中可以看出基督徒对君主的服从和尊敬。耶稣基督的仆人保罗认为:“在上有权柄的,人人当顺服他……”使徒彼得吩咐信徒说:“要顺服人的一切制度,或是在上的君王,或是君王所派、罚恶赏善的臣宰。”因此,基督教最初在极为强盛的罗马帝国得以发展。

不过随后基督教却屡遭罗马政府镇压,基督徒经常受到迫害。其真正原因在于,基督教是唯一神信仰,他们拒绝接受罗马皇帝的神性及敬拜他如神,甚至蔑视罗马诸神,不向罗马神庙献祭。这不仅触犯了罗马人多神教信仰的传统,更让自诩为神的皇帝十分愤怒。

公元64年,皇帝尼禄首开迫害基督徒之先河。是年,罗马城遭遇一场大火灾。据塔西佗的记载,大火持续6天,罗马城“十四个市区,其中只有四个市区还是完整的,三个市区已被烧成一片空地;在其他七个市区里面,除了一些烧得半焦的、破烂的断瓦残垣以外,什么都不剩了”②。种种迹象表明,这场大火是尼禄为了在废墟上修建一座新的宫殿,自己找人放的。但他为了推卸责任,却把基督徒当作替罪羊,并对其进行大肆迫害,甚至尼禄将角斗比赛用作迫害基督徒的一种方式。

> 起初,尼禄把那些自己承认为基督徒的人都逮捕起来。继而根据他们的揭发,又有大量的人被判了罪,这与其说是因为他们放火,不如说是由于他们对人类的憎恨。他们在临死时还遭到讪笑:他们被披上了野兽的皮,然后被狗撕裂而死;或是他们被钉上十字架,而在天黑下来的时候就被点着当作黑夜照明的灯火。尼禄把自己的花园提供出来作为游览之所,他还在他的竞技场举行比赛,他自己则穿着驭者的服装混在人群里或是站在他的马车上。③

而皇帝图密善被早期基督教史学的开创者优西比乌称作“尼禄第二”

---

① [美]R.H.巴洛:《罗马人》,黄韬译,上海人民出版社2000年版,第160页。
② [古罗马]塔西佗:《编年史》(下),王以铸、崔妙因译,商务印书馆1997年版,第539页。
③ 同上,第542页。

"迫害基督徒的第二人"①。

由于基督教的持续传播和影响，大约从公元1世纪末起，罗马开始采取镇压与宽容相结合的政策。皇帝图拉真"曾颁布敕令，下令停止对基督徒的追捕，但是，基督徒的身份一旦被确认，他们还是会遭受惩罚"②。可以从《图拉真与小普林尼关于基督教问题的通信》中窥知罗马政府态度的转变。信中，小普林尼向图拉真询问自己审问基督徒的方法是否得当，他说：

> 我审讯他们是否为基督徒；即使他们承认，我仍再三地问他们，同时以严酷的刑罚来加以恐吓；如果他们仍然坚持，我即下令对他们执行刑罚。……那些否认他们现在是或曾经是基督徒的人们，他们跟着我向诸神作了祈祷，并且用酒和乳香供奉您的雕像以表示崇拜，……并且他们最后还咒骂基督……我认为释放这些人是恰当的。③

图拉真则充分肯定了小普林尼的做法，他回复道：

> 你所采用的审讯那些在你那儿被控为基督徒的案件的方法是非常恰当的。……当他们被告发并被找到罪证时，他们就必须受到惩处；不过，也要有个限制，就是在当事人否认自己是一个基督徒，并以敬拜我们的众神来证明他不是的时候，纵然他过去已经被人怀疑，然而由于悔改，他必受到宽恕。④

皇帝哈德良曾从著名的总督塞内尼乌斯·格拉尼亚努斯那里收到一封为基督徒请命的上书。在上书中，总督指出"为了迎合喧嚷的大众，未经审判就处死基督徒"是不恰当的。哈德良随即颁布敕令，宣布：

> 倘若有人起诉基督徒，并且有证据证明他们的行为违反法律，你就可以根据他们触犯法律的严重程度进行审判。但是，我以赫尔克勒斯

---

① ［古罗马］优西比乌：《教会史》，［美］保罗·L.梅尔评注，瞿旭彤译，生活·读书·新知三联书店2009年版，第124—125页。

② 同上，第144页。

③④ 司马英译，周怡天校：《图拉真与小普林尼关于基督教问题的通信》，《东北师范大学报（哲学社会科学版）》1957年第6期。

的名义重申一遍,倘若有人因为想要得到报酬而提出错误的控告,你就应该彻底地调查取证,并且确保让他得到他应当得到的惩罚。①

从 2 世纪到 3 世纪初,对基督徒的迫害仍然时有发生,"起因或是群氓的暴力行动,或是对基督徒的抱怨和指控未能及时得到各行省总督的支持"②。继皇帝迪希厄斯和弗里利安对基督教进行残酷迫害之后,260 年皇帝加里努斯宣布停止对基督徒的迫害,准许教会及主教自由活动,并归还教会财产。由此,拉开了前后持续 40 年的"长期和平时期"。284 年,戴克里先即位,继续对基督教实行宽容政策,并于 303 年发动了对基督教的最后一次镇压。

至 313 年,君士坦丁大帝和帝国东部的李锡尼皇帝共同颁布《米兰敕令》,承认基督教的合法地位。"它宣布绝对的信仰自由,将基督教与罗马帝国其他宗教置于完全同等的法律保护之下。命令发还在最近的迫害中没收的教会财产。"③325 年,君士坦丁召开尼西亚会议——基督教历史上第一次世界性主教会议。375 年,皇帝格拉喜安宣布,罗马皇帝不再享有"最高祭司"的地位,并禁止民众向神庙献祭。380 年,皇帝狄奥多西一世下令,全国人民都要"遵守使徒彼得所交与罗马人的信仰",除基督教外,禁止各种异端教派的活动。由此,基督教成为罗马帝国的唯一合法宗教。

基于基督教信条,角斗这类活动逐步遭到抵制和禁止。

4. 宗教因素对罗马公共娱乐活动的影响

毋庸置疑,宗教渗透到古代罗马人社会生活的方方面面。美国社会学家彼得·贝格尔强调,"每一个人类活动都在进行建造世界的活动。宗教在这种活动中占有一个位置"④。罗马公共娱乐活动也不例外。在其起源和演变的过程中,宗教因素始终渗透其中,并产生了深刻影响。

从起源来看,流行于古代罗马社会的多种公共活动,大多与祭祀活动或

---

① 〔古罗马〕优西比乌:《教会史》,〔美〕保罗·L.梅尔英译、评注,瞿旭彤译,生活·读书·新知三联书店 2009 年版,第 168 页。

② 〔英〕约翰·麦克曼勒斯主编:《牛津基督教史(插图本)》,张景龙等译,贵州人民出版社 1995 年版,第 41 页。

③ 〔美〕威利斯顿·沃尔克:《基督教会史》,孙善玲、段琦、朱代强译,中国社会科学出版社 1991 年版,第 128 页。

④ 〔美〕彼得·贝格尔:《神圣的帷幕——宗教社会学理论之要素》,高师宁译,上海人民出版社 1991 年版,第 7 页。

者神话传说有着密不可分的关系,具有浓厚的宗教色彩。让-诺埃尔·罗伯特指出,"古罗马人企盼节庆期间能有名目繁多的娱乐活动。据考证,那些娱乐活动以前是宗教活动"①。后来,随着这些活动规模的不断扩大以及流行程度的日益提高,其"世俗化"倾向越来越明显,宗教色彩则逐渐淡化。不过,以罗马角斗活动为例,宗教的影响始终没有完全消失过,而是起到一种"象征性"的作用。与此同时,在角斗比赛中以各种不同形式出现的神灵的作用也发生了相应转变,即由原来的保佑死者、让亡灵安息变为给角斗比赛的参加者提供保护或为他们取得胜利助一臂之力。

角斗士的宣誓是值得关注的,对罗马诸神灵的宣誓到帝国时期成为一种象征。

(1)"要面包也要娱乐"——古罗马人的娱乐精神

古代罗马有一句谚语在民间非常流行——"要面包也要娱乐"。这句谚语既表明了在以"质朴、务实"著称的罗马文化中仍不乏对于休闲和享乐的追求,同时也体现了古代罗马人对于娱乐活动的热衷程度。在罗马帝国一个小城镇的人行道上,拼嵌着这样一句话:打猎、洗澡、游戏、找乐子——这就是人生。②在这样的娱乐精神的指引下,罗马人非常喜爱参加各种公共娱乐活动。尤其是罗马帝国时期,公共娱乐活动的繁盛更是到了前所未有的程度。古罗马人喜爱的娱乐活动,种类较多且内容丰富。其中,最为流行的主要包括角斗比赛、赛车、戏剧表演、宴饮以及沐浴等。

(2)宗教与角斗

角斗士阶层是古罗马历史上的一个特殊群体,他们在角斗场上手握短剑和盾牌,互相刺杀。他们中既有经过专门训练的奴隶、战俘和死囚,也有出于好奇或寻求刺激的自由民、贵族甚至皇帝。从广义上来看,角斗比赛主要包括人与人、人与兽以及兽与兽三种类型。历史上公认的第一次角斗比赛,发生在公元前264年罗马城大贵族朱尼厄斯·布鲁斯特·佩拉的葬礼上。此时的角斗比赛,一般规模较小,往往是作为葬礼的一部分出现的。后来随着时间的推移,角斗比赛举办的频率不断增加,规模日益扩大,到屋大维之时,角斗比赛"几乎成了那一时代罗马帝国的第一娱乐项目"③。除了每年12月固定举办角斗比赛之外,皇帝还经常在一些特殊的场合,如纪念

---

① [法]让-诺埃尔·罗伯特:《古罗马人的欢娱》,王长明、田禾、李变香译,广西师范大学出版社2005年版,第66页。

② 郭长刚:《失落的文明:古罗马》,华东师范大学出版社2001年版,第95页。

③ 高福进、侯洪颖:《角斗士:一段残酷历史的记忆》,上海辞书出版社2006年版,第2页。

日、凯旋日等,安排一场规模宏大的角斗比赛,供人们观赏、娱乐之用。不过,这两三百年断断续续的角斗活动始终脱离不了浓厚的宗教因素尤其是祭祀仪式。

帝国后期,举办角斗比赛的开支越来越大,以至于影响到了国家的政治生活,再加上在角斗表演中迫害基督徒的行为遭到强烈反对,国王开始下令缩减开支,限制角斗表演举行的数量和规模。公元 325 年,君士坦丁大帝曾一度下令禁止角斗比赛。大约公元 5 世纪末,风行整个罗马帝国的角斗娱乐活动销声匿迹。可见,基督教的扩张成为影响这一活动发展的重要甚至主要因素。

（3）其他娱乐活动及其所体现的宗教因素

如果说角斗表演是古罗马最具特色的公共娱乐活动的话,那么,赛车可以算作是古代罗马社会真正意义上的第一大娱乐项目。赛车的起源和演变也离不开对神灵的敬拜和祭祀,其中又与谷物保护神有关。

对谷物保护神的祭拜日是每年的 8 月 21 日或 12 月 15 日,这也是谷神节,谷神祭坛到时被抬出来,清理后展示于众。对谷神的崇拜被认为最早始于罗马城创建者——罗慕路斯(Romulus)时期。不过,一般认为,谷神还是可能源于埃特鲁斯坎人或萨宾人的信仰。

谷神的节日期间,其中最为重要的公共活动就是赛马(骡)、赛车,而马和骡是这位神灵的象征性动物。古代罗马人为赛车制定了较为完整的比赛制度。从赛车的规格来看,罗马人的赛车主要以四马赛车为主,偶尔也会出现两马赛车,最多的一次曾出现过十匹马拉的赛车。从规则来看,比赛时,每辆赛车绕赛车场跑七圈,共计约 2.5 英里。不过,对比赛者来说,最大的挑战并不是路程的长短,而是比赛过程中出现的数十个急转弯。当然,也正因为如此,观众能欣赏到参赛者高超的技术和比赛的刺激性。从赛车组织上来看,主要有分别以红、白、蓝、绿四种颜色为标志的"俱乐部"。这四大"俱乐部"均为私人所有,战车、马匹以及其他的装备都是"俱乐部"老板的私人财产,甚至包括大部分赛车手。通常情况下,"俱乐部"的老板会把自己的战车和赛车手出租给比赛的举办者,以赚取租金。

古罗马戏剧萌芽于远古时期对农神萨图尔努斯的祭祀活动以及农事丰收的庆祝活动。活动期间,人们会表演一种即兴诗歌对唱"菲斯刻尼曲调",其中便包含戏剧的成分。根据李维的记载,古代的舞台剧在大约公元前400 年,也就是高卢人入侵前不久的传奇时代,就已经传到了罗马。由于既非人为亦非神助能减弱那场瘟疫的猖狂,因此罗马人便屈从于迷信。据说他们创造了一种舞台剧作为平息天怒的手段之一。①此后,罗马人又分别吸收了埃特鲁斯坎人的舞蹈形成"杂戏"、坎佩尼亚的奥斯克人的戏剧形成阿特拉笑剧以及南意大利的希腊人的摹拟剧,从而为古罗马戏剧的形成奠定了基础。古罗马戏剧主要包括喜剧和悲剧,其中悲剧又可分为神话剧和历史剧两类。戏剧表演通常在每年的重大节日期间举行,如阿波罗节等。此外,遇有大事,也会举办戏剧演出,如军队凯旋、建筑物落成以及贵族葬礼等。

公元 476 年西罗马帝国灭亡以后,古罗马的戏剧传统受到教会的压制,逐渐衰落。直至文艺复兴时期,才重新受到人文主义者的重视。

此外,罗马人还会在闲暇时进行各种休闲娱乐活动,深受人们喜爱的有洗浴、宴饮、美容,等等。他们对于公共娱乐活动的喜爱,甚至一度到了痴迷的程度。从皇帝到普通民众,从罗马城到其海外扩张地区,人们无不喜爱并且通过不同方式参与各项娱乐活动。1 世纪时,罗马历法上全年的娱乐天数仅有 66 天,提比略时增加到 87 天,2 世纪时达到 123 天,到 4 世纪中期,史无前例地增加到 175 天,几乎占了全年总天数的一半,这还不包括其他临时举办的庆祝活动。例如,提图斯皇帝为了庆祝弗拉维圆形剧场的落成,专门举办前后持续 100 天的活动,众多角斗士与猛兽相互厮杀。在取得达西亚战争的胜利之后,皇帝图拉真举行为期 123 天的庆典,有 1 万名角斗士参加,1.1 万头野兽被杀。②

古代罗马人如此沉溺于娱乐活动而不能自拔,以至于这一点往往被视为罗马帝国灭亡的原因之一。例如,朱龙华就将娱乐活动看作是罗马文化在"某些数量上的增长"而出现的"质量上的倒退",认为"像一切盛极而衰的文明那样,混乱颓败的另一面往往就是统治阶级腐化堕落造成的'畸形繁荣'。宫廷的豪奢,国家机构的膨胀,再加上面临末路的奴隶主阶级的醉生梦死,使罗马和整个帝国从某些方面说确实是披着锦衣华服走向死亡"③。可见娱乐文化对于古代罗马社会的影响之大,正如古罗马的一句古训:"只要罗马斗兽场还耸立着,罗马就岿然不动。一旦斗兽场颓废了,罗马也就倒

---

① [德]奥托·基弗:《古罗马风化史》,姜瑞璋译,辽宁教育出版社 2000 年版,第 189 页。

② Shelby Brown, "Death as Decoration: Scenes of the Arena on the Roman Domestic Mosaics", in Amy Richlin ed., *Pornography and Representation in Greece and Rome*, New York: Oxford University Press, 1992, pp.180—211.

③ 朱龙华:《罗马文化》,上海社会科学院出版社 2003 年版,第 313 页。

下了;一旦罗马倒下,世界也就完了。"①

(4)角斗活动中神灵作用的转变

角斗文化中神灵的作用由较为纯粹的神圣性逐步转向实用性。

伴随着角斗活动的日益繁盛,战神马尔斯、大力神海格立斯、海神尼普顿等神灵越来越受到角斗士的推崇,频繁出现在角斗场上,尤其是出现在角斗士的装备如盾牌、盔甲上。在罗马人多神教的信仰体系之下,罗马众神各司其职。这些经常作为"装饰品"出现在角斗场上的神灵,有一个共同的特点——力量强大、勇猛威武。例如,战神马尔斯。希腊神话中,与其相对应的神灵是阿瑞斯,他是宙斯和赫拉的儿子。根据《荷马史诗》中的记载,阿瑞斯"狂暴""执拗""好战无厌""心里喜欢的只有吵架、战争和斗殴"②。不过,他也能够给人们带来胜利。起初,马尔斯"是一个具有多方面自然职能的神灵,保卫人们免遭危害,保护土地免遭水淹,保护畜群免遭瘟疫和狼群伤害"③。后来,他与朱庇特、奎里努斯一起成为保卫罗马国家的三位重要神灵。马尔斯在罗马特别受到追捧,人们专门为其修建神庙和战神广场。当然,这也可能与罗马人的尚武精神有关。

大力神海格立斯的希腊原型是赫拉克勒斯。相传,海格立斯到达西西里后,遇到了当地著名的拳击手埃律克斯。埃律克斯自以为力大无比,遂向海格立斯提出挑战,结果却被海格立斯打败了。海格立斯"由于他超人的力量和著名事迹,深受角斗士的欢迎"④。

在希腊神话中,与尼普顿相对应的神灵是波塞冬。波塞冬身材高大,经常手持三叉戟。他常年居住在海底的宫殿里,是大海的统治者。波塞冬不仅力量强大,还雄心勃勃、独断专行。罗马人吸收了希腊神话中海神波塞冬的形象,将其更名为尼普顿并进行崇拜。他们不仅为尼普顿专门修建了神庙,设立尼普顿节,还在竞技场中建立了祭坛。

早期,人们举办角斗比赛的目的,主要是为了向神灵献祭,以求得他们的保佑。后来,随着角斗比赛宗教色彩的逐渐淡化,祭祀神灵已不是角斗比赛的主要目的,而且,在角斗场上出现的神灵逐渐集中于此类以力大无比著

① Michael Grant, *Gladiators*, New York: Barnes and Noble Books, 1967, p.85.

② [古希腊]荷马:《伊利亚特》,罗念生译,上海人民出版社 2007 年版,第 140—141 页。

③ 王焕生:《古罗马神话传说》,社会科学文献出版社 2010 年版,第 49 页。

④ Edited by Eckart Köhne and Cornelia Ewgleben, English version edited by Ralph Jackson, *Gladiators and Caesars: The Power of Spectacle in Ancient Rome*, Berkeley, Los Angeles: University of California Press, 2000, p.60.

称的神灵。这些强大的神灵特别受到角斗士的推崇和追捧，经常被用来装饰自己和武器。他们希望可以借助这些神灵的力量，战胜对手取得胜利。由此，可以发现，此时的神灵，除了是人们祭祀和崇拜的对象之外，其主要作用已经发生了转变，即从原来负责庇佑死者的"保护神"变成为角斗士提供保护或者帮助他们取得胜利的"胜利之神"。

三、角斗活动与宗教仪式

为了表示对死者的尊敬和怀念，起初举办角斗比赛只是偶尔发生的现象，后来逐渐演变为一种定期举办的活动。然而，到了共和国后期尤其是帝国黄金时期，角斗活动的宗教氛围逐渐发生变化，亦即那种由较为纯粹是祭祀神灵的背景和环境演变为对皇帝（兼具某种神灵角色）的敬献①，因此由原来的纯宗教祭献行为变得越来越世俗化。

1. 私人葬礼上的宗教仪式

第一次布匿战争爆发前夜，马尔库斯和代西玛斯在为其父举办完葬礼的传统仪式之后，又在台伯河附近的屠牛广场举行了一场由三对角斗士参加的角斗表演——此被视为首次正式的角斗表演。②不过，关于角斗的起源，学者基本上都认为它不是罗马人自己创造的，而对于其真正的起源地，学术界稍存争议。

概括起来，主要有两种观点：一种观点认为，角斗娱乐是埃特鲁斯坎人的创造，这是大多数学者的看法；另一种观点认为，角斗娱乐起源于意大利南部的坎帕尼亚。笔者认为，埃特鲁斯坎起源说可信性更高。

可以从宗教方面加以考察。埃特鲁斯坎人是意大利半岛上最早的居民之一。大约从公元前8世纪中叶起，他们居住在半岛北起阿诺河、南至台伯河、西到第勒尼安河、东邻翁布里亚的广大地区，建立了若干奴隶制城邦。至公元前6世纪，其势力最为强盛，不仅建立了统治罗马的塔克文王朝，还

---

① "帝国时期祭献的对象不是国家或者军队这种整体形象，而是那种单一的个体（通常是某位皇帝或者神灵）"，参见 Carlin Barton, "The Scandal of the Arena", *Representations*, No. 27 (Summer, 1989), p.22。

② Welch, Katherine E., *The Roman Amphitheatre: From its Origins to the Colosseum*, Cambridge: Cambridge University Press, 2007, pp.18—19。

在海上同意大利南部的希腊殖民城邦和北非的迦太基争夺霸权。公元前474年，埃特鲁斯坎人在库迈被希腊人打败，渐趋衰微，并最终被罗马人所灭。

不过，埃特鲁斯坎文化对罗马早期历史产生了非常深刻的影响，宗教方面表现尤为显著。埃特鲁斯坎人的宗教深受其"忧郁、沉闷"①的民族性格的影响，充斥着阴森、悲哀的色彩。他们深信"万物有灵论"，对神灵十分崇敬。在宗教仪式方面，埃特鲁斯坎人十分重视。他们认为，"神与人之间的沟通完全体现在仪式中，人只有在祭祀时才能同神灵对话，因此应当用最庄重的仪式求得神的意志，并尽心竭力，小心谨慎地去履行其命令"②。同时，好意和对信仰的忠诚并不能取悦神灵，因为他们想要的是实实在在的东西。正如格雷姆·巴克和汤姆·拉斯姆森所指出的，"两手空空是无法接近神灵的"③。因此，埃特鲁斯坎人不仅通过观察动物内脏或飞鸟来探求众神的意愿，占卜未来，还用各种食品、酒以及动物来祭祀神灵。值得注意的是，埃特鲁斯坎人有人祭的习俗。他们相信，通过决斗将被杀者献祭，可以安抚人的亡灵。这与罗马最初举办角斗比赛的情景十分相似。

此外，还可以从角斗场上作为"装饰品"的神灵中寻找到一些蛛丝马迹。比如，帮助角斗士结束对手生命的冥河渡神卡戎的原型，就是埃特鲁斯坎神凯隆，意为"居于地底的男恶魔"。

另一种观点即坎帕尼亚起源说认为，角斗娱乐起源于意大利南部的坎帕尼亚，并没有足够的证据来证明埃特鲁斯坎起源说的可靠性。"许多公元前6世纪到公元前5世纪之间的埃特鲁斯坎人坟墓的壁画上，都有葬礼游戏的内容。但是，其中并没有角斗士的身影。"④这一说法试图从考古资料的欠缺方面否定埃特鲁斯坎起源说，自提出以来已引起学者的关注和重视，值得进一步商榷。

2. 宗教色彩的淡化及世俗化倾向

自公元前264年第一场角斗比赛后，许多富有的大贵族开始纷纷效仿，用角斗士的鲜血来纪念亡者。直至君士坦丁大帝时代，高级官员用死去的

---

① ［法］塞诺博：《古代文化史》，陈建民译，商务印书馆1934年版，第161页。

② 孙守春、李保华：《伊达拉里亚宗教初探》，《蒲峪学刊》1994年第4期。

③ Graeme Barker, Tom Rasmussen, *The Etruscans*, Blackwell Publishing Ltd., 1998, p.224.

④ Thomas Wedemann, *Emperors and Gladiators*, London：Routledge, 1992, p.29.

角斗士的血祭奠天神朱庇特,甚至将血液灌进主神神像的喉咙里是一种正式的仪式。①角斗比赛的方式由最初的人与人搏斗发展出人与兽、兽与兽决斗等其他方式。而且,参加比赛的角斗士和猛兽的数量也不断增多。公元前216年,举办了一场由22对角斗士参加的比赛。公元前186年,专门从非洲运进了大量的野兽,供表演之用。公元前183年,角斗士的人数增至60对。

作为私人葬礼的一部分而产生的角斗活动,在罗马帝国及其扩张地区日益流行,宗教色彩逐渐淡化,演变为一种"全民性"的公共娱乐活动。

笔者认为,宗教因素在"世俗化"的角斗娱乐中的地位,较之以前有所下降——宗教不再是举办角斗比赛的主要目的,相反,被政治目的以及个人喜好所取代。具体表现在:一是政治目的。皇帝和官员深知人们对于角斗娱乐的喜爱,企图通过举办规模宏大的角斗表演来博得人们的信任,提高自己的政治声望。二是个人喜好。皇帝或者比较富有的大奴隶主,出于寻求刺激的目的,经常举办角斗比赛。有些举办者甚至还亲自上阵,作为角斗士参与决斗,更加真切地体验角斗比赛带来的刺激和乐趣。

(1)政治目的——提升政治声望

至共和国末期,角斗表演在整个罗马世界已非常流行,"国家承认它并且为它发布了规则"②。从皇帝到奴隶,人们对于观看角斗比赛如痴如醉。罗马帝国时期,角斗表演发展成为一种不折不扣的"全民娱乐"项目。

每当举行角斗比赛时,人们纷纷停下手中的工作,聚集到竞技场内,疯狂投入比赛中。能否成功举办角斗比赛,成为民众心目中评判统治者好坏的标准之一。逐渐,统治者开始利用人们对于角斗比赛疯狂追逐的心态,提高他们在民众中的威望,获得他们的支持,以达到其政治统治的目的。《古罗马风化史》指出,"像恺撒这类雄心勃勃的人,日益频繁地利用角斗比赛来博取大众的好感。给老百姓分发粮食和举办表演会的人准能赢得老百姓的感激之情"③。因此,尽管从公元前1世纪开始,举办角斗比赛的规模和次数屡屡遭到限制,但总有一些政客为了在竞选中获得更多的选票,提升政治威信,而破坏规定。

起初,人们仍然是以纪念死者的名义,通过举办角斗比赛提高自己在民众中的威信。不同的是,这样的角斗表演,并不一定要在死者死后立即举

---

①　Paul Plass, *The Game of Death in Ancient Rome*: *Arena Sport and Political Suicide*, Madison: University of Wisconsin Press, 1995, p.29.

②③　[德]奥托·基弗:《古罗马风化史》,姜瑞璋译,辽宁教育出版社2000年版,第109页。

办。"他的儿子可以许愿承诺即将举办角斗比赛,但是这一承诺兑现的时机却是根据自己的政治日程来确定的。例如,在竞选更高一级的地方行政长官,并且竞争非常激烈的时候。"①通常情况下,竞选者会选择自己的父亲作为举办角斗比赛纪念的对象。如果他的父亲没有名气,便会选择其他亲人,甚至是女性亲人。公元前 45 年,恺撒为了纪念自己已经去世 8 年的女儿,举行了一场角斗比赛。

为了吸引民众的注意,得到他们的支持,竞选者往往许诺民众,在得到这个职位之后,就会举办一场规模宏大的角斗比赛,以此来答谢他们的支持。当然有时候,这种许诺仅仅是一张空头支票,并不一定会真的兑现。恺撒在当选民选行政官后,承诺民众会举办一场由 320 对角斗士参加的、前所未有的盛大的角斗比赛。但其他元老怕这一举动会影响他们在民众中的地位和威信,便规定了举办一场角斗比赛花费的最大限额。结果,恺撒的计划并没能实现。

(2) 个人喜好——获得尊重或寻求刺激

古罗马是一个"尚武"的民族,通过武力征伐建立了横跨亚、欧、非三大洲的庞大的罗马帝国便是最好的明证。而古代罗马人对于荣誉和勇敢精神的追求,也是显而易见的。当他们无法通过频繁的战争来展示自己的"尚武"精神时,角斗的出现便起到了很好的替代性作用。

在古代罗马人的心目中,在竞技场上拼杀的角斗士便是勇敢的象征,而胜利者更是代表了一种荣誉,犹如罗马帝国建立过程中他们在战场上取得的胜利一样。爱德华·吉本深刻分析道,毫无疑问,罗马人的鲜血是不应该在这样的战斗中流洒的;然而,在指责他们鲁莽的同时,我们又不得不赞美他们的勇敢;那些高贵的自愿者,在楼座上的一排排美女的注目下,展示他们的英雄气概,不惜冒着生命危险,他们与那些成千上万的被强行拖上杀人场的俘虏和罪犯相比,无疑将引起更广泛的同情。那些胜率比较高的角斗士,通常会受到人们的追捧,变成名噪一时的"明星",尤其会受到许多贵族妇女的喜爱。

于是,出于对于荣誉和"名人"声誉的追求,许多人会主动进入竞技场进行决斗。他们不同于那些被迫成为角斗士的奴隶或者罪犯,而大多是自由民或者出身高贵的贵族,甚至皇帝。当然,除了对于名誉的追求之外,他们中也不乏有人只是为了寻求一下血腥厮杀所带来的刺激。

---

① Thomas Wedemann, *Emperors and Gladiators*, London: Routledge, 1992, p.6.

　　罗马帝国时期,贵族亲自走进竞技场作为角斗士决斗的情况屡见不鲜。恺撒统治时期,"在斗剑比武中,出身大法官家族的富里乌斯·列普提努斯和律师与前元老克文图斯·卡尔本努斯都进行了殊死的格斗"①。尽管奥古斯都曾禁止骑士阶层和贵族参加角斗,但他有时仍"让一些属于最高贵等级的年轻人出场赛车、赛跑和表演屠杀野兽",或者"在舞台表演和斗剑节目中雇佣罗马骑士"。奥古斯都认为,"贵族青年通过这种途径成名是一种由来已久的高尚习惯"②。提比略当政时期,"有两个高等级中最放荡不羁的年轻人自愿被贬逐出自己的等级,以免受元老院法令约束,不能在剧场和竞技场参加演出"③。

　　有时,连皇帝也难以抵挡角斗的刺激或者想要赢得观众狂热的崇拜,亲自上阵参加角斗。皇帝尼禄就曾多次上角斗场,并"坚持不懈地练习过格斗"④。暴君康茂德也对角斗十分痴迷,他曾"迅疾翻越栅栏,跳入角斗场,自告奋勇地成为一名角斗士"⑤,并自称"罗马的海格立斯"。当然,作为罗马帝国的最高统治者,没有人敢在角斗场上战胜他们,很容易认定在所有这些格斗中这位世界的主宰永远都是胜利者。例如,在皇帝尼禄参加的角斗比赛中,人们会事先为他训练一头狮子,"好让他在大圆形竞技场当着观众的面,赤膊登场,用木棒打死或用手臂扼死这个野兽"⑥。

　　(3)宗教与狂欢的冲突——基督教与角斗活动

　　基督教兴起以后,因其"宗教信仰禁止他们参与帝国祭仪或崇拜那些被神化的统治者,拒绝承认国家的主要节日"⑦,而被罗马政府认为是"非法的、反罗马的迷信活动"⑧。在相当一段时间内,罗马政府对基督教都持敌视和镇压的态度,甚至对其进行迫害。

　　最初,只有少数忠于自己信仰的基督徒会遭到各种残酷的迫害。从皇

---

　　①　[古罗马]苏维托尼乌斯:《罗马十二帝王传》,张竹明等译,商务印书馆 1995 年版,第21 页。

　　②　同上,第 73—74 页。

　　③　同上,第 132 页。

　　④⑥　同上,第 262 页。

　　⑤　Catharine Edwards and Greg Woolf, *Rome the Cosmopolis*, Cambridge: Cambridge University Press, 2003, p.39.

　　⑦　Edited by Eckart Köhne and Cornelia Ewgleben, English version edited by Ralph Jackson, *Gladiators and Caesars: The Power of Spectacle in Ancient Rome*, Berkeley, Los Angeles: University of California Press, 2000, p.125.

　　⑧　Leonard L.Thompson, "The Martyrdom of Polycarp: Death in the Roman Games", *The Journal of Religion*, 2002, 82(1), p.49.

帝尼禄和图密善统治时期开始,罗马政府开始大规模迫害基督徒。也正是在尼禄统治期间,使徒保罗被斩首,彼得被钉上了十字架。德尔图良曾评价尼禄"是第一个以皇帝的宝剑向基督教进攻的"。至于图密善,"也是一个与尼禄同样残暴的人"①。他"未经审判就在罗马残酷杀害了许多家世显赫、身居高位的人,而且毫无缘由地没收了许多贵族名流的财产,并将他们流放外地"②。图密善在位的第十五年,罗马执政官弗拉维夫斯·克莱门斯的外甥女弗拉维娅·图密提拉因为公开承认自己的基督教信仰,与许多人一起被流放到了庞提亚岛。

总的来说,罗马政府迫害基督徒的方式是多种多样的,但手段都较为残忍。比如,鞭打、火烧、钉上十字架,等等。当然,还有一种经常采用的方式,就是把坚持自己信仰的基督徒扔进角斗场,让他们与猛兽搏斗。优西比乌曾形象地记述了基督徒被迫害的情景,他们"要么饱受鞭打,被打得皮开肉绽,根根血管裸露在外,五脏六腑也都能看得一清二楚;要么被锋利的贝壳与尖矛刺死,最终落得个喂野兽的结局"③。克劳狄皇帝统治期间,将基督徒扔进角斗场与猛兽决斗的迫害方式十分盛行。在他上任前后以及为儿子举办的角斗比赛中,有许多基督徒被处死。为了得到足够的猛兽,克劳狄皇帝还曾经向几个比较有权势的朋友寻求过帮助。

在基督徒的眼中,角斗是一种偶像崇拜和腐化堕落的行为。当他们被运送至角斗场的途中或即将被扔进角斗场之时,不乏人因为畏惧而放弃自己的信仰。不过,也有一些信念坚定的基督徒,不畏惧罗马政府的迫害,坚守自己对于耶稣基督的忠诚,从而赢得殉道者的不朽声誉。更有甚者,他们把殉道当作表达自己信仰坚定的途径。

使徒彼得的继任者、安提阿第二任主教伊格纳修,由于自己的基督教信仰,被从叙利亚押到罗马的角斗场中,准备成为"野兽口中的食物"。在被押往罗马的途中,伊格纳修仍不忘自己的传教职责,鼓励和劝勉当地的基督徒团体。他还特意致信罗马教会,声称"殉道是他的夙愿",希望"教会不要为自己的即将殉道求情开脱"。他希望能够从等待着他的野兽那里"得到益处",祈求"这些野兽真的能够行动敏捷"。他"愿意诱使它们尽快吞噬"自己,"要是野兽不愿意",他"就会强迫它们这样做"。他认为,"殉道对我来说

---

① [古罗马]德尔图良:《护教篇》,涂世华译,上海三联书店 2007 年版,第 13 页。
② [古罗马]优西比乌:《教会史》,[美]保罗·L.梅尔英译、评注,瞿旭彤译,生活·读书·新知三联书店 2009 年版,第 124—125 页。
③ 同上,第 175 页。

最好不过：因为我这样才真正开始成为一位门徒。但愿一切可见的或不可见的，都不会阻止我得着基督。不论火烧、被钉十字架、与野兽搏斗、筋骨断裂、四肢残缺不全、粉身碎骨甚至魔鬼的百般折磨，只要能够得着耶稣基督，我都欣然接受"。当伊格纳修面对凶猛的野兽时，仍然坚称："我是上帝的麦粒，野兽的牙齿将磨碎我，由此，我将变成纯净的面包。"①

类似的事例还有很多。另一名著名的殉道士每拿主教波利卡普，面对罗马政府的追捕者时，本来有机会逃脱，却选择放弃。"一听到追捕者的声音，他就走下楼去，沉稳平静地与他们交谈，举手投足之间满是喜悦。"②被捕后，波利卡普面对逮捕者的威胁，坚持不放弃自己的信仰。当他被送上竞技场后，被逼"以恺撒的名义发誓，诅咒基督"时，他说道："我作他仆人已有八十六年，他从未亏待过我。我怎么可以亵渎拯救我的君王呢？"③听到这些，观众们怒气冲天，要求司仪腓力放狮子撕咬波利卡普，但由于表演已经结束了，最终放火烧死了他。贵族青年杰曼尼库斯在竞技场上面临凶猛的野兽时，也是"靠着上帝的恩典，克服对死亡的天生恐惧"，"近乎强迫地把野兽拉向自己，试图以此激怒野兽，好尽快摆脱这不义且邪恶的人世"④。

总而言之，由于信仰冲突，罗马政府在大部分时间内对基督教实行镇压政策，直至基督教成为罗马国教为止。而在众多残忍迫害基督徒的方法中，把他们扔进角斗场喂养凶猛的野兽便是其中之一。可以说，此时的角斗融宗教性与世俗性于一身，是一种与宗教有关的政治统治手段。此外，虽然出于人性本身对于死亡的恐惧，不少基督徒在面临罗马政府的威胁时放弃了原有的信仰，但是仍有许多信徒会忠实于耶稣基督，用殉道的方式来表达自己宗教信仰上的纯洁性。而他们中的相当一部分，都是被扔进竞技场，被凶猛的野兽吞食掉的。"在罗马，宗教生活与文艺生活是完全隔绝的，它倒是更紧密地与政治生活联系在一起。宗教的功能不在于增进人们对于生活的热爱，而在于维护现实的政治秩序和加强法律的尊严。就这一点而言，罗马的宗教可以说是开创了宗教的政治功能，使宗教由一种理想性的憧憬变成了一种现实性的束缚，由自由心灵的一种天真烂漫的狂想变成了维护现存

---

① ［古罗马］优西比乌：《教会史》，［美］保罗・L.梅尔英译、评注，瞿旭彤译，生活・读书・新知三联书店 2009 年版，第 145—147 页。

② 同上，第 176 页。

③ 同上，第 177—178 页。

④ 同上，第 175 页。

社会关系的一道坚固屏障。"①

四、小　结

近些年来,随着各类资料的不断完善,尤其是考古资料的发掘,学者对于罗马角斗的关注和研究日渐深入。笔者从古罗马人的宗教信仰入手,着重考察贯穿角斗兴衰始终的宗教因素,得到如下结论:

第一,纵观罗马角斗的兴衰史,宗教因素在其中扮演了不可替代的角色,影响深远。主要表现在:

从角斗娱乐的起源来看,古罗马人对于亡灵的崇拜,以及埃特鲁斯坎人的祭祀特别是人祭传统,促成了公元前 264 年第一次角斗比赛的出现。此后,在葬礼上举行角斗比赛的频率越来越高,规模也逐渐增大。角斗士的血,被用来当作为死者献祭、安抚亡灵的方式之一。朱利亚斯·卡皮托利努斯在考察角斗比赛习俗之源时指出,罗马的将军在出征前组织规模性的角斗比赛,这是一种对神灵的祭祀方式,大量死亡的角斗士是为了献给复仇女神奈梅西斯的。

> 许多人认为,这种向这位给我们带来命运之力的奈梅西斯的"献祭"是我们的祖先为抵御外敌而做:她可能会对抚慰战死沙场的牺牲们的鲜血备感满意。②

由于角斗表演除了纪念亡者的目的之外,其场面本身的刺激性也引起了人们的注意,角斗表演越来越受到人们的欢迎。渐渐地,人们举办角斗比赛不再是出于纯粹的宗教目的,而是掺杂了许多世俗性的因素,表现出了"世俗化"的倾向。一方面,举办者开始利用人们对于角斗娱乐的喜爱和热衷,将举办角斗比赛作为实现自己政治目的——提高政治声望的手段之一;另一方面,也有一些举办者,尤其是某些热衷于角斗比赛的皇帝,仅仅是出于个人追求刺激的需要,花费大量的人力、物力举办规模宏大的角斗比赛。

---

① ［古罗马］优西比乌:《教会史》,［美］保罗·L.梅尔英译、评注,瞿旭彤译,生活·读书·新知三联书店 2009 年版,第 121—122 页。

② Carlin Barton, "The Scandal of the Arena", *Representations*, No.27(Summer, 1989), p.21.

有些皇帝甚至亲自上阵,作为角斗士参加比赛。与此同时,角斗的宗教色彩则逐渐淡化。不过,宗教因素的影响却始终没有消失过,而是起到了一种"象征性"的作用,即以往作为角斗表演祭祀对象的神灵的重要性逐渐降低,甚至成为角斗士装备或者角斗场地的"装饰品"。并且,这些"装饰品"越来越集中于某一类以力量强大著称的神灵,如战神马尔斯、大力神海格立斯、海神尼普顿等。他们的作用已逐渐由抚慰亡灵或祈求神灵的保佑变为给角斗士提供保护或赐予他们战胜敌人的力量。

从基督教与角斗的关系来看,笔者认为,虽然角斗与基督教教义是相背离的,但是,基督教与角斗的衰亡并没有直接的因果关系,角斗比赛是罗马政府迫害基督徒的手段之一,从而使其本身蒙上了更加浓重的血腥色彩。

第二,从文化史研究的角度对角斗进行探讨,深入剖析贯穿其中的宗教因素,可以帮助我们更加客观、理性看待这项活动。以往,当人们谈及角斗时,第一印象往往是它的血腥、奢靡、残忍等消极面。这是因为人们往往把角斗比赛与罗马帝国的衰亡联系起来,或者把注意力集中于被扔进角斗场的基督徒身上。其实,如果把角斗作为一种文化现象,从文化史研究的角度进行考察,就会发现:角斗的出现有其深刻的宗教根源,并且在发展过程中逐步演变为一种深受民众欢迎的、有固定比赛场地和规范比赛规则的公共活动。应着重对这一文化现象的各个要素进行分析。

第三,对于任何一种流行文化来说,都有孕育其产生的"土壤",角斗也不例外。古罗马是一个尚武的民族,当他们通过多年的征战建立了辽阔的罗马帝国之后,仍然需要其他的途径来宣泄对于武力的追逐和对于权力的争夺。而角斗就是人们在和平环境下抒发自己"尚武"情绪的一个良好出口。而这一方式又恰巧与古罗马人的宗教信仰传统相契合,由此便可更好地理解为何角斗在古代罗马社会流行范围如此之广,且前后持续如此之久。当公元476年西罗马帝国灭亡以后,原本的社会环境发生了巨大的变化,培育角斗的"土壤"不复存在,这一在罗马帝国盛极一时的项目也就逐渐销声匿迹了。

总之,通过剖析贯穿罗马角斗始终的宗教因素,不仅看到了在其"世俗化"过程中宗教因素的地位和表现形式所发生的相应变化,还能加深对作为一种文化现象的罗马角斗的理解。

第八章　古罗马角斗活动评述

古罗马角斗士是一个非常重要的专题,它在罗马共和国、罗马帝国大部分时间都存在着。在角斗活动发展的时期,它不仅仅是作为娱乐活动,而且还具有实际用途,罗马人拥有自己的角斗士部队,角斗士部队的财务官属于罗马骑士团这一贵族阶层,尽管是最低的一个阶层,收入也仅仅是一年 6 万塞斯特塞斯①,但这一切说明罗马角斗士的数量较大,且成为常规部队的一部分。

一、综　评

残酷和暴力充斥着罗马社会,令当时的罗马人头晕目眩。只有极少数人有足够的勇气来批评这种根深蒂固的娱乐游戏。角斗士存在的理由就是有它特定的生存土壤,它的民族和国家。为什么在其他许多地区或民族没有这类活动? 为什么在罗马,自共和国到帝国的历史中大部分时间存在这一项目? 这就是它存在的特殊理由。

罗马人当时对于角斗士这一角色,实际上存在一种极为复杂的、矛盾的心理。②角斗士形象极为性感,他们备受罗马女性的青睐,这对于罗马的男人而言是一种威胁。另一方面,这种活动本身又是以男人为主要消费对象的。上述研究结论无疑是极有说服力的。从大量的文献中可知,虽然角斗活动在罗马十分流行,但是在一般情况下,一旦涉及他们自身,称某人为"兰

---

① Léon Homo, *Roman Political Institutions*, *From City to State*, London & New York: Routledge, 1996, p.349.

② Thomas Wiedemann, *Emperors and Gladiators*, London: Routledge, 1992, p.27; Carlin, Barton, *The Sorrows of the Ancient Romans: The Gladiator and the Monster*, Princeton, New Jersey: Princeton University Press, 1993, pp.12—14.

尼斯塔"或角斗士,就是一个典型的污辱性的字眼,也是一个诋毁、攻击敌手的书面用语,这被认为是罗马人对角斗士怀有矛盾心理的真正缘由。①通过这一收益颇丰的行业,兰尼斯塔所获得的经济优势被社会和道德的低劣杠杆所平衡。"他被归入了那些最可憎且微不足道的角斗士的等级。而在罗马人的眼中,他既是一个刽子手又是一个拉皮条的。他扮演着替罪羊,社会被那些试图挽救人们使之不沦为货品或畜生的组织唤醒,在他的身上投掷了所有的蔑视和耻辱。"②角斗士毕竟来自社会底层,他们大都是奴隶、战俘、死囚等,这种特殊的地位和身份决定了大部分角斗士的前途是十分悲惨的。因此在大多数情况下,不大可能将一般的罗马公民与角斗士相比。这一点,韦德曼的分析无疑是深刻的,他说,罗马的年轻人只是对于角斗娱乐充满了兴趣,但是一般不会自己亲身实践,"这在罗马是老生常谈的事"③,对于罗马人而言,一个自由的公民与一个角斗士比赛,实际上是一种莫大的耻辱。

关于角斗活动的评价,传统的观点认为,角斗士过着非人的生活,角斗学校实际上是"一座特殊的监狱",角斗士的房间无窗,目的是防止角斗士相互串通、联系、反抗、逃跑。此外,还有不能站,只能坐或卧的特种牢房。显然,这只是问题的一个方面,也可以说是片面的观点。纵观古罗马角斗活动发展史,角斗士生活的环境状况并非一成不变,有些角斗士可以成为明星甚至拥有大量的地产和财富。所以,随着时代的向前推进,有关角斗活动,未来依然存在完全不同的评判。

二、不同立场的评判

针对竞技场上的血腥与暴力、人或动物被杀死等残酷的事实,这些颂扬或者谴责的观点是出于时代环境或者宗教原因,颂扬者和支持者多是因为罗马的时代背景,谴责者则集中抨击那些组织者和观众在道德上的堕落。

首先是支持和颂扬。由于同时期的多数罗马人支持这一娱乐游戏,因此当时许多著名作家、名人也为这一竞技娱乐鼓掌呐喊。"对任何事物都不

---

① Thomas Wiedemann, *Emperors and Gladiators*, London: Routledge, 1992, p.28, p.41.

② Roland Auguet, *Cruelty and Civilization: The Roman Games*, London & New York: Routledge, 1994, p.31.

③ Thomas Wiedemann, *Emperors and Gladiators*, London: Routledge, 1992, p.28.

满的尤维纳利斯,认为竞技活动无伤大雅;具有高度文明的小普林尼,赞扬图拉真皇帝推出了强迫男人'高贵的负伤与蔑视死亡'的场面"①,等等。毫无疑问,各个阶层的罗马人全身心投入这种娱乐活动中,皇帝几乎都成为角斗比赛的追逐者;时髦的贵妇也都将观看角斗表演作为一个不可缺少的活动;还有一个曾经是被释奴而后发迹的特里马尔齐奥的厨师,"正准备与他的主人打赌,赌一赌谁会最终赢得比赛"②。这些都说明角斗成为时尚,许多人为之疯狂不已。

无疑,罗马人赞颂这一游戏主要是歌颂角斗士勇敢、无畏的精神,人们纪念、称道、颂扬英勇死去的角斗士。一个光荣倒下去的角斗士肯尼拉斯,墓志铭上这样写道:"他赢得了胜利,杀死了敌手,最终倒下去——光荣地牺牲,像一个真正、勇敢的英雄。"③这方面的例子还有公元1世纪的马提雅尔的英雄角斗士赫尔米斯。可以说,角斗士提供了"置之死地而后生"的勇敢的榜样(塞涅卡语)。④帝国时期由于角斗活动的盛行,就连女性甚至是贵妇也走上了角斗场。公元1世纪的著名诗人斯塔提乌斯也没有公开指责,而只是持中立立场叙述,持同样立场的还有著名史学家苏维托尼乌斯。

即使是到了罗马帝国后期,对于许多希望维持罗马原有文化的"罗马至上论"者或罗马主义者来说,面对基督徒的敌意,角斗活动是应该继承下来的文化。⑤如果站在罗马人当时社会环境的立场上来看待这一问题的话,持上述立场的罗马人甚至意大利人并不在少数。⑥

著名诗人贺拉斯在其《讽刺集》里"以一种雅致的对话方式讨论了某些角斗士的格斗技巧";罗马的作家认可角斗士勇敢、无惧的精神,不过他们却毫无顾忌也毫不犹豫地贬抑"角斗士"该词所含的低下之意⑦。例如,根据迪奥的记载,在屋大维与安东尼进行关键一战之时,许多原来的支持者背叛了安东尼和克里奥帕特拉,然而值得关注的是,他们的角斗士部队,那些"最

---

① Pliny II, *Panegyricus*, xxxiii,转引自[美]威尔·杜兰:《凯撒与基督》,《世界文明史》第3卷,第507页。

② Lionel Casson, *Everyday Life in Ancient Rome*, Baltimore, Maryland: The Johns Hopkins University Press, 1998, p.104.

③ Louis Robert, *les Gladiateurs dans l'orient grec*, Amsterdam, 1940, p.191, no.191.

④ Carlin Barton, *The Sorrows of the Ancient Romans: The Gladiator and the Monster*, Princeton, New Jersey: Princeton University Press, 1993, pp.38—39.

⑤ Thomas Wiedemann, *Emperors and Gladiators*, London: Routledge, 1992, p.39.

⑥ [古罗马]科路美拉:《论农业》第1卷,参见李雅书译:《罗马帝国时期》(上),商务印书馆1985年版,第50页。

⑦ Thomas Wiedemann, *Emperors and Gladiators*, London: Routledge, 1992, p.38.

被看不起的人们",却显示了绝对的勇猛、效忠,他们死战到底①,令人钦佩。

斯多葛学派代表人物西塞罗始终持有谴责的观点,不过从时代环境视角来看,他的谴责态度本身却保持着一种可以理解的亦即所谓"保留"的态度:他赞美角斗士勇敢、无惧的精神②,即使对角斗士同情,"也极少是同情失败者"③,更不会同情弱者。这些对于罗马人而言,具有教科书式的作用。同样,如果站在当时的角度看待这些名人的观点,完全能理解这位斯多葛学派人物。因为他所谴责的是角斗活动本身血腥残酷的事实,但他对于角斗士那种体现罗马人勇猛顽强、视死如归的征服式的精神是毫无保留加以颂扬的。

这就是罗马喜欢的真正的角斗表演——亦即安排被定罪的犯人,在不戴任何防护的器具,无任何防卫的情况下进行搏杀,直至杀得一个也不剩。无数证据表明,罗马人更爱看这种无情的杀戮,难怪塞涅卡这位斯多葛学派的代表人物对此加以痛斥了。

其次是批评和谴责——这方面的内容更多。纵观整个角斗活动发展史,其实某些皇帝并不太喜欢角斗。奥古斯都喜欢各种文娱活动,特别是拳击,他对角斗比赛实际上并没有表现出更大的兴趣,当时他主要是迎合形势、迫于情势才举办角斗比赛,这或许说是更多地满足他人。一些皇帝有时候不得不举办这类比赛活动,如提比略④;马可·奥勒留皇帝作为斯多葛学派的代表人物,他实际上是极度憎恶这种娱乐。于是即使在那个时代也有不少有识之士批评角斗比赛,认为这种游戏过于流行,是属于下层的娱乐。以塔西佗为代表的学者、作家一般对此持否定态度,他们认为无休止举行这种活动,几乎是一种堕落。阿普雷乌斯在其《辩解》中提及一个青年贵族鲁芬努斯是如何热衷于角斗活动,但从语气上看,他是斥责、鞭挞这一娱乐游戏的:"从鲁芬努斯穿上成年托加之始,就以参与角斗训练亵渎其成年人的自由;他对所有角斗士的名字耳熟能详,也熟知他们以前比赛的所有细节以及他们何处受了伤;他甚至在专职角斗士教练的指导下研习角斗士课程,尽管他出身名门。"据说,当一个尚未成年的孩子突然夭亡,一种在今日看来极

---

①　Carlin Barton, *The Sorrows of the Ancient Romans*: *The Gladiator and the Monster*, Princeton, New Jersey: Princeton University Press, 1993, p.18.

②　Thomas Wiedemann, *Emperors and Gladiators*, London: Routledge, 1992, p.38.

③　Carlin Barton, *The Sorrows of the Ancient Romans*: *The Gladiator and the Monster*, Princeton, New Jersey: Princeton University Press, 1993, p.24.

④　Andrew Lintott, *Violence in Republican Rome*, Oxford: Oxford University Press, 1999, p.41.

为古怪的安慰其双亲的方式是:"不要伤心。也许这个孩子长大后会不思上进,挥霍无度,沦为一个角斗士。"从另外一种对于角斗士矛盾的心理上看,罗马人对于角斗士本身的评价也不高。

古典作家的抨击尤为突出。大普林尼对此进行持否定立场,他认为那些斗兽(大象)表演是荒谬之行。①被视为"那个时代一位富有同情心的没有偏见的人物"②的塔西佗似乎特别贬低这种拳斗、剑斗表演,他曾说:"现在这个城市的特征与奇特的恶德似乎是与生俱来,喜欢上剧院,对于角斗和马疯狂热爱。"③这个"以情动人而非以说教服人"④的塔西佗,用这样的描述来贬抑格斗表演:

> 再早的时候,人们都是站着看戏,因为人们担心剧场里的座位会诱使人们整天在那里流连忘返而无所事事。他们认为只要是由行政长官来主持,只要是不强迫任何公民在这种事情上竞争,那么还是按照罗马的老样子举行表演为好。但是逐渐堕落下去的国家道德,却被这种外来的放荡作风彻底摧毁了。这种情况导致了这样的后果:每一个国家的每一种事物,只要是堕落的或足以使人堕落的,都要在罗马出现;而且我们的青年人在外国趣味的影响下都要蜕化成为希腊式体育爱好者、懒汉和淫乱的人了。……这样一来,剩下来要做的那就只能是把全身的衣服都脱光,戴上手套到场子里去表演拳斗,而不是参加军队了!⑤

不过塔西佗谴责归谴责,他始终认为洒在竞技场上的鲜血,只不过是普通人的"贱血"罢了(《编年史》第14卷第44章)。他更是对大批妇女尤其是贵妇人涌入角斗场观看这种比赛感到愤怒。

另一位罗马史家弗罗努斯反对角斗,他说:"要不是为了赢得一般平民的喜悦,讨他们的欢心而花费大量的钱财,把角斗这一起初用来惩罚敌人的

---

① Quoted in Pliny' *HN* 8.16—18, Paul Plass, *The Game of Death in Ancient Rome*: *Arena Sport and Political Suicide*, Madison: University of Wisconsin Press, 1995, p.44.

② [德]奥托·基弗:《古罗马风化史》,姜瑞璋译,辽宁教育出版社2000年版,第114页。

③ Thomas Wiedemann, *Emperors and Gladiators*, London & New York: Routledge, 1994, p.28.

④ [古罗马]塔西佗:《阿古利可拉传》,马雍、傅正元译,商务印书馆1985年版,第6页。

⑤ [古罗马]塔西佗:《编年史》(下),王以铸、崔妙因译,商务印书馆1997年版,第469—470页。

方式变成一种竞技,那么怎么会出现角斗士起来反对他们的主人的事?"①

公元1世纪曾经是执政官的演说家、诗人西里乌斯·意大利库斯对角斗活动进行了公开谴责②,李维和阿庇安均对角斗活动进行了否定,认为它们侵蚀了罗马人传统的价值观。③

虽然前述西塞罗对角斗士顽强英勇的精神高度赞赏,但是就这项活动本身而言,他的评价显然不高,他认为这种活动实在是一种财力的巨额浪费。"一般来说,有两类人花销巨大:一类是花费过度者,一类是慷慨大方者。花费过度者都把钱浪费在公共宴会,布施酒肉,举行角斗表演、规模很大的戏剧表演和野兽搏斗上。这些活动最多只给人们留下简单的记忆,有的甚至连这一点都做不到……"④西塞罗甚至憎恶就像大屠杀似的角斗比赛,他说:"对于一个高尚而有人性的人来说,眼瞧着一个高尚的动物被无情猎人刺入心中,或我们自己的弱辈被一头力量大得多的动物残酷地肢解,这又算得上是什么娱乐呢?"⑤不过他下面的话也许更为客观,在其《图斯库鲁姆谈话录》第2卷第17章中,西塞罗写道:"很多人都认为角斗惨无人道,照现在的情况来看也许是这样。然而在罪犯手握利剑为生命而搏的时代,我们的耳朵也许会听到比痛苦和死亡更好听的课程,而眼睛是看不到的。"⑥不过,至少还可以相信,当时仍然有不少人认为,角斗活动是没有人道的。

同样,持有严厉斥责态度的还有当时的讽刺作家尤维纳利斯,他对喜爱这类庆典的罗马民众十分失望。他指出,这些民众曾是自由的,如今他们什么也不做,只热衷于两件东西——面包和娱乐。难怪涉及帝国初期已经出现并且在以后可能得到很大发展的女角斗士比赛之时,包括马提雅尔、卡西乌斯·迪奥和尤维纳利斯在内的古典作家虽然提及女角斗士,但是只有片言只句,很少触及细节⑦。当然,相对而言,迪奥"对女性角斗表演表现出

① [古罗马]弗罗努斯:《罗马史》,第1卷第47章,转引自杨共乐选译:《罗马共和国时期》(下),商务印书馆1998年版,第48页。

② Alison Futrell, *A Sourcebook on the Roman Games*, Oxford: Blackwell Publishing, 2006, pp.4—5.

③ Appian, *The Civil Wars*, 128; Livy, *Perochiae*, 48.

④ [古罗马]西塞罗:《论职责》,第2卷第14节,转引自杨共乐选译:《罗马共和国时期》(下),商务印书馆1998年版,第56页。

⑤ [美]威尔·杜兰:《凯撒与基督》,《世界文明史》第3卷,东方出版社2005年版,第507页。

⑥ [德]奥托·基弗:《古罗马风化史》,姜瑞璋译,辽宁教育出版社2000年版,第114页。

⑦ Mccullough, A., "Female Gladiators in Imperial Rome: Literary Context and Historical Fact", *Classical World*, Vol.101, No.2(2008), pp.197—209.

最为浓厚的兴趣,他尤其关注参与其间的女士的等级状况","他特别指出,在为纪念斗兽场落成典礼而举办的这类活动中,那些女斗兽者并不高贵"①。娱乐的主要内容是到大角斗场观看充满悬念的恐怖角斗:动物之间的厮杀、人与动物的搏杀、人与人之间的残杀。②享受这种特殊娱乐时,罗马人兴奋无比,大声叫喊(要求宽恕或惩罚某位角斗士),吵闹几小时后他们心满意足地回家睡觉。一代又一代的罗马统治者都利用了民众的这种阴暗心理。

至于女性角斗活动,尤维纳利斯和塔西伦则表现出了更加厌恶和谴责。他们认为,那些高贵的女性参加这类活动简直就是一种"堕落"③。

如同上述古罗马作家、史家等一样,农学家科路美拉十分怀念罗马过去的艰苦朴素和纯洁的伦理道德。

> (那种生活方式与)当前崇尚奢侈和耽于享乐的生活相比是过时了。甚至像马古斯·瓦罗早在我们祖父那个时代就抱怨说:"一切像我们这样的一家之长都放下了镰刀和犁头,跑到城市里去了。我们是在马戏场和剧场里挥舞双手,而不是在谷子地和葡萄园里。"我们着迷地用崇拜的眼光死盯着矫揉造作的美男子的表演,因为他们用自然没有赋予他们的那种女性的动作来伪装自己,欺骗观众的眼睛。……我们的夜晚是在放荡和酗酒中度过的,而白天又消磨在游猎和酣睡中。我们自豪说:"我们既看不见日出,也看不见日落,好像这是多么有福气。这种懒散生活所带来的结果是民族健康遭到了破坏。因为我们的年轻人都变得肌肉松弛、娇柔无力、虽生犹死了。"④

当然,从罗马人自身当时对女人参加角斗活动以及其他方面的评价来

---

① Mark Vesley, "Gladiatorial Training for Girls in the Collegia Iuvenum of the Roman Empire", *Echos du monde classique*: *Classical Views*, Volume XLII, n.s. 17, 1998, pp.85—93, published by University of Toronto Press, p.90.

② Mccullough, A., "Female Gladiators in Imperial Rome: Literary Context and Historical Fact", *Classical World*, Vol.101, No.2(2008), pp.197—209.

③ 有关这方面的评述尤其是"道德行为规范"的评价,可参见 Thomas Wiedemann, *Emperors and Gladiators*, London & New York: Routledge, 1994, pp.130—131.

④ [古罗马]科路美拉:《论农业》第1卷,参见李雅书译:《罗马帝国时期》(上),商务印书馆1985年版,第50页。

看,还可以体现出这些评价者(基本上都是男性,尤其是时代的著名人物)本身复杂而矛盾的心理。如前所述,在意大利以及其他地区发现的各种考古文物包括雕像和绘画分别展现了男性角斗士的阳刚之气,有些展示恰恰体现出那是罗马人自身复杂情绪的刻画。如前所分析的"角斗士"词源学的解释,这一词汇所蕴含的"阳刚之气"为考古发掘的文物也就是庞贝古城的青铜雕像所验证。它们充分解释了古罗马男人所存在的这种复杂的心理,那种莫名的压抑。罗马人的记载和上述评价充分说明,在角斗活动期间特别是角斗活动兴盛的历史时代,所有的罗马人都有这种相关印记,亦即男角斗士所展现出来的那种强悍、雄性、阳刚特别是对于异性的吸引力,时不时刺激着罗马男人,也威胁到罗马人那种"固有的"英雄气概及其对征战胜利的渴望,而角斗士只是奴隶、下等人,他们完全没有罗马公民的身份和权利,因此,勇猛的角斗士所呈现的阳刚之气和威猛刚健对于罗马男性显然是一种巨大的威胁,对于罗马城的女人则具有极大的吸引力。基于这些分析认为,当时以及后来罗马人不大浓墨重彩记载角斗士的那种雄性气概和阳刚之气,而是刻意、有意贬损,尤其是几乎不会记载女人特别是罗马妇女参与角斗活动,若从心理学和社会学层面加以解释的话,上述理由可谓一目了然。

此外,从那一时期哲学流派的伦理视角来看,显然是斯多葛学派的代表人物对此加以严厉批判和谴责。该派的代表斥责这种娱乐游戏的无聊和残暴性,"那时的小孩子玩的是假扮角斗士的游戏,年轻人热衷于谈论当地的角斗明星,哲学家爱比克泰德告诫他的听众不要没完没了了议论角斗"[1]。马可·奥勒留曾宣称,角斗士根本不应纳入纳税人之列,"因为他们挣的钱沾着被污染的鲜血"[2]。塞涅卡在《论道集·致卢齐利乌斯》的第95封信中写道:"在人类心目中人是神圣不可侵犯的,可是现在杀人视同儿戏,以杀人取乐。教人如何去伤害别人或接受别人的伤害,从前这是一种罪恶,而现在却将一丝不挂赤手空拳的男子汉带到表演场上,让他充分表演死亡。"有一次,塞涅卡在中午休息时,顺道走到了竞技场,这时大部分群众已经离开吃午饭,他看到数百名犯人被驱赶到竞技场上,用他们的鲜血娱乐剩下来的观众,也正是这个时候,塞涅卡突然动了恻隐之心,并为此感到震惊。他写道:

---

① [德]奥托·基弗:《古罗马风化史》,姜瑞璋译,辽宁教育出版社2000年版,第113页。
② Thomas Wiedemann, *Emperors and Gladiators*, London: Routledge, 1992, pp.29—30.

我回到家中,愈发觉得好贪婪、好残酷、好无情哟!因为我是处于人类之中。碰巧赶上了一个正午表演,本想寻乐、益智及松弛一下……使人的眼睛在同类相搏斗中得到休息。然而事与愿违……这些中午搏斗的人被送到竞技场,身上毫无铠甲;他们受了四面八方的围击,每一个观众都每击必中……早晨他们把人丢给狮子群;中午他们把人丢给观众。观众的要求是:曾杀死敌手的胜利者,应该轮到他面对别人杀害他了;最后的胜利者再保留到下一次的屠杀……座位几乎都空了,还进行着这种事情……人类啊!对人类本来是一种神圣的事,但为了运动和一时之快而遭杀身之祸。①

罗马帝国时期尤其是后期对这一角斗活动谴责越来越多,特别是对尼禄和弗拉维统治时期角斗盛行的道德抨击值得关注,譬如单单对于这一盛行时期女角斗活动的评论集中于两点:其一是对角斗比赛的渲染和激发,其二是强调这一奢华场景和背景——评论家对当时的罗马帝国社会风尚以及帝王进行道德谴责。②

三、不同历史时期的评述

1. 希腊人的评价:野蛮压制文明

希腊人将自己的文明带给了罗马人,罗马人也接受了许许多多,像哲学、神话、文学、艺术等等,但是希腊人并没有教会他们如何残酷虐待他人或自虐。虽然斯巴达人的军事教育有些残忍,但主要是针对男子,而且他们不会举办、欣赏这样流血的表演。后来,罗马人征服了整个希腊,他们没有好好学习希腊人的文明知识,却将那种毫无人道的血腥表演强加给希腊人。希腊人认为,这是十分残忍的行径,他们把罗马人喜爱角斗表演视为罗马人极其野蛮的一个论据③,以至于当有些人要把角斗活动引进科林斯之时,竟

---

① Seneca, *Epist.*, vii, xcv,转引自[美]威尔·杜兰:《凯撒与基督》,《世界文明史》第3卷,东方出版社2005年版,第507页。

② Mccullough, A., "Female Gladiators in Imperial Rome: Literary Context and Historical Fact", *Classical World*, Vol.101, No.2(2008), pp.197—209.

③ 夏遇南:《罗马帝国》,三秦出版社2000年版,第135页。

然引起了当地人的骚乱。当然，在希腊地区举行的角斗表演带有希腊化的色彩，虽然许多剧场被当成角斗竞技场，里面经常举办角斗比赛或斗兽赛，但在诸多希腊语系的城市，这样的比赛也必须适合于当地人的口味。①

2. 基督教卫道士的抨击："源于卑下的欲望"

无论是罗马时期的道德说教者（包括讽刺作家和历史学家），还是具有基督教信仰的罗马皇帝如德尔图良以及基督教神学家圣哲罗姆，他们都表达了这样一个观点：罗马人对于职业角斗士的两可态度——既爱又恨的矛盾心理乃至那种伪善的态度，这种态度简直令人愤怒。②中世纪基督教神学家也同样视之为一种堕落。但他们所持的观点和情绪与罗马的评论家有时代的差异。

基督教信条与角斗比赛这样残酷的娱乐活动是格格不入的，基督教神学家一直谴责那毫无人性的角斗。斯多葛派也早就批评这种活动，如帝国时期的爱比克泰德就曾经告诫他的听众不要没完没了地议论角斗。

基督教学者强烈抨击角斗，然而从他们的批评中得知许多基督徒倒是经常出入竞技场，有时甚至直接从教堂走向竞技场。特鲁利安称这种比赛为"谋杀"，竞技场是魔鬼的庙宇，因为在那里有异教的神像——战神马尔斯被认为是角斗士的保护神，而狩猎女神狄安娜则监督比赛。他还批评角斗比赛在观众中激起的快乐"源于卑下的欲望"，那狂热的情绪违背了上帝的要求，"上帝要求我们以宁静温柔平和对待温柔而微妙的圣灵，而不是以疯狂愤怒伤感去打扰它"。中世纪初期欧洲著名的神学家奥古斯丁在《忏悔录》里记载了一个年轻的基督徒堕落的故事。这个青年在罗马学习，一直避开角斗场；朋友强行把他拉去。他说："你们拉走我的身体，却拉不去我的灵魂。我可以闭眼坐在那里，就等于没去。"不过，场上的惨叫和欢呼使他睁开眼睛，鲜血淋漓的情景先是使他恶心，继而使他也变得迷狂起来。公元3世纪中叶迦太基主教曾经由猛烈抨击角斗转而谴责卡普亚的角斗体制，角斗士走进竞技场，无异于去自杀（犯罪），他说："简直就是疯子所为！自愿献身于野兽：这既是谋杀也是自杀！"③

也许下面的一段话的描述更能够映现基督徒对角斗深刻谴责、反思的观点：

① Thomas Wiedemann, *Emperors and Gladiators*, London: Routledge, 1992, p.44.
② Ibid., p.28.
③ Ibid., p.30.

作家们一直在试图说明,这一新的宗教,博爱的教义,及其广泛的社会影响,出现在"日渐衰落的古代世界"里堕落的人类当中,是前所未闻的奇特现象,是神所创造的奇迹。今天我们知道它不是奇迹。无节制的仇恨和残酷必然产生爱的福音。这是一种代偿,因此在个人的生活中,残酷与仇恨的冲动常常通过代偿发展成最纯洁的对人类的爱。如此看来,罗马人的施虐狂作为一个整体,是通向人类新的真正崇高境界的必经之路。①

3. 近现代的评价:源于"反罗马精神"

毋庸置疑,最值得关注的是著名史学家爱德华·吉本在《罗马帝国衰亡史》中的评价,显然这位大史学家对这种毫无人道可言的角斗是谴责的,称为一种被罗马的法律和习俗公正地斥为最可鄙的职业。他(当然吉本的这种观点和情绪可能也代表着近代英国人尤其是知识分子那种普遍性的价值观,它们自然源自基督教世界对这种残忍血腥活动的谴责)的表述就是对这种活动的谴责和痛斥,他所用的词汇一般都是"恶习""低贱且极不荣誉""身份低贱的人员"(指的是角斗士)、"千秋万载的骂名"之类。他还将角斗士的角色与舞女、小丑等加以并列,用以批判那些"一般有钱和奢侈的罗马人"。不过,吉本的评价处处显示出他对古典作家道德观念的继承,或基于他那个时代欧洲社会基本的伦理标准,他称尼禄是一个自甘下贱居然去登台献艺的国君。后世学者认为罗马人是一些天生的野蛮人,骨子里都是虐待狂患者,这一残忍的比赛活动是一种"反罗马精神"的明证。基弗为此将希腊人与罗马人在沉浸于或沉溺于精神享受方面的不同作了精彩对比:

我举上面的例子(将罪犯喂养猛兽的例子)是想说明希腊与罗马在精神世界方面的根本区别。在希腊剧场上,当真正有教养的观众耳闻目睹俄狄浦斯奔向自己的命运时,观众一个个都沉浸在纯悲剧的、真正伟大的艺术所创造的恐怖气氛中。而在罗马的竞技场上,一切残忍、凶恶、令人憎恶的形象最精确地再现,都用于满足一个民族的病态欲望。这个民族的施虐狂倾向在施虐狂的耳濡目染刺激下,经过了几个世纪。希腊人屏息凝神地倾听索福克勒斯思想深邃的台词,罗马人则以自己的同类被折磨死的惨叫来满足粗俗的爱好。对于这两个民族精神生活

---

① [德]奥托·基弗:《古罗马风化史》,姜瑞璋译,辽宁教育出版社2000年版,第115页。

的写照,还有比这更鲜明突出的吗?①

当代古典学研究专家基弗援引了弗里德兰德《罗马道德史》第 420 页的观点,并表示完全赞同:"罗马在粗野与尚武的时代引进了埃特鲁斯坎人的角斗表演。起初难得举行,后来逐渐频繁起来,几个世纪以后竟成了家常便饭。慢慢地一家传一家,根越扎越深,习惯发挥了不可抗拒的力量。这股力量很大,它能单独使原来厌恶残酷变成喜欢残酷,而谁也免不了要受渗透到他那个时代的这种精神影响。再说,伴随折磨的死刑本来就一直是人们爱看的。"②基弗始终强调那种"施虐狂的冲动",也就是说,当时罗马人从这种残酷的游戏中获得快乐,除了出于习惯的力量之外,还出于施虐狂的冲动,这种冲动或多或少地沉睡于罗马每个人的心底,而一旦它被唤醒,就会渴望更强大的刺激和满足。

文学家对角斗比赛残酷性的谴责更为猛烈。英国诗人拜伦对角斗比赛的谴责尤其著名:

> 我看到一个角斗士倒在我的面前,
> 他一手撑在地上,
> 他威武的脸
> 显得视死如归……
> 他垂着的头渐渐地、渐渐地倒下去
> 他肋下鲜红的血液
> 缓缓地溢出,重重地一滴滴往下掉。
> 像大暴雨的最初时刻的大大的雨滴,
> 然后整个角斗场在他的周围摇晃,他死了。
> 但灭绝人性的喊声
> 还在向那战胜的家伙叫好

诗人拜伦无法容忍这种从流血死亡的游戏中寻找快慰的古罗马人,他愤怒地喊道:"赶来吧!哥特人,宣泄你们的愤怒!"

罗马角斗士的研究专家从当代文明的道德标准来进行分析,并且进一

---

① ［德］奥托·基弗:《古罗马风化史》,姜瑞璋译,辽宁教育出版社 2000 年版,第 107 页。
② 同上,第 114—115 页。

步联系到罗马帝国的最终灭亡的原因。罗兰·奥古埃特认为,罗马人早已习惯了奴隶制,奴隶毫无尊严可言,"罗马人认可这些奇怪的道德规范,这自然是我们所强烈谴责的……西塞罗断言,竞技场的存在是残酷的、非人的。我们本能这样解释,他的这种说法实在是令人遗憾的……他从没考虑到那是一种极大的堕落,是可耻的事。罗马人却习惯性认为,奴隶成为一名角斗士就意味着是一名自由人了,这样奴隶单单是因为他们的这种想法就从法律和道德上陷入一种奴隶的身份? 因为这个,罗马的败落……似乎比死亡本身更加可怕"①。

韦德曼认为,罗马的许多道德说教者将角斗士视为最为卑下者,角斗士和他们的教练都因处于社会的底层而背有恶名,他们没有公民权。然而,作为一个整体概念的角斗士,的确如此;作为角斗士的个体(一个人),罗马人对于他的态度却并非这样。作为一个整体阶层,角斗士似乎被永远钉在耻辱柱上;作为一个角斗士明星,他却享有极高的威望和荣誉。②罗兰·奥古埃特的评价值得我们思索:

> (罗马人)现实功利和小心谨慎使其不得不求助于最暴力的极端。在其他一些时候,实施惩罚是为了惩戒叛乱和不忠——在这种情况下,罗马人是在持续遵行原有的政令而不是血腥嗜杀的本性。有时他们表现出对自己人与对敌人一样过分(但是从不肆意)的严厉,不应与残暴相混淆。一个将反叛者扔给猛兽的将军并不比将城市夷为平地者更加暴戾。他用一种与罪过所反映出来的羞耻程度相称的特殊的刑罚来强调犯罪的严重。③

当代的学者对于角斗活动和角斗士本身的评价虽然不一,但多数似乎给予强烈的谴责。亨利·伯伦认为,角斗娱乐虽然是一项"低下、残暴、血腥的竞技",不过一些人的确获得了财富,也使自己臭名昭著。④"尽管西塞罗和小普林尼从教育功能方面给予辩护,但角斗活动真正引人入胜之处就是

---

① Roland Auguet, *Cruelty and Civilization: The Roman Games*, London & New York: Routledge, 1994, p.198.

② Thomas Wiedemann, *Emperors and Gladiators*, London: Routledge, 1992, p.28.

③ Roland Auguet, *Cruelty and Civilization: The Roman Games*, London & New York: Routledge, 1994, pp.14—15.

④ Henry Boren, *Roman Society*, Chapel Hill, N.C., 1977, p.207.

其血淋淋的施虐狂的壮观场景。"①20 世纪初期的学者如基弗更是猛烈抨击角斗竞技场里的狂乱与血腥,他们认为角斗场简直就是"产生相互憎恶的海洋,在那里人们因比赛如此疯狂,残酷导致的狂乱实在可怕"②。保罗·普拉斯在《古罗马的死亡游戏:竞技场运动与政治自杀》中指出,残酷的角斗娱乐与普遍的社会暴力密切相连。③当然,在所有的谴责声音中我们听到的最强音还是基斯·霍普金斯的批评。

　　总之,无论是霍普金斯对角斗活动的评价和分析④,还是亨利·鲍伦那种"角斗士无疑是低下、残暴及血腥同时也臭名昭著地带来财富"⑤的观点,或者托马斯·阿夫利卡对西塞罗和小普林尼为这种"施虐狂般场景"辩护的批判⑥,抑或基弗对角斗场里那种滔天仇恨和残酷至极的血腥爆发的愤怒谴责⑦以及乔治·维尔的类似谴责⑧,均体现了近现代以来历史学家尤其是罗马娱乐活动研究权威对这一竞技娱乐项目的批判甚至谴责。⑨

---

　　①⑥　Thomas Africa, *The Immense Majesty*: *A History of Rome and the Roman Empire*, New York, 1974, p.264.

　　②⑦　Otto Kiefer, *Sexual Life in Ancient Rome*, London, 1934, p.106.

　　③　Paul Plass, *The Game of Death in Ancient Rome*: *Arena Sport and Political Suicide*, Madison: University of Wisconsin Press, 1995, p.25.

　　④　Keith Hopkins, "Murderous Games", in *Death and Renewal*: *Sociological Studies in Roman History*, Vol.2, Cambridge: Cambridge University Press, 1983, pp.1—30, esp.5.

　　⑤　Henry Boren, *Roman Society*, Chapel Hill, N.C., 1977, p.207.

　　⑧　George Ville, *La Gladiature en Occident des origins à la mort de Domitien*, Rome, 1981, p.456.

　　⑨　Carlin Barton, "The Scandal of the Arena", *Representations*, No.27(Summer, 1989), p.24.

附录　古罗马角斗活动大事记

公元前648年　希腊人的格斗术成为古希腊奥林匹亚竞技大会的正式比赛项目,这一技击性项目同时可以使用拳击与角力、抱摔等各种技巧,它被认为很有可能导致了后来罗马人的角斗活动。这是角斗活动形成的一种说法。

公元前6世纪至公元前5世纪　埃特鲁斯坎人陵墓里的绘画呈现了格斗者形象,这种格斗仪式出现于葬礼期间。

公元前4世纪　南意大利地区帕埃斯图姆的鲁坎尼亚陵墓发现纪念亡者而在葬礼仪式上进行格斗仪式的画面。

公元前310年　角斗比赛据说在坎巴尼亚的节会中首次举办(根据李维的记载)。

公元前264年　罗马城的大贵族马尔库斯·布鲁图斯兄弟两人在举办完父亲的葬礼后,用3对奴隶进行角斗表演,以招待他们的客人。

公元前216年　在马尔库斯·雷必达的葬礼上,22对角斗士进行角斗表演。

公元前200年　在马尔库斯·瓦拉里乌斯·莱文努斯的葬礼上,25对角斗士参与竞技表演。

公元前186年　弗尔维乌斯·诺比里奥颁布法律,首次举办猎狮活动;野兽开始被投放到竞技场里。

公元前183年　在帕布里乌斯·里辛尼乌斯的葬礼上,罗马的一次角斗比赛中有60对角斗士参加。

公元前174年　提图斯·弗拉米尼乌斯在父亲的葬礼上举行了有74名奴隶角斗士参加的角斗比赛。

公元前170年　叙利亚国王安条克四世被罗马人打败、成为罗马人人质,当他被释放后就将角斗表演带回叙利亚,完全效仿罗马人举办角斗比赛,由最初不喜欢、不习惯到逐渐适应这种表演后,叙利亚也兴起角斗活动的热潮。

公元前 169 年　在罗马举办的一场表演中,总共有 63 头非洲狮和猎豹、40 头熊和几头大象被猎杀。

公元前 140 年　在鲁斯坦尼亚安地区统帅维里亚修斯的葬礼上,使用了大量角斗士进行表演。

公元前 105 年　角斗比赛主要由官方举办转向了私人;至少在这一时期罗马已经有了角斗士学校。

公元前 2 世纪　举办角斗比赛成为罗马政府的法定活动;角斗士营房——"角斗士之家"出现。

公元前 2 世纪末　当第二次西西里奴隶起义被镇压后,剩余 1 000 名奴隶在受骗归顺后随即全部成为角斗士,当这些奴隶发现被骗后相互刺杀而亡,终成为"自己的角斗士"。

公元前 90 年代　独裁者苏拉使用 100 头狮子举行规模空前的斗兽表演。

公元前 81 年至公元前 79 年　苏拉在庞贝城驻防及建造竞技场。

公元前 73 年　角斗士出身的斯巴达克斯领导奴隶大起义。

约公元前 70 年　罗马将军鲁卡卢斯在整个亚细亚行省的主要城市进行角斗表演活动,随后罗马统治的其他地区包括希腊地区也不定期地举办角斗表演(一说公元前 69 年)。

公元前 65 年　恺撒大帝举办角斗比赛并且打破常规,此后他一共举办了数百次角斗比赛。

公元前 63 年　意大利卡普亚城建立角斗士营房;角斗被罗马殖民者引进南部高卢地区,首次有记载的比赛在阿尔斯举行。

公元前 55 年　庞培二度出任执政官,举行了有角斗表演历史以来规模最大的一次斗兽比赛:1 000 多头狮子、豹子被击杀,与此同时,罗马人首次看到了来自北欧的山猫以及来自印度的犀牛。

公元前 53 年　库里奥设计建造了两栋木质的剧院,罗马人专业的角斗竞技场诞生。

公元前 50 年　庞培用 400 头狮子和 20 只大象举办大规模的斗兽表演。

公元前 46 年　恺撒在罗马建造一座新的角斗竞技场;位于今日法国的阿尔勒竞技场落成。

公元前 45 年　恺撒为纪念去世 8 年的女儿,举行了一场角斗比赛。

公元前 40 年　恺撒用 400 头狮子、40 只大象进行斗兽表演。

公元前 29 年　塔乌卢斯在罗马建造了第 3 座竞技场。

公元前 27 年至公元 68 年　位于今克罗地亚的"普拉竞技场"落成。

公元 1 世纪初　位于今意大利维罗纳市的维罗纳竞技场落成。

公元 1 世纪　罗马人的角斗表演之前开始出现两种新的娱乐花样：上午斗兽及猎兽,中午当众处决地位低下的罪犯。

15 年　提比略时期,杜路苏斯以其兄弟日耳曼尼库斯的名义组织了一次角斗比赛。

19 年　罗马元老院公布一项法令强调,禁止 20 岁以下的元老院贵族以及骑士的女儿、孙女、曾孙女参加角斗比赛。

27 年　在意大利的费迪纳半圆形剧场举行的角斗比赛期间,竞技场上发生骚乱,死伤竟达 2 万人。

57 年　庞贝城发生角斗骚乱。

58 年　尼禄强迫 400 名元老和 600 名罗马骑士……在舞台上进行搏斗,甚至挑选这些等级的人充当斗兽者和各种舞台杂役。

69 年　罗马内战期间大规模的剑奴(角斗士)被奥托皇帝、维特里乌斯皇帝投入战争中,一些角斗士为此很有可能升迁为将军。

70 年　位于今法国尼姆市的"尼姆竞技场"落成。

72 年　为庆祝征服耶路撒冷的胜利,苇帕芗皇帝使用数万沦为奴隶的犹太人和阿拉伯人开工建造椭圆形的罗马竞技场,花费 8 年时间建成的这座庞大的竞技场后来举办了众多角斗竞赛和野兽表演。

80 年　罗马历史上的"角斗年";罗马圆形大剧场落成,提图斯为此举行了长达 100 天的庆祝典礼,包括驱使 5 000 头猛兽和 3 000 名奴隶、战俘、罪犯上场搏斗,这种人与兽、人与人的血腥大厮杀持续百天,直至人与兽均死于非命。

81 年　图密善登基之时,为充分提升古罗马斗兽场的运营功能,令工程技术人员继续向地下深挖,从而建造一套有地下升降梯、活板门和运输走廊的舞台设施,目的是将竞技表演呈现出具有特殊效果的壮观场面。

107 年　皇帝图拉真为庆祝达西亚战争胜利,举行了为期 123 天的角斗活动,有 1 万名角斗士参加,1.1 万头野兽被杀。

167 年　罗马人在多瑙河边防出现紧急情况时,使用角斗士军队以应对危机。

180 年至 192 年　康茂德执政期间,无视其作为帝国首脑应尽的职责,将大部分时间用于观看车赛和角斗赛。这一时期总共进行过 700 多次这种战斗,这一光辉战绩曾被十分详细地记录在帝国的国事记录中。

200 年　塞维鲁下令禁止妇女参加角斗比赛。

217 年　罗马斗兽场遭雷击引起大火而部分毁坏,238 年修复后继续举行角斗比赛。

247 年　菲利普皇帝主办声势浩大的集体猎杀动物的比赛,包括 32 头大象、10 只麋鹿、10 只老虎、70 头狮子、30 只豹子、10 只土狼、6 头河马、1 头犀牛、10 头骆驼、20 只野驴(可能是斑马)以及 40 匹野马参加这场斗兽比赛。

248 年　曾经主要用于角斗比赛的罗马斗兽场将水引入表演区后形成一个人工湖,场面盛大的海战表演在此举办。

250 年　罗马基督徒被关在地牢里,一些在假日被抛给野兽吞食。

3 世纪　著名的突尼斯"杰姆的圆形竞技场"拥有 3 层建筑,是建造于北非的著名竞技场。

325 年　君士坦丁皇帝下令禁止角斗比赛。

354 年　在罗马人一年一度的节庆活动安排中,176 天的节庆活动中 64 天用于赛车,102 天演戏,只有 12 月的 10 天用于举办各种各样的角斗比赛和斗兽活动。当时亚历山大·塞维鲁皇帝曾打算在整个帝国推行削减角斗比赛的计划:将以往频繁的角斗比赛减至全年中每月只能举办一次。

399 年　罗马皇帝霍诺留颁令禁止角斗比赛。

438 年　罗马皇帝瓦伦蒂安三世颁令,彻底禁止角斗比赛。

442 年　罗马发生强烈地震,罗马斗兽场结构遭受严重损坏。

476 年　西罗马帝国灭亡:古罗马戏剧传统受到教会的压制,血腥的角斗活动更是被严令禁止。

499 年　东罗马帝国皇帝阿纳斯塔斯乌斯发布诏令,废除角斗比赛及斗兽活动。

约 5 世纪末　罗马皇帝数度颁布禁止角斗法令,角斗比赛逐步得到遏制,各地角斗活动逐渐减少直至销声匿迹。

508 年　罗马发生强烈地震,斗兽场结构再次遭受损坏。

523 年　罗马斗兽场的角斗比赛及其表演活动被完全禁止。

1749 年　罗马教廷以早年有基督徒在斗兽场殉难为由宣布其为圣地,并对其进行保护,而中世纪漫长的历史时期该建筑物未受保护致使损坏加剧(后干脆被当作碉堡使用),甚至在中世纪后期教廷为建造教堂和枢密院,竟然拆除斗兽场的部分石料。近代宣布斗兽场为宗教圣地后,约翰·保罗二世教皇生前每年都会在此举行仪式纪念这些殉难者,而事实上是否有基督徒在斗兽场内殉道,并无确凿历史证据。

1804 年　政府下令禁止滥用角斗场,同时以木结构支撑即将倒塌的部分;1806 年开始对罗马斗兽场进行首次系统性修复。

1824 年　罗马斗兽场第二次系统性修复由瓦拉迪埃主持。

1844 年　斗兽场第三次修复由路易吉·卡尼纳主持,这次修复被认为是瓦拉迪埃早期工作的延续。

1930 年前后　罗马斗兽场进入最严重损坏期。

参 考 文 献

一、中 文 文 献

[古罗马]塔西佗:《编年史》,王以铸、崔妙因译,商务印书馆 1981 年版、1983 年版、1997 年版。

[古罗马]塔西佗:《历史》,王以铸、崔妙因译,商务印书馆 1985 年版。

[古罗马]塔西佗:《阿古利可拉传》,马雍、傅正元译,商务印书馆 1985 年版、1997 年版。

[古罗马]李维:《建城以来史》,穆启乐、张强、付永乐、王丽英译,上海人民出版社 2005 年版。

[古希腊]普鲁塔克:《希腊罗马名人传》,陆永庭、吴彭鹏译,商务印书馆 1990 年版。

[古罗马]苏维托尼乌斯:《罗马十二帝王传》,张竹明、王乃新等译,商务印书馆 1995 年版。

[古罗马]阿庇安:《罗马史》(上、下),谢德风译,商务印书馆 1985 年版。

[古罗马]凯撒:《内战记》,任炳湘、王士俊译,商务印书馆 1999 年版。

[古罗马]凯撒:《高卢战记》,任炳湘译,商务印书馆 1979 年版。

[古罗马]撒路斯提乌斯:《喀提林阴谋·朱古达战争》,王以铸、崔妙因译,商务印书馆 1985 年版。

[古罗马]尤西比乌斯:《君士坦丁传》,林中泽译,商务印书馆 2015 年版。

[美]麦克吉佛特:《优西比乌》,林中泽、龚伟英译,三联书店 2015 年版。

[荷]菲克·梅杰:《角斗士:历史上最致命的游戏》,李小均译,广西师范大学出版社 2009 年版。

[英]约翰·马拉马:《角斗士:古罗马的兴衰》,肖欢译,二十一世纪出版

社 2003 年版。

[美]大卫·波特:《胜者王冠:从荷马到拜占庭时代的竞技史》,曹正东译,浙江人民出版社 2017 年版。

[英]戴维·肖特:《提比留》,许绶南译,上海译文出版社 2001 年版。

[美]汉斯·A.波尔桑德尔:《君士坦丁大帝》,许绶南译,上海译文出版社 2001 年版。

[美]阿瑟·韦戈尔:《罗马皇帝尼禄》,王以铸译,辽宁教育出版社 2003 年版。

[英]戴维·肖特:《尼禄》,李丹、赵蓓蓓译,上海译文出版社 2003 年版。

[苏]谢·勒·乌特琴柯:《恺撒评传》,王以铸译,商务印书馆 2010 年版。

[美]约翰·威廉斯:《奥古斯都》,郑远涛译,上海人民出版社 2018 年版。

[德]特奥多尔·蒙森:《罗马史》,李稼年译,商务印书馆 2015 年版。

[英]爱德华·吉本:《罗马帝国衰亡史》,黄宜思、黄时雨译,商务印书馆 1997 年版。

[俄]科瓦略夫:《古代罗马史》,王以铸译,上海人民出版社 2011 年版。

[美]M.罗斯托夫采夫:《罗马帝国社会经济史》,马雍、厉以宁译,商务印书馆 1985 年版。

[法]雷蒙·布洛克:《罗马的起源》,张泽乾等译,商务印书馆 1998 年版。

[美]威尔·杜兰:《凯撒与基督》,《世界文明史》第 3 卷,东方出版社 2005 年版。

[英]詹姆斯·布莱斯:《神圣罗马帝国》,孙秉莹、谢德风、赵世瑜译,商务印书馆 1992 年版。

[英]玛丽·比尔德:《罗马元老院与人民:一部古罗马史》,王晨译,民主与建设出版社 2018 年版。

[英]苏珊·伍德福德:《剑桥艺术史:古希腊罗马艺术》,钱乘旦译,译林出版社 2009 年版。

[英]J.M.罗伯茨:《罗马与西罗马帝国》,周国强、刘向军、汪开虎译,上海人民出版社 2002 年版。

[英]R.H.巴洛:《罗马人》,黄韬译,上海人民出版社 2000 年版。

[德]奥托·基弗:《古罗马风化史》,姜瑞璋译,辽宁教育出版社

2000 年版。

[英]戴维·肖特:《罗马共和的衰亡》,许绥南译,上海译文出版社2001 年版。

[法]罗杰·哈诺内、[法]约翰·谢德:《罗马人》,黄雪霞译,汉语大词典出版社 2001 年版。

[美]戴尔·布朗主编:《罗马:帝国荣耀的回声》,陈俐丽译,华夏出版社、广西人民出版社 2002 年版。

[美]罗伯特·E.勒纳、[美]斯坦迪什·米查姆、[美]爱德华·麦克纳尔·伯恩斯:《西方文明史》,王觉非等译,中国青年出版社 2003 年版。

[美]时代—生活图书公司:《世界霸主:罗马帝国,公元前 100 年—公元200 年》,老安译,山东画报出版社 2001 年版。

李雅书选译:《罗马帝国时期》(上、下),商务印书馆 1985 年版。

杨共乐选译:《罗马共和国时期》(上、下),商务印书馆 1998 年版。

[美]勒特韦克:《罗马帝国的大战略:从公元一世纪到三世纪》,时殷弘、惠黎文译,商务印书馆 2008 年版。

[英]莱斯莉·阿德金斯、罗伊·阿德金斯:《探寻古罗马文明》,张楠、王悦、范秀琳译,商务印书馆 2008 年版。

[意]弗朗切斯科·德·马尔蒂诺:《罗马政制史》,薛军译,北京大学出版社 2009 年版。

[英]A.E.豪斯曼等著、苏杰编译:《西方校勘学论著选》,上海人民出版社 2009 年版。

[法]菲利普·内莫:《罗马法与帝国的遗产:古罗马政治思想史讲稿》,张竝译,华东师范大学出版社 2011 年版。

[美]威斯特曼:《古希腊罗马奴隶制》,邢颖译,大象出版社 2011 年版。

[英]弗雷德里克·G.凯尼恩:《古希腊罗马的图书与读者》,苏杰译,北京大学出版社 2012 年版。

[美]腾尼·弗兰克:《罗马经济史》,王桂玲、杨金龙译,三联书店2013 年版。

[德]穆启乐、闵道安主编:《构想帝国:古代中国与古罗马比较研究》,李荣庆、刘宏照等译,复旦大学出版社 2013 年版。

[美]查尔斯·福尔那拉编译:《希腊罗马史料集:古风时代至公元前5 世纪末的希腊(英文影印版)》(一),北京大学出版社 2014 年版。

[加]菲利普·哈丁编译:《希腊罗马史料集:公元前 4 世纪的希腊(英文

影印版)》(二),北京大学出版社 2014 年版。

[美]斯坦利·伯斯坦编译:《希腊罗马史料集:希腊化时代(英文影印版)》(三),北京大学出版社 2014 年版。

[美]罗伯特·K.谢尔克:《希腊罗马史料集:至奥古斯都统治时期的罗马与希腊(英文影印版)》(四),北京大学出版社 2014 年版。

[美]罗伯特·K.谢尔克:《希腊罗马史料集:早期罗马帝国(英文影印版)》(六),北京大学出版社 2014 年版。

[美]M.罗斯托夫采夫:《罗马》,邹芝译,格致出版社 2014 年版。

[德]克劳斯·布林格曼:《罗马共和国史:自建城至奥古斯都时代》,刘智译,华东师范大学出版社 2014 年版。

[英]威廉·塔恩:《希腊化文明》,陈恒、倪华强译,三联书店 2014 年版。

[英]安德鲁·林托特:《罗马共和国的政制》,晏绍祥译,商务印书馆 2014 年版。

[美]麦克莫兰:《腐败与罗马帝国的衰落》,吕厚量译,中国方正出版社 2015 年版。

[美]丹尼斯·费尼:《罗马的文学与宗教:文化、语境和信仰》,雪菲、方凯成、吴飞译,北京大学出版社 2015 年版。

[德]鲁道夫·普法伊费尔:《古典学术史:自肇端诸源至希腊化时代末》(上卷),刘军译,北京大学出版社 2015 年版。

[德]鲁道夫·普法伊费尔:《古典学术史:1300—1850 年》(下卷),张弢译,北京大学出版社 2015 年版。

[英]雷诺兹、[英]威尔逊:《抄工与学者:希腊、拉丁文献传播史》,苏杰译,北京大学出版社 2015 年版。

[英]罗伯茨、斯基特:《册子本起源考》,高峰枫译,北京大学出版社 2015 年版。

[法]维克多·沙波:《罗马世界》,王悦译,格致出版社 2015 年版。

[英]M. I. 芬利:《古代世界的政治》,晏绍祥、黄洋译,商务印书馆 2016 年版。

[美]乔治·卡斯特尼尔:《希腊罗马历史研究手册》,张晓校译,黑龙江人民出版社 2017 年版。

[美]本杰明·亨利·艾萨克:《帝国的边界:罗马军队在东方》,欧阳旭东译,华东师范大学出版社 2018 年版。

[美]理查德·J.A.塔伯特:《罗马帝国的元老院》,梁鸣雁、陈燕怡译,华

东师范大学出版社 2018 年版。

[英]R.A.G.卡森:《罗马帝国货币史》,田圆译,法律出版社 2018 年版。

[意]朱塞佩·格罗索:《罗马法史》,黄风译,中国政法大学出版社 2018 年版。

石红编写:《斯巴达克》,上海人民出版社 1975 年版。

刘培华编写:《斯巴达克的故事》,天津人民出版社 1978 年版。

于贵信:《古代罗马史》,吉林大学出版社 1988 年版。

朱龙华:《罗马文化与古典传统》,浙江人民出版社 1993 年版。

杨共乐:《罗马史纲要》,东方出版社 1994 年版。

李雅书、杨共乐:《古代罗马史》,北京师大出版社 1994 年版。

杨共乐:《罗马社会经济研究》,北京师范大学出版社 1998 年版。

崔莉:《宙斯神的永恒魅力》,湖南师范大学出版社 2000 年版。

夏遇南:《罗马帝国》,三秦出版社 2000 年版。

郭长刚:《失落的文明:古罗马》,华东师范大学出版社 2001 年版。

陈凤姑、杨共乐:《走进罗马文明》,民主与建设出版社 2001 年版。

黄国平:《踏寻古罗马文化的故乡——意大利》,中国经济出版社 2001 年版。

宫秀华:《罗马:从共和走向帝制》,东北师范大学出版社 2002 年版。

胡玉娟:《古罗马早期平民问题研究》,北京师范大学出版社 2002 年版。

何平、刘章才、何颖著:《帝国的荣光:追踪古罗马文明》,重庆出版社 2002 年版。

王晓朝:《罗马帝国文化转型论》,社会科学文献出版社 2002 年版。

蓝凡文化工作室编著:《千古罗马》,上海文化出版社 2002 年版。

黄风:《罗马法词典》,法律出版社 2002 年版。

启文:《古罗马:英雄时代的神与人》,世界知识出版社 2003 年版。

车尔夫主编:《人类古文明失落之谜全破译》,中国戏剧出版社 2003 年版。

厉以宁:《罗马—拜占庭经济社会史》,商务印书馆 2006 年版。

晏绍祥:《古典历史研究史》(上、下),北京大学出版社 2013 年版。

刘津瑜:《罗马史研究入门》,北京大学出版社 2014 年版。

宋立宏:《罗马与耶路撒冷》,浙江大学出版社 2015 年版。

高峰枫:《古典的回声》,浙江大学出版社 2016 年版。

杨巨平:《碰撞与交融:希腊化时代的历史与文化》,中国社会科学出版社 2018 年版。

二、英 文 文 献

Africa，Thomas，*The Immense Majesty*：*A History of Rome and the Roman Empire*，New York，1974.

Aicher，Peter J.，*Rome Alive*，*A Source Guide in the Ancient City*，Bolchazy-Carducci Publishers，2004.

Aldrete，Gregory S.，*Daily Life in the Roman City*：*Rome*，*Pompeii and Ostia*，Westport，Conn：Creenwood Press，1988.

Alföldy，Géza，*The Social History of Rome*，Baltimore：Johns Hopkins University Press，1988.

Allen，W.，"Nero's Eccentricities Before the Fire"，*Numen*，Vol. 9(1962)，pp.104—109.

Amundsen，D.W. and Diers，C.J.，"The Age of Menarche in Classical Greece and Rome"，*Human Biology*，Vol.41(1969)，pp.127—130.

Ando，Clifford，*The Matter of the Gods*：*Religion and The Roman Empire*，Berkeley：University of California Press，2008.

Arjava，Antti，*Women and Law in Late Antiquity*，Oxford：Clarendon Press，1998.

Auguet，Roland，*Cruelty and Civilization*：*The Roman Games*，London & New York：Routledge，1994.

Bagnani，Gilbert，"Encolpius Gladiator Obscenus"，*Classical Philology*，Vol.51，No.1(1956)，pp.24—27.

Baker，A.，*The Gladiator*：*The Secret History of Rome's Warrior Slaves*，New York：Thomas Dunne Books，2000.

Balsdon，J.P.V.D.，*Life and Leisure in Ancient Rome*，New York：McGraw-Hill，1969.

Barchiesi，Alessandro and Walter Scheidel eds.，*The Oxford Handbook of Roman Studies*，Oxford：Oxford University Press，2010.

Barnes，Timothy，*Constantine and Eusebius*，Harvard University Press，1981.

Barrett, A., *Caligula*, New Haven: Yale University Press, 1989.

Barrow, R. H., *The Romans*, Pelican Books Series, Harmondsworth, Middlesex, 1949.

Barton, Carlin, A., *The Sorrows of the Ancient Romans: The Gladiator and the Monster*, Princeton, New Jersey: Princeton University Press, 1993.

Barton, Carlin, A., "Savage Miracles: The Redemption of Lost Honor in Roman Society and the Sacrament of the Gladiator and the Martyr", *Representations*, Vol.28, No.45(1994), pp.41—71.

Barton, Carlin, A., "The Scandal of the Arena", *Representations*, No.27(Summer, 1989), pp.1—36.

Beacham, Richard C., *Spectacle Entertainments of Early Imperial Rome*, New Haven: Yale University Press, 1999.

Beard, Mary, *The Roman Triumph*, Cambridge, Mass: Belknap, 2009.

Beard, Mary, John North and Simon Price, *Religion of Rome*, 2 vols, Cambridge: Cambridge University Press, 1998.

Boarddman, John, *The Oxford History of the Roman World*, Oxford: Oxford University Press, 1991.

Benario, H., "Sport at Rome", *Ancient World*, Vol. 7 (1983), pp. 39—43.

Billows, Richard A., *Julius Caesar: The Colossus of Rome*, London: Routledge, 2009.

Birley, Anthony, *Hardrian: The Restless Emperor*, London: Routledge, 1997.

Birley, Anthony, *Marces Aurelius: A Biography*, London: Routledge, 2002.

Boatwright, Mary, Deniel Gargola, Richard Talbert and Noel Lenski, *The Romans from Village to Empire*, New York: Oxford University Press, 2012.

Booth, A.D., "Roman Attitudes to Physical Education", *Classical News & Views*, Vol.19(1975), pp.27—34.

Bomgardner, D.L., *The Story of the Roman Amphitheatre*, London

& New York: Routledge, 2000.

Boren, Henry, *Roman Society*, Champel Hill, N.C., 1977.

Borkowski, J. Andrew, du Plessis, Paul J., *Textbook on Roman Law*, Oxford: Oxford University Press, 2005.

Bouissac, P., *Circus and Culture*, Bloomington: Indiana University Press, 1976.

Bowersock, G. W., *Martyrdom and Rome*, Cambridge: Cambridge University Press, 1995.

Bradley, K.R., *Slaves and Masters in the Roman Empire*, Brussels: Latomus, 1984.

Bradley, K. R., *Slavery and Rebellion in the Roman World*, 140 B.C.—70 B.C., Bloomington: Indiana University Press, 1989.

Bradley, K.R., *Slavery and Society at Rome*, Cambridge: Cambridge University Press, 1994.

Briggs, W., "Augustan Athletics and the Games of Aeneid V", *Stadion*, Vol.1, No.2(1975), pp.267—283.

Brophy, R., "Death in the Pan-Hellenic Games: Arrachion and Creugas", *American Journal of Philology*, Vol. 99, No. 3 (1978), pp. 363—390.

Brophy, R., M. Brophy, "Death in the Pan-Hellenic Games II", *American Journal of Philology*, Vol.106, No.2(1985), pp.194—197.

Brown, S., "Death as Decoration: Scenes from the Arena on Roman Domestic Mosaics", in *Pornography and Representation in Greece and Rome*, edited by Amy Richlin, New York: Oxford University Press, 1992.

Brown, S., "Explaining the Arena: Did the Romans 'Need' Gladiators?", *Journal of Roman Archaeology*, Vol.8(2004), pp.376—384.

Bruet, S., "Female and Dwarf Gladiators", *Mouseion*, Vol.4(2004).

Brunet, Stephen, "Women with Swords: Female Gladiators in the Roman World", 2014, in Paul Christesen & Donald G.Kyle, *A Companion to Sport and Spectacle in Greek and Roman Antiquity*, Chichester, West Sussex: Wiley Blackwell, pp.478—491.

Buchanan, D., *Roman Sport and Entertainment*, London:

206

Longman, 1991.

Budin, Stephanie Lynn, Turfa, Jean Macintosh, *Women in Antiquity*, London: Routledge, 2016.

Bury, J. B., *History of the Later Roman Empire*, *395—565*, 2 vols, London: MacMillan, 1923.

Cagniart, Pierre, *The Philosopher and the Gladiator*, 2000.

Cailois, R., *Man*, *Play and Games*, translated by M.Barash, Glencoe, N.Y.: Free Press, 1961.

Cameron, Alan, *Bread and Circuses: The Roman and his People*, Oxford: Oxford University Press, 1974.

Cameron, Alan, *Circus Factions Blues and Greens at Rome and Byzantium*, Oxford: Clarendon Press, 1976.

Cameron, Alan, *The Last Pagans of Rome*, New York, N.Y.: Oxford University Press, 2011.

Cameron, Averil, *The Later Roman Empire*, *A. D. 284—430*, Cambridge, Mass: Harvard University Press, 1993.

Cameron, Averil, *The Mediterranean World in Late Antiquity*, *A.D. 395—600*, London: Routledge, 1993.

Cameron, Averil and Peter Garnsey, *The Cambridge Ancient Hsitory*, *Vol.XIII: The Late Empire*, *A.D. 337—425*, Cambridge: Cambridge University Press, 1998.

Campbell, Brian, *The Roman Army*, *31 B.C.—A.D. 337: A Sourcebook*, London & New York: Routledge, 1994.

Campbell, J. B., *The Emperor and the Roman Army*, *31 B.C.—A.D. 235*, Oxford: Clarendon Press, 1984.

Campbell, J.B., *The Romans and their World*, New Haven: Yale University Press, 2011.

Cannae, Gregory Daly, *The Experience of Battle in the Second Punic War*, London & New York: Routledge, 2002.

Carcopino, Jérôme, Henry T.Rowell and E.O. Lorimer, *Daily Life in Ancient Rome: The People and the City at the Height of the Empire*, New Haven: Yale University Press, 1940.

Carroll, Maureen, *Spirits of the Dead: Rome Funerary Commemo-

ration in Western Europe, Oxford: Oxford University Press, 2006.

Carter, Michael, "Archiereis and Asiarchs: A Gladiatorial Perspective", *Greek, Roman and Byzantine Studies*, Vol.44(2004), pp.41—68.

Carter, M. J., "Gladiatorial Combat: The Rules of Engagement", *The Classical Journal*, Vol.102, No.2(2007), pp.97—114.

Casson, Lionel, *Everyday Life in Ancient Rome*, Baltimore, Maryland: The Johns Hopkins University Press, 1998.

Casson, Lionel, *Travel in the Ancient World*, Baltimore, Maryland: The Johns Hopkins University Press, 1994.

Christesen, Paul, Donald G.Kyle, *A Companion to Sport and Spectacle in Greek and Roman Antiquity*, Wiley Blackwell, 2014.

Castrén, Paavo, *Ordo Populusque Pompeianus: Polity and Society in Roman Pompeii*, Roma: Bardi, 1975.

Champlin, Edward, *Nero*, Cambridge, Mass: Harvard University Press, 2003.

Cizek, E., *Nero*, Paris: Fayard, 1982.

Clark, Gillian, *Christianity and Roman Society*, Cambridge: Cambridge University Press, 2004.

Clarke, John R., *Looking at Lovemaking: Constructions of Sexuality in Roman Art, 100 B.C.—A.D. 250*, Berkeley, California: University of California Press, 1998.

Coarelli, Filippo, *Rome and Environs: An Archaeological Guide*, Berkeley, California: University of California Press, 2007.

Coleman, Kathleen, "'The Contagion of the Throng': Absorbing Violence in the Roman World", *Hermathena*, 1998.

Coleman, Kathleen, "Missio at Halicarnassus", *Harvard Studies in Classical Philology*, Vol.100(2000), pp.487—500.

Coleman, Kathleen, "Fatal Charades: Roman Executions Staged as Mythological Enactments", *Journal of Roman Studies*, Vol.80(1990), pp.44—73.

Conrad, G., A.Demarest, *Religion and Empire*, Cambridge: Cambridge University Press, 1984.

Cook, John G., *Roman Attitudes Toward the Christians: From*

Claudius to Hadrian, Tübingen: Mohr Siebeck, 2010.

Cooley, Alison and M. G. L. Cooley, *Pompeii: A Sourcebook*, London: Routledge, 2004.

Cooley, Alison ed., *The Afterlife of Inscriptions: Reusing, Rediscovering, Reinventing & Revitalizing Ancient Inscriptions*, London: Institute of Classical Studies, 2000.

Cooley, Alison, *The Cambridge Manual of Latin Epigraphy*, Cambridge: Cambridge University Press, 2012.

Cornell, Tim, *Atlas of the Roman World*, Facts on File, New York: Phaidon, 1982.

Coulston, J.C.N., H.Dodge eds., *Ancient Rome: The Archaeology of the Eternal City*, Oxford: Oxford University School of Archaeology, 2000.

Cribiore, Raffaella, *The School of Libanius in Late Antique Antioch*, Princeton: Princeton University Press, 2007.

Dam, Raymond Van, *The Roman Revolution of Constantine*, New York: Cambridge University Press, 2007.

Damon, Cynthia, *The Masks of the Parasite: A Pathology of Roman Patronage*, Ann Arbor: University of Michigan Press, 1997.

Demandt, Alexander, *Der Fall Roms: Die Aufl sung Des R mischen Reiches Im Urteil Der Nachwelt*, München: Beck, 1984.

Dio Cassius, *Roman History*, E.Cary trans., Cambridge: Loeb Classical Library, Harvard University Press, 2000.

Dixion, Suzanne, *The Roman Mother*, Norman: University of Oklahoma Press, 1988.

Dobbins, John J., Pedar W.Foss eds., *The World of Pompeii*, London: Routledge, 2007.

Douglas, M., *Purity and Danger*, New York: Praeger, 1966.

Droge, A. and J.Tabor, *A Noble Death*, San Francisco: Harper, 1992.

Dumezil, G., *Achaic Roman Religion*, Vol. 1, translated by P. Krapp, Chicago: University of Chicago Press, 1970.

Duncan-Jones, Richard, *The Economy of the Roman Empire*, Cambridge: Cambridge University Press, 1982.

Dunkle, Roger, *Gladiators, Violence and Spectacle in Ancient Rome*, London: Pearson Education Limited, 2008.

Dyson, Stephen L., *In Pursuit of Ancient Pasts: A History of Classical Archaeology in the Nineteenth and Twentieth Centuries*, New Haven: Yale University Press, 2006.

Eckstein, A., "Human Sacrifice and Fear of Military Disaster in Repubicn Rome", *American Journal of Ancient History*, Vol.7(1982), pp.69—95.

Edmondson, Jonathan, *Augustus*, Edinburgh: Edinburgh University Press, 2009.

Edwards, Catharine, Greg Woolf, *Rome the Cosmopolis*, Cambridge: Cambridge University Press, 2003.

Edwards, Catharine, *The Politics and Immorality in Ancient Rome*, Cambridge: Cambridge University Press, 1993.

Edwards, Catharine, *Writing Rome: Textual Aproaches to the City*, Cambridge: Cambridge University Press, 1996.

Edwards, Catharine, *Death in Ancient Rome*, New Haven: Yale University Press, 2007.

Ehrman, R., "Martial, *De Spectaculis* 8: Gladiator or Criminal?", *Mnemosyne*, Vol.40(1987), pp.422—425.

Erdkamp, Paul ed., *The Cambridge Companion to Ancient Rome*, Cambridge: Cambridge University Press, 2013.

Erdkamp, Paul, *Hunger and the Sword: Warfare and Food Spply in Roman Republicn Wars(264—30 B.C.)*, Amsterdam: Gieben, 1998.

Evans, J.K., *War, Women and Children in Ancient Rome*, London: Routledge, 1991.

Evans, Jane D.R., *A Companion to the Archaeology of the Roman Republic*, Chichester: Wiley Blackwell, 2013.

Ewigleben, C., "What These Women Love is the Sword: The Performers and their Audiences", in E. Kohne & C. Ewigleben eds., *The Power of Spectacle in Ancient Rome: Gladiators and Caecars*, Berkeley: University of California Press, 2000.

Fagan, Garrett, *Bathing in Public in the Roman World*, Ann Arbor: University of Michigan Press, 1999.

Fagan, Garrett G., *The Lure of the Arena: Social Psychology and the Crowd at the Roman Games*, Cambridge: Cambridge University Press, 2011.

Farkas, Carol-Ann, "Female Gladiators: Gender, Law, and Contact Sport in America", *The Journal of American Culture*, Vol. 28(2010), pp.319—320.

Favro, Diane G., *The Urban Image of Augustan Rome*, Cambridge: Cambridge University Press, 1996.

Fergus Millar and Erich Segal, *Caesar Augustus: Seven Aspects*, Oxford: Clarendon Press, 1984.

Ferill, Arther, *The Fall of the Roman Empire: A Military Explanation*, New York, N.Y.: Thames and Hudson, 1986.

Flemming, R., *Medicine and the Making of Roman Women*, Oxford: Oxford University Press, 2001.

Flower, Harriet, *Ancestor Masks and Aristocratic Power in Roman Culture*, Oxford: Clarendon Press, 1996.

Flower, Harriet, *The Art of Forgetting: Disgrace and Oblivion in Roman Political Culture*, Chapel Hill: University of North Carolina Press, 2006.

Flower, Harriet, *Roman Republics*, Princeton: Princeton University Press, 2010.

Foucault, M., *Disipline and Punish*, translated by A. Sheridan, New York: Pantheon, 1977.

Friedlaender, Ludwig, *Roman Life and Manners Under the Early Empire*, New York: Barnes & Noble, 1965.

Futrell, Alison, *Blood in the Arena: The Spectacle of Roman Power*, Austin: University of Texas Press, 1997.

Futrell, Alison, *A Sourcebook on the Roman Games*, Oxford: Blackwell Publishing, 2006.

Galinsky, Karl, *The Cambridge Companion to the Age of Augustus*, Cambridge: Cambridge University Press, 2005.

Galinsky, Karl, *Augustan Culture: An Interpretive Introduction*, Princeton, N.J.: Princeton University Press, 1996.

Garnsey, Peter and Richard P. Saller, *The Roman Empire: Economy, Society and Culture*, Berkerly: University of California Press, 1987.

Gardiner, E. N., *Athletics of the Ancient World*, Oxford, 1930, rpr. 1955.

Gardner, Jane F., *Being a Roman Citizen*, London: Routledge, 1993.

Gardner, Jane F., *Family and Familia in Roman Law and Life*, Oxford: The Clarendon Press, 1998.

Gardner, Jane F., *Women in Rome Law & Society*, Bloomington: Indiana University Press, 1986.

Gelzer, Matthias, *The Roman Nobility*, Oxford: Blackwell, 1969.

Géza, Alföldy, *The Social History of Rome*, Croom Helm, Beckenham, Kent, 1985.

Giardina, Andrea, *The Romans*, Chicago: University of Chicago Press, 1993.

Glare, P.G.W., *Oxford Latin Dictionary*, Oxford: The Clarendon Press, 1996; reprinted 2009.

Goffman, E., *Interaction Ritual*, Chicago: Aldine, 1967.

Goldsworthy, Adrian K., *Antony and Cleopatra*, New Haven: Yale University Press, 2010.

Golvin, J.C. and C. Landes, *Amphitheatres et Gladiateurs*, Paris: CNRS, 1990.

Gordon, Arthur E. and Joyce S. Gordon, *Album of Dated Latin Inscriptions*, Berkeley: University of California Press, 1958—1965.

Gordon, Arthur E. and Joyce S. Gordon, *An Illustrated Introduction to Latin Epigraphy*, Berkeley: University of California Press, 1958—1965.

Gordon, R., "The Veil of Power: Emperors, Sacrifices and Benefactors", in *Pagan Priests*, edited by M.Beard and J.North, London: Duckworth, 1990.

Gowing, Alain M., *Empire and Memory: The Representation of the*

Roman Republic in Imperial Culture, Cambridge: Cambridge University Press, 2005.

Gradel, Ittai, *Emperor Worship and Roman Religion*, Oxford: The Clarendon Press, 2002.

Grant, Michael, *Greece and Rome: The Birth of Western Civilization*, London: Thames and Hudson, 1964.

Grant, Michael, *Gladiators*, New York: Barnes and Noble, 1967.

Girard, R., *Violence and the Sacred*, translated by P.Gregory, Baltimore: The Johns Hopkins University Press, 1977.

Griffin, M., *Nero*, London: Batsford, 1984.

Griffin, M., "Philosophy, Cato and Roman Suicide", *Greece and Rome*, Vol.33(1986).

Gunderson, E., "The Ideology of the Arena", *Classical Antiquity*, Vol.15, No.1(1996), pp.113—151.

Hades, Moses, *A History of Rome: From its Origins to A.D. 529, as Told by the Roman Historians*, London: Bell, 1958.

Hallett, J.P., *Fathers and Daughters in Roman Society: Women and the Elite Family*, Princeton: Princeton University Press, 1984.

Hamerton-Kelly, R. G. ed., *Violent Origins*, Stanford: Stanford University Press, 1987.

Hammond, N.G.L., *Atlas of the Greek and Roman World in Antiquity*, Bristol: Bristol Classical Press, 1992.

Harper, Kyle, *From Shame to Sin: The Christian Transformation of Sexual Morality in Late Antiquity*, Cambridge, Massachusetts: Harvard University Press, 2013.

Harris, H.A., *Sport in Greece and Rome*, Ithaca, N.Y.: Cornell University Press, 1972.

Harris, William, "Demography, Geography and the Sources of Roman Slaves", *Journal of Roman Studies*, Vol.89(1999), pp.62—75.

Hazel, John, *Who's Who on the Roman World*, London & New York: Routledge, 2001.

Heather, Peter, *The Fall of the Roman Empire: A New History of Rome and the Barbarians*, New York: Oxford University Press,

2005.

Heichelheim, Fritz M. and Cedric A. Yeo, *A History of the Roman People*, revised by Allen Ward, Pearson Higher Education, 2013.

Hermansen, Gustav, *Ostia: Aspects of Roman City Life*, Edmonton, Alta: University of Alberta Press, 1982.

Hinds, Kathryn, *The Ancient Romans*, *Cultures of the Past Series*, Benckmark Books(Tarrytown, N.Y.), 1997.

Hobbs, Richard, Ralph Jackson, *Roman Britain: Life at the Edge of Empire*, London: The British Museum Press, 2010.

Homo, Léon, *Roman Political Institutions*, *From City to State*, London & New York: Routledge, 1996.

Hope, Valerie M., *Death in Ancient Rome: A Souorce Book*, London: Routledge, 2007.

Hopkins, Keith and Mary Beard, *The Colosseum*, Cambridge, Mass: Harvard University Press, 2005.

Hopkins, Keith, *Death and Renewal*, *Sociological Studies in Roman History*, Cambridge: Cambridge University Press, 1983.

Hopkins, Keith, "The Age of Roman Girls at Marriage", *Population Studies*, Vol.18(1965).

Hopkins, Keith, *Conquerors and Slaves*, Cambridge: Cambridge University Press, 1978.

Hornblower, Simon and C. Morgan eds., *Pindar's Poetry*, *Patrons and Festivals from Archaic Greece to the Roman Empire*, Oxford: Oxford University Press, 2007.

Hornblower, Simon and Antony Spawforth eds. *The Oxford Classical Dictionary*, Oxford: Oxford University Press, 2012.

Hübner, Sabine R., David M. Ratzan, *Growing up Fatherless in Antiquity*, Cambridge: Cambridge University Press, 2009.

Humphrey, John H., *Roman Circuses: Arenas for Chariot Racing*, Berkeley: University of California Press, 1986.

Issac, Benjamin H., *The Limits of Empire: The Roman Army in the East*, Oxford: Clarendon Press, 1990.

Jackson, Ralph, "Gladiators in Roman Britain", *British Museum*

Magazine, Vol.38(2000), pp.16—21.

Jackson, Ralph, *Doctors and Diseases in the Roman Empire*, Norman: University of Oklahoma Press, 1988.

Jacobelli, Luciana, *Gladiators in Pompeii*, Los Angeles: Getty Publications, 2003.

Jocelyn, H.D., "The Roman Nobility and the Roman Religion of the Republic State", *Journal of Religious History*, Vol. 4 (1966), pp. 89—104.

Jones, A. H. M., *The Later Roman Emoire, 284—602: A Social Economic and Administrative Survey*, Norman: University of Oklahoma Press, 1964.

Jones, C.P. Stigma, "Tattooing and Branding in Graeco-Roman Antiquity", *Journal of Roman Studies*, Vol.77(1987), pp.139—155.

Jongman Willem, *The Economy and Society of Pompeii*, Armsterdam: J.C.Gieben, 1988.

Joshel, Sandra R., *Work, Identity and Legal Status at Rome: A Study of the Occupational Inscriptions*, Norman: University of Oklahoma Press, 1992.

Junkelmann, M., *Familia Gladiatoria: The Heroes of the Amphitheatre*, in E. Kohne, Eckart and Ewigleben, Cornelia, *Gladiators and Caesars: The Power of Spectacle in Ancient Rome*, Berkeley: University of California Press, 2000.

Kampen, Natalie, *Image and Status: Roman Working Women in Ostia*, Berlin: Mann, 1981.

Kanz, F., Grossschmidt, K., "Head Injuries of Roman Gladiators", *Forensic Science International*, Vol.160, No.2(2006), pp.207—216.

Kelly, Christopher, *Ruling the Later Roman Empire*, Cambridge, Mass: Belknap Press of Harvard University Press, 2004.

Keppie, L., *Understanding Roman Inscriptions*, Baltimore: The Johns Hopkins University Press, 1991.

Keppie, L.J.F., *The Making of the Roman Army: From the Republic to Empire*, Totowa, N.J: Barnes & Noble Books, 1984.

Kiefer, Otto, *Roman Sexual Life*, London, 1934.

Kleijwegt, Marc, *Ancient Youth: The Ambiguity of Youth and the Absence of Adolenscence in Greco-Roman Society*, Amsterdam: J. C. Gieben, 1991.

Knapp, Robert C., *Invisible Romans*, Cambridge: Harvard University Press, 2011.

Koenig, Jason, *Athletics and Literature in the Roman Empire*, Cambridge: Cambridge University Press, 2005.

Konstan, David, *Friendship in the Classical World*, Cambridge: Cambridge University Press, 1996.

Kraemer, Ross Shepard ed., *Women's Religions in the Greco-Roman World: A Sorcebook*, Oxford: Oxford University Press, 2004.

Kulikowski, Michael, *Late Roman Spain and its Cities*, Baltimore: The Johns Hopkins University Press, 2004.

Kulikowski, Michael, *Rome's Gothic Wars: From the Third Century to Alaric*, Cambridge: Cambridge University Press, 2007.

Kyle, Donald G., *Spectacles of Death in Ancient Rome*, New York: Routledge, 1998.

Kyle, Donald G., *Sport and Spectacle in the Ancient World*, Oxford: Blackwell Publishing, 2007.

Laurence Ray, *Roman Archaeology for Historians*, Abingdon, Oxon: Routledge, 2012.

Le Glay M., Jean-Louis Voisin, Bohec Y. Le and David Cherry, *A History of Rome*, Chichester: Wiley-Blackwell, 2009.

Liebeschutz, J.H.W.G., *The Decline and Fall of the Roman City*, Oxford: Oxford University Press, 2001.

Lendon, J.E., *Empire of Honor: The Art of Government in the Roman World*, Oxford: Clarendon Press, 1997.

Leone, Anna, *The End of the Pagan City: Religion, Economy, and Urbanism in Late Antique North Africa*, Oxford: Oxford University Press, 2013.

Lenski, Noel E., *The Cambridge Companion to the Age of Constantine*, Cambridge: Cambridge University Press, 2006.

Levick, Barbara, *The Government of the Roman Empire: A Source-

book, London: Barnes & Noble Imports, 1985.

Levick, Barbara, "The Senatus Consultum from Larinum", *Journal of Roman Studies*, Vol.73(1983), pp.97—115.

Lewis, N. and M.Reinhold, *Roman Civilization: Selected Readings*, New York: Colembia University Press, 1990.

Ling, Roger, *Pompeii: History, Life & Afterlife*, Stroud, Gloucestershire: Tempus, 2005.

Lintott, Andrew, *Violence in Republican Rome*, Oxford: Oxford University Press, 1999.

Lintott, A.W., *The Constitution of the Roman Republic*, Oxford: Clarendon Press, 1999.

Little, D., *Varieties of Social Explanation*, Boulder: Westview, 1991.

Lot, Ferdinand, *The End of the Ancient World*, *The History of Civilization*, London & New York: Routledge, 1996.

Lovatt, H., *Statius and Epic Games: Sport, Politics and Poetics in the Thebaid*, Cambridge: Cambridge University Press, 2005.

Maas, Michael, *Readings in Late Antiquity*, London & New York: Routledge, 2000.

Mackay, Christopher S., *The Breakdown of the Roman Republic: From Oligarchy to Empire*, Cambridge: Cambridge University Press, 2009.

MacMullen, Ramsay, *Changes in the Roman Empire: Essays in the Ordinary*, Princeton: Princeton University Press, 1990.

MacMullen, Ramsay, *Corruption and the Decline of Rome*, New Haven: Yale University Press, 1988.

MacMullen, Ramsay, *Roman Social Reations, 50 B.C. to A.D. 284*, New Haven: Yale University Press, 1974.

MacMullen, Ramsay, *Enemies of the Roman Order*, Cambridge: Harvard University Press, 1966.

MacMullen, Ramsay, *Romanization in the Time of Augustus*, New Haven, London: Yale University Press, 2000.

MacMullen, Ramsay, *Christianizzing the Roman Empire A.D. 100—400*, New Haven: Yale University Press, 1984.

Mahoney, Anne, *Roman Sports and Spectacle: A Soursebook*, London: Routeledge, 2000.

Mann, Christian, "Gladiators in the Greek East: A Case Study in Romanization", *International Journal of the History of Sport*, Vol.26, No.2(January 2009), pp.272—297.

Mann, J. C., "Epigraphic Consciousness", *Journal of Roman Studies*, Vol.75(1985), pp.204—206.

Mannix, Daniel P., *Those About to Die*, New York: Ballantine Books, 1958.

Marsh, F., *The Reign of Tiberius*, New York: Barnes and Noble, 1931.

Mattern, Susan P., *Rome and the Enemy: Imperial Strategy in the Principate*, Berkeley, California: University of California Press, 2002.

Mau, August, *Pompeii: Its Life and Art*, translated by F. W. Kelsey, London, 1907.

Mccullough, A., "Female Gladiators in Imperial Rome: Literary Context and Historical Fact", *Classical World*, Vol. 101, No. 2 (2008), pp. 197—209.

McGinn, Thomas A. J., *Prostitution, Sexuality and the Law in Ancient Rome*, New York: Oxford University Press, 1998.

McGinn, Thomas A.J., *The Economy of Prostitution in the Roman World: A Study of Sochial History & the Brothel*, Ann Arbor: University of Michigan Press, 2004.

Meiggs, Russell, *Roman Ostia*, Oxford: The Clarendon Press, 1973.

Meyer, Elizabeth A., "Explaining the Epigraphic Habit in the Roman Empire: The Evidence of Epitaphs", *Journal of Roman Studies*, Vol. 80(1990), pp.74—96.

Millar, Fergus, *The Emperors in the Roman World, 31 B.C.— A.D. 337*, Ithaca, N.Y.: Cornell University Press, 1977.

Millar, Frgus, *The Crowd in Rome in the Late Republic*, Ann Arbor, Michigan: University of Michigan Press, 1998.

Millar, Fergus, *The Roman Near East, 31 B.C.—A.D. 337*, Cambridge, Mass: Harvard University Press, 1993.

Millar, Fergus, "The Political Character of the Roman Republic, 200—150 B.C.", *Journal of Roman Studies*, Vol.74(1984), pp.1—19.

Millar, Fergus, "Politics, Persuasion and the People before the Social War, 150—90 B.C.", *Journal of Roman Studies*, Vol.76(1986), pp.1—11.

Milnor, Kristina, *Gender, Domesticity and the Age of Augustus: Inventing Private Life*, Oxford: Oxford University Press, 2005.

Minowa, Yuko., Witkowski, Terrence, "Spectator Consumption Practices at the Roman Games", *Journal of Historical Research in Marketing*, Vol.4, No.4(2012), pp.510—531.

Mitchell, Stephen, *A History of Later Roman Empire A.D. 284— 641: The Transformation of the Ancient World*, Blackwell, 2007.

Mitchell, Stephen and Peter Van Nuffelen ed., *One God: Pagan Monotheism in the Roman Empire*, Cambridge: Cambridge University Press, 2010.

Mitchell, T., *Blood Sport*, Philadelphia: University of Pennsylvania Press, 1991.

Mitchell, T., *Violence and Piety in Spanish Folklore*, Philadelphia: University of Pennsylvania Press, 1988.

Mitchell, Rechard E., Barton, Carlin. A., "The Sorrows of the Ancient Romans: The Gladiator and the Monster", *The Americal Hostorical Review*, Vol.99, No.2(1994).

Mohler, S.L., "The Iuvenes and Roman Education", *Transactions and Proceedings of the American Philological Association*, Vol. 68 (1937), pp.442—479.

Momigliano, Arnaldo, *The Conflict between Paganism and Christianity in the Fourth Century*, Oxford: The Clarendon Press, 1963.

Momigliano, Arnaldo, *On Pagans, Jews and Christians*, Middletown, Conn: Wesleyan University Press, 1987.

Moore, S., B.Myerhoff eds., *Secular Ritual*, Assen, Neth.: Van Gorcum, 1977.

Mornmsen, Theodor, *A History of Rome under the Emperors*,

London & New York: Routledge, 1999.

Morstein-Marx, Robert, *Mass Oratory and Political Power in the Late Roman Republic*, Cambridge: Cambridge University Press, 2004.

Mouritsen, Henrik, *The Freedman in the Roman World*, Cambridge: Cambridge University Press, 2011.

Mouristen, Henrik, "Elctoral Campaigning in Pompeii: A Reconsideration", *Athenaeum*, Vol.87(1999), pp.515—523.

Mouristen, Henrik, *Elections, Magistrates and Municipal Elite, Studies in Pompeian Epigraphy*, Analecta Romana Instituti Danici, Rome: L'Erma di Bretschneider, 1988.

Mouritsen, Henrik, *Plebs and Politics in the Late Roman Republic*, Oxford: Oxford University Press, 1974.

Murray, R. S., "Female Gladiators of the Ancient Roman World", *The Journal of Combative Sport*, 2003.

Müzer, Friedrich, *Roman Aristocratic Parties and Families*, Baltimore, Maryland: The Johns Hopkins University Press, 1999.

Musurrillo, Herbert, *The Acts of the Christian Martyrs*, Cambridge: Cambridge University Press, 2001.

Nagle, D. Brendan, *Ancient Rome: A History*, Sloan Publishing, 2012.

Nardoni, D., *I gladiatori romani*, Rome: Edizioni Italiane di Letteratura e Scienze, 1989.

Newbold, R., "Cassius Dio and the Games", *L'Antiquite Classiqué*, Vol.44(1975), pp.589—604.

Nicolet, Claude, *The World of the Citizen in Republican Rome*, Berkeley: University of California Press, 1980.

Nipple, W., *Public Order in Ancient Rome*, Cambridge: Cambridge University Press, 1995.

Noy, D., *Foreigners at Rome: Citizens and Strangers*, London: Duckworth, 2000.

Oakley, S., "Single Combat in the Roman Republic", *Classical Quarterly*, Vol.79(1985), pp.392—410.

Oates, J.C., *On Boxing*, Garden City, N.Y.: Doubleday, 1987.

Orlin, Eric M., *Temple, Religion and Politics in the Roman Republic*, Leiden: E.J.Brill, 1997.

Orlin, Eric M., *Foreign Cults in Rome: Creating a Roman Empire*, Oxford: Oxford University Press, 2010.

Osgood, Josiah, *Caesar's Legacy: Civil War and the Emergence of the Roman Empire*, New York: Cambridge University Press, 2006.

Pailler, J.M., *Bacchanalia*, Rome: Ecole Française de Rome, 1988.

Paoli, Ugo, *Rome: Its People, Life and Customs*, New York, 1958.

Parkin, Tim G., *Old Age in the Roman World: A Cultural and Social Hitory*, Baltimore, Maryland: The Johns Hopkins University Press, 2003.

Parkin, Tim G. and Arther John Pomeroy, *Roman Social History: A Sourcebook*, London: Routledge, 2007.

Pattyson, J., *Gladiator Games: Roman Blood Sport*, Dream Works and Universal Studios, 2000.

Peachin, Michael, *The Oxford Handbook of Social Relations in the Roman World*, Oxford: Oxford University Press, 2011.

Pearson, J., *Arena*, London: Thames and Hudson, 1973.

Perry, Mathew J., *Gender, Manumission and the Roman Freedwoman*, New York: Cambridge University Press, 2014.

Petersen, Lauren H., *The Freedman in Roman Art and Art History*, New York: Cambridge University Press, 2006.

Plass, Paul, *The Game of Death in Ancient Rome: Arena Sport and Political Suicide*, Madison: University of Wisconsin Press, 1995.

Pocock, J.G.A., *Barbarism and Religion*, Cambridge: Cambridge University Press, 1999—2015.

Poliakoff, M., *Combat Sports in the Ancient World*, New Haven: Yale University Press, 1987.

Potter, David Stone, *The Victor's Crown: A History of Acient Sport from Homer to Byzantium*, Quercus Editions, 2011.

Potter, David Stone, *Prophets and Emperors: Human and Divine Authority from Augusus to Theodosius*, Cambridge, Mass: Harvard University Press, 1994.

Potter, David Stone, *A Companion to the Roman Empire*, West Sussex: Blackwell Publishing Limited, 2010.

Potter, David Stone, *The Roman Empire at Bay: A.D. 180—395*, London: Routledge, 2004.

Potter, David Stone, D. J. Mattingly eds., *Life, Death and Entertainment in the Roman Empire*, Ann Arbor: University of Michigan Press, 1999.

Potter, T. W., Catherine Johns, *Roman Britain*, Berkeley: University of California Press, 1993.

Price, Simmon R. F., *Rituals and Power*, Cambridge: Cambridge University Press, 1984.

Pringle, H., "Gladiatrix", *Discover*, Vol. 22, No. 12 (2001), pp. 48—55.

Raaflaub, Kurt and Mark Toher, *Between Republic and Empire, Interpretations of Augustus and his Principate*, Berkeley: University of California Press, 1990.

Rawson, Beryl, *Marriage, Divorce and Children in Ancient Rome*, Canberra: Humanities Research Centre, 1991.

Rawson, Beryl and P. R. C. Weaver, *The Roman Family in Italy: Status, Sentiment, Space*, Canbera: Humanities Research Centre, 1997.

Richlin, Amy, "Death as Decoration: Scenes of the Arena on Roman Domestic Mosaics", in Amy Richlin ed., *Pornography and Representation in Greece and Rome*, New York: Oxford University Press, 1992.

Robert, L., *Les Gladiateurs dans l'Orient grec*, Amsterdam: Hakkert, 1971.

Robinson, O. F., *Ancient Rome: City Planning and Administration*, London: Routledge, 1992.

Rogers, R., "The Emperor's Displeasure", *Transactions and Proceedings of the American Philological Association*, Vol. 90 (1959), pp. 224—237.

Roselaar, Saskia T., *Public Land in the Roman Republic: A Social and Economic History of Ager Publicus in Italy, 396—89 B.C.*, Oxford: Oxford University Press, 2010.

Rosenstein, Nathan S., Robert Morstein-Marx, *A Companion to the Roman Republic*, Malden: Blackwell Publishing, 2006.

Rostowzew, Michael, *A History of the Ancient World: Volume II Rome*, Oxford: The Clarendon Press, 1927.

Rüpke, Jörg, *A Companion to Roman Religion*, Malden: Blackwell Publishing, 2007.

Saller, Richard P., *Patriarchy, Property and Death in the Roman Family*, Cambridge: Cambridge University Press, 1994.

Saller Richard P., Shaw, B.D., "Tombstones and Roman Family Relations in the Principate: Civilians, Soldiers and Slaves", *Journal of Roman Studies*, Vol.74(1984), pp.124—156.

Saller, Richard P., *Personal Patronage under the Early Empire*, Cambridge: Cambridge University Press, 1982.

Sansone, D., *Greek Athletics and the Genesis of Sport*, Berkeley: University of California Press, 1988.

Sassi, M., *Il Linguaggio gladiatorio*, Bologna: Patron, 1992.

Saylor, C., "Funeral Games: The Significance of Games in the *Cena Trimalchionis*", *Latomus*, Vol.46(1987), pp.593—602.

Scanlon, Thomas F., *Greek and Roman Athletics*, Chicago: Ares Publishers, 1984.

Schaps, David M., *Handbook for Classical Research*, London: Routledge, 2011.

Schatzman, I., *Senatorial Wealth and Roman Politics*, Brussels: Latomus, 1975.

Scheidel, Walter, "Quantifying the Sources of Slaves in the Roman Empire", *Journal of Roman Studies*, Vol.87(1997), pp.159—169.

Scheidel, Walter, "Measuring Sex, Age and Death in the Roman Empire: Exblorations in Ancient Demography", *Journal of Roman Archaeology*, 1996.

Schele, L., M. Miller, *The Blood of King*, New York: Braziller, 1986.

Schellenberg, J., *Primitive Games*, Boulder: Westview, 1990.

Schelling, T., *The Strategy of Conflict*, Cambridge: Harvard University Press, 1960.

Scullard, H., *A History of the Roman World*, *753 to 146 B.C.*, London & New York: Routledge, 2003.

Scullard, H., *Festivals and Ceremonies of the Roman Republic*, Ithaca, N.Y.: Cornell University Press, 1981.

Seager, Robin, *Tiberius*, Berkeley: University of California Press, 1972.

Severy, Beth, *Augustus and the Family at the Birth of the Roman Empire*, Routledge, 2003.

Shaw, Brent D., *Spartacus and the Slave Wars: A Brief History with Documents*, Boston: Bedford/St.Martin's, 2001.

Shaw, Brent D., "The Age of Roman Girls at Marriage: Some Reconsiderations", *Journal of Roman Studies*, Vol.77(1987), p.39.

Shelton, Jo-Ann, *As The Romans Did*, *A Sourcebook in Roman Social History*, Oxford: Oxford University Press, 1998.

Sherwin-White, A.N., *The Roman Citizenship*, Oxford: The Clarendon Press, 1973.

Shipley, Graham, *The Cambridge Dictionary of Classical Civilization*, Cambridge: Cambridge University Press, 2006.

Shotter, D.C.A., *Auguetus Caesar*, London: Routledge, 1991.

Shotter, D.C.A., *The Fall of the Reoman Republic*, London: Routledge, 1994.

Skinner, Marilyn B., *Sexuality in Greek and Roman Culture*, Malden: Blackwell, 2005.

Smith, R. Scott, Christopher Francese, *Ancient Rome: An Anthology of Source*, Indianapolis: Hackett Publishing Company, Inc., 2014.

Speller, Elizabeth, *Following Hadrian: A Second Centrury Journey through the Roman Empire*, Oxford: Oxford University Press, 2003.

Stark, Rondney, *The Rise of Christianity: A Sociologist Reconsiders History*, Princeton, New Jersy: Princeton University Press, 1996.

Strauss, Barry, *The Spartacus War*, New York: Simon & Shuster, 2009.

Sumi, Geoffrey S., *Ceremony and Power: Performing Politics in Rome between Republic and Empire*, Ann Arbor: The University of Michigan Press, 2005.

Susan, P.Mattern, *Rome and Enemy*, Berkeley: University of California Press, 1999.

Syme, Ronald, *The Roman Revolution*, Oxford: The Clarendon Press, 1939.

Tacitus, *The Annals of Imperial Rome*, M.Grant trans., London: Penguin Books, Ltd.

Talbert, Richard J.A., *The Senate of Imperial Rome*, Princeton, N.J.: Princeton University Press, 1984.

Taylor, Lily Ross, *Party Politics in the Age of Caesar*, Berkeley: University of California Press, 1949.

Taylor, Lily Ross, *The Voting Districts of the Roman Republic: The Thirty-Five Urban and Rural Tribes*, Rome: American Academy, 1960.

Thaler, J., *The Winner's Curse*, New York: Free Press, 1992.

Thompson, Leonard L., "The Martyrdom of Polycarp: Death in the Roman Games", *The Journal of Religion*, 2002.

Todd, Malcolm, *A Companion to Roman Britain*, London: Historical Assciation, 2004.

Toynbee, J.M.C., *Animals in Roman Life and Art*, Ithaca, N.Y.: Cornell University Press, 1973.

Treggiari, Susan, *Roman Freedmen During the Late Republic*, Oxford: Oxford University Press, 2000.

Treggiari, Susan, *Roman Marriage: Iusti Coniuges from the Time of Cicero to the Time of Ulpian*, Oxford: The Clarendon Press, 1991.

Turner, V., *From Ritual to Theater*, New York: Performing Arts Journal Publications, 1982.

Turner, V., *Process, Performance and Pilgrimage*, New Delhi: Concept, 1979.

Turner, V., *The Ritual Process*, Chicago: Aldine, 1969.

Vesley, M., "Gladiatorial Training for Girls in the Collegia Iuvenum of the Roman Empire", *Echos du Monde Classique: Classical Views*, Vol.17(1998), pp.85—93.

Veyne, Paul, *Bread and Circuses: Historical Sociology and Political Pluralism*, translated by by Oswyn Murray, Brian Pearce, London: A.Lane, The Penguin Press, 1990.

Veyne, Paul ed., *A History of Private Life*, I: *From Pagan Rome to Byzantine*, Cambridge, Mass: Belknap, 1992.

Veyne, Paul, Lucien Jerphagnon, *Sexe et pouvoir à Rome*, Paris: Tallandier, 2005.

Vickers, Michael J., *The Roman World*, Oxford: Elsevier-Phaidon, 1977.

Ville, George, *La Gladiature en Occident des origins à la mort de Domitien*, Rome, 1981.

Ville, G., "Les Jeux de gladiateurs dans l'empire chrétien", *Mélanges d'Archéologie et d'Histoire*, Vol.72(1960), pp.273—335.

Vogel-Weidemann, U., "The Opposition under the Early Caesars", *Acta Classica*, Vol.22(1979), pp.91—107.

Waldstein, W., *Operae Libertorum: Untersuchungen Zur Dienstpflicht Freigelassener Sklaven*, Stuttgart: Steiner Verlag Wiesbaden, 1986.

Wallace-Hadrill, Andrew, *Patronage in Ancient Society*, London: Routledge, 1989.

Wallace, Rex, *An Introduction to Wall Inscriptions from Pompeii and Herculaneaeum*, Wauconda: Bolchazy-Carducci Publishers, 2005.

Wang, N., "A Survey of Roman Studies in China", *Kleos*, Vol.7 (2002), pp.319—334.

Ward-Pekins, Bryan, *The Fall of Rome and the End of Civilization*, Oxford: Oxford University Press, 2005.

Ward W.Briggs and William M.Calder, *Classical Scholarship: A Biographical Encyclopedia*, Garland Reference Library of the Humanities, Vol.928, New York: Garland, 1990.

Watson, Alan, *Roman Slave Law*, Baltimore, Maryland: The Johns Hopkins University Press, 1987.

Weaver, P. R. C., *Familia Caesaris: A Social Study of the*

Emperor's Freedmen and Slaves, Cambridge: Cambridge University Press, 1972.

Weiler, I., *Der Sport bei den Volkern der Alten Welt*, Darmstadt: Wissenschaftliche Buchgesellschaft, 1981.

Welch, Katherine E., "The Stadium at Aphrodisias", *AJA*, Vol. 102(1998), pp.547—569.

Welch, Katherine E., "The Roman Arena in Late-Republican Italy: A New Interpretation", *Journal of Roman Archaeology*, Vol.7(1994), pp.59—79.

Welch, Katherine E., *The Roman Amphitheatre: From its Origins to the Colosseum*, Cambridge: Cambridge University Press, 2007.

Welch, Katherine E., "Negotiating Roman Spectacle Architecture in the Greek World: Athen & Corinth", in B. Bergmann and C. Kondoleon eds., *The Art of Ancient Spectacle*, NGW-Stud Hist Art, 2000.

Wiedemann, Thomas E. J., *Emperors and Gladiators*, London & New York, 1995; London: Routledge, 2002.

Wiedemann, Thomas E. J., *Greek and Roman Slavery*, London & New York: Routledge, 1981; 1994.

Wiedemann, Thomas E. J., "The Regularity of Manumission at Rome", *Classical Quarterly*, Vol.35, No.1(1985), pp.162—175.

Wilamowitz-Moellendorff, Urich von and Hugh Lloyd-Jones, *History of Classical Scholarship*, Baltimore, Maryland: The Johns Hopkins University Press, 1982.

Williams, B., "Reading Tacitus' Tiberian Annals", *Ramus*, Vol. 18(1989), pp.140—166.

Williams, G., *Change and Decline*, Berkeley: University of California Press, 1978.

Williams, Craig A., *Roman Homosexuality*, Oxford: Oxford University Press, 2010.

Wisdom, Stephen and McBride, Angus, *Gladiators: 100 B.C.—A.D. 200*, Oxford: Osprey Publishing, 2001.

Wistrand, Magnus, *Entertainment and Violence in Acient Rome: The Attitudes of Roman Writers of the First Century A.D.*, Göteberg,

Sweden: Acta universitatis Gothoburgensis, 1992.

Wistrand, Magnus, "Violence and Entertainment in Seneca the Younger", *Eranos*, Vol.88(1990), pp.31—46.

Wood, Susan E., *Imperial Women, A Study in Public Images, 40 B.C.—A.D. 68*, Brill & Leidon, 1999.

Yakobsin, Alexander, *Elctions and Elctioneering in Rome: A Study in the Political System of the Late Republic*, Stuttagart: Franz Sreiner Verlag, 1999.

Yavetz, Zvi, *Slaves and Slavery in Ancient Rome*, New Brunswick, N.J.: Transaction Books, 1988.

Yegül, Fikret K., *Bathing in the Roman World*, New York: Cambridge University Press, 2010.

Zanker, Paul, *Pompeii: Public and Private Life*, Deborah Lucas Schneider trans., Cambridge: Harvard University Press, 1999.

Zanker, Paul, *The Power and Images in the Age of Augustus*, Jerome lectures, Alan Shapiro trans., Ann Arbor: University of Michigan Press, 1988.

Zoll, A., *Gladiatrix: The True Story of History's Unkown Woman Warrior*, New York: Berkeley Publishing Group, 2002.

三、其他外文文献(著述、论文等)

Cicero, *Prō Milōne*, 34.

Cicero, *Tusculānae Disputātiōnēs*, 2.17.41.

Cicero, *Philippiae*, 3.14.35.

Cyprian, *Ad Donatum*, 7.

Cyprian, *Epistulae*, 10.5.

Juvenal, *Satirae*, 6, 78—81; 8, 183—210.

Livy, *Historiae*, 21, 42—43.

Martial, *Liber dē Spectāculīs*, esp.VI.

Martial, *Epigrammata*, V.

Petronius, *Satyricon*, 117.

Pliny, *Nātūrālēs Historiae*, VII 12.10, 52—55; VII 20.81.

Seneca, *Epistulae*, 7, 4—5; 30, 8; 37, 1—2; 70, 6—7; 70, 21; 71, 21—23.

Seneca, *Dē Traquillitāte*, 11, 1—6; 11, 3—5.

Seneca, *Dē Īrā*, 2.8.2.

Suetonius, *Life of Domitian*, 4.1.

Suetonius, *Life of Claudius*, 21.10.

Statius, *Silvae*, I, VI, 51—56.

Tacitus, Annālēs, 1, 2; 3, 65, 2; 11, 21, 1; 15, 32, 3.

Tertulian, *Dē Spectāculīs*, esp.22.

Colini, A.M. and L.Cozza, *Ludus Magnus*, Rome, 1964.

Espérandieu, M.Em., *Inscriptions Latines de Gaule*, Paris, 1929.

Garcia y Bellido, A., *Lapidas funerarias de gladiatodores de Hispania*, *In Achivo español de Arquelogia*, XXXIII, 1960.

Gregori, Gian Luca, *Epigrafia Anfiteatrale dell' Occidente Romano*, Rome, 1989.

Lugri, Guiseppe, *Itinerario De Roma Antica*, Milan, 1970.

Robert, Louis, *Les gladiateurs dans l'orient grec*, Paris, 1940.

Tumolesi, Petrizia Sabbatini, *Epifrafia Anfiteatrale dell'Occidente Romano*. Rome, 1988.

Tumolesi, Petrizia Sabbatini, *Gladiatorum Paria*, Rome, 1980.

Ville, Georges, *La Gladiature en occident des origines à la mort de Domitien*, Rome.

四、网　站

Classics Technology Center, "The Roman Gladiators", http://ablemedia.com/ctcweb/consortium/gladiaters.html.

McManus, Barbara. VRomar, "Arena: Gladiatorial Games", http:// VRoma.rhodes.edu/~bmcmanus/arena.html.

后　记

本书即将付梓之际，手捧快递过来的叠叠复印文稿以及用于校对的诸多外文资料，油然慨叹于其中的细节内容、其间的酸甜苦辣咸等经历。

自 2003 年开始涉足这一专题研究以来，历时已近二十载；其间，主要是围绕上海辞书出版社出版规划——世界古代中世纪史诸多研究领域具体内容系列的丛书编纂，其中关于"罗马角斗士"的专题，是出版社为我"量身而作"的选题内容。当时恰逢我的所谓"学术研究真空期"，由此可全力以赴投入这一"新"的领域，于我本人而言，实乃是一种专业学研的回归罢了，亦即趁着自我感觉良好，未及"不惑之年"的"年轻力壮"，尤其是适逢刚刚解决了职业生涯的职称问题，于是乎方可以那种"轻松愉悦"之心境和状态，投入我入职上海交通大学以来这一令我信心倍增的研究方向及内容上来，这是其一；其二，又"偶遇"（实乃"历史之必然性规律"）我校成立全新、纯粹的"人文学院"（文史哲三系加上科技史系），最终上海交通大学历史上首个"历史系"也在此时建立。似乎是在这充满着浓郁、朴实、厚重学风、以理工类为特色的重点院校整整 10 年后，自己又焕发出一种回归纯粹人文类研究的轨道上来。而之前的 10 年，则是在应用性极强的社会科学领域里，朦朦胧胧、懵懵懂懂地耕耘并产出了若干年里在文化管理专业方向的一些所谓的教学及科研成果。

从最初日日夜夜在上海图书馆查询、搜集一二手的中外文资料，再到专门赴北京国家图书馆一个月查询搜集、复印外文资料，最后再利用本校外语学院的数位老师、朋友在国外访学期间查询的外文资料（也仅仅是拍照片发给我，或者打印出来带给我），在十余年的历程中，耕耘着这块如同事胡涵锦教授所言的"自留地"，其间率先完成了一本小书的初稿，且为合作，与同在人文学院的同道侯洪颖女士，共同撰写、成就了一本偏重于通俗性的小书《角斗士：一段残酷历史的记忆》（上海辞书出版社 2006 年版，20 万字）。出版前，为市场及销售考虑，90%以上的注释尤其是外文注释皆已删除，当然撰写的格式和目录等也有所改变,这本偏重于通俗的、图文并茂的"专著",对业余爱好者以及部分古典学研究领域的学者,起初竟然造就了不小的"影响"。当然,充满着脚注的电子版本,我自然及时留意而保留下来,为的是后续备用。随后通过数年的坚持,不断挖掘和探究,前前后后发表了几篇论文,包括发表在《社会科学战线》上关于女角斗士的论文、《上海交通大学学报》上关于角斗活动探源的论文以及《解放日报》"思想者"栏目的评论文章(该文随即为《新华文摘》全文转载),等等。2012 年,自历史系调入马院纲要教研室以来,我对这一专题的研究内容间断性地充实、补充、修改完善,最终在 2017 年申请了国家哲社后期资助项目,从而为最终出版此书奠定坚实的基础。

自 2017 年至 2020 年,在认真听取专家的意见基础上,不断补充一些细节,尤其在角斗活动评价这一专题方面"过于激进"的观点,进行了折中性的"修复"、回归,并且在结项书申请书上详细列举了 5 位专家具体意见和建议,认真地一一更正、补充、完善,在成果前面特别是最后一章"评价"上进行大幅度修正和删除,最终完成了这一书稿。

最后,回忆过往近 20 年的历程,我首先要感谢如下诸位同事、同行、同仁:曾经支持鼓励我完成这一专题内容撰写工作的林益明先生,没有他的督促和鼓励,我似乎无法完成持续性的工作;也要感谢上海交通大学外语学院的周洁女士(已退休)、马玉蕾女士,没有她们在外语翻译和校对上的辛勤指正、帮助,我也就无法完成这十几年来的坚持;感谢上海师范大学的裔昭印教授、陈恒教授;感谢复旦大学的王伟博士;感谢上海交通大学的马晋博士和朱宏博博士,不一一详列……

小书在即将付梓之际,我特别要感谢上海人民出版社的苏贻鸣先生、邱迪女士,没有两位的费心、支持和辛苦,本书不会如此顺利出版;尤其感谢国家哲学社会科学办公室和上海交通大学马克思主义学院对学术著作出版的资助及支持。最后需要补充说明的是,限于资料和时间,里面错误在所难免,敬请专家学者批评指正。

高福进

2021 年 9 月 3 日

于主校区叔同路办公居所

图书在版编目(CIP)数据

古罗马角斗活动研究/高福进著.—上海:上海
人民出版社,2021
ISBN 978 - 7 - 208 - 17306 - 4

Ⅰ.①古… Ⅱ.①高… Ⅲ.①古罗马-历史-研究
Ⅳ.①K126

中国版本图书馆 CIP 数据核字(2021)第 170004 号

责任编辑 黄玉婷 邱 迪
封面设计 夏 芳

古罗马角斗活动研究
高福进 著

出　　版　上海人民出版社
　　　　　(201101　上海市闵行区号景路 159 弄 C 座)
发　　行　上海人民出版社发行中心
印　　刷　上海商务联西印刷有限公司
开　　本　720×1000　1/16
印　　张　14.75
插　　页　4
字　　数　244,000
版　　次　2022 年 1 月第 1 版
印　　次　2022 年 1 月第 1 次印刷
ISBN 978 - 7 - 208 - 17306 - 4/K · 3131
定　　价　65.00 元